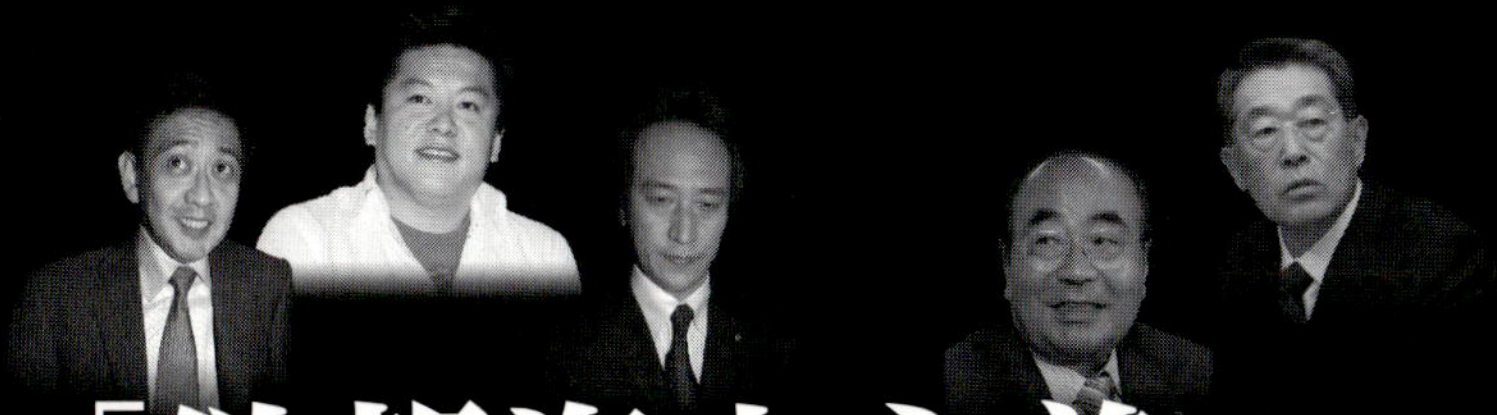

「欲望資本主義」に憑かれた男たち

「モラルなき利益至上主義」に蝕まれる日本

伊藤博敏
Hirotoshi Ito

講談社

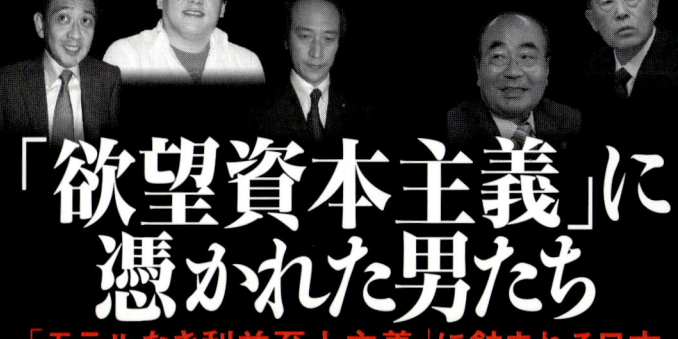

はじめに

外資やファンドが、経済の最先端を知るには欠かせない取材先となったのは、1990年代末の金融混乱期からである。「不倒神話」の銀行が連続倒産、銀行と金融検査官、証券会社と総会屋との怪しい関係が次々に明るみに出て、そんな制度疲労を起こしていない外資系金融機関やファンドという新しい金融形態が猛威をふるった。

企業を「モノ」として売買、土地を「証券」として流通させる彼らの手法について理解するのは、それほど難しいことではなかった。それは、カネを滞留させることなく回転させる金融テクニックの一環でしかない。ただ、ルールに則《のっと》っていれば何でも許され、組織の歪《ゆが》みや、制度のスキをついて儲けるという彼らの発想を理解するのは容易ではなかった。

たとえば「ファンドとは何か」を我々に教えてくれた「リップルウッド・ホールディングス」である。旧日本長期信用銀行を引き受け、再生させ、新生銀行として再上場、果実を得るのはファンドとしての手腕だが、オランダに本拠を置き、日本には1円の税金も払うまいとする強欲には唖然とした。8兆円近い日本の血税が投入されたことへの配慮がまったくない。なくて当然なのである。無知につけこみ、できるだけ税金を支払わなくていい国を見つけ、少しでもいいリターンを投資家に戻すのがファンドの使命であり、そう発想するのが国際金融の常識だった。

取材現場もそうである。秘匿が原則のファンドへの取材依頼は「お受け致しません。間違った記事には訴訟で対応します」と、紋切り型で拒否されるのが常だった。「買収候補先企業について教えてほしい」と、巨大ファンドの幹部から依頼を受け、精一杯に尽くし、後日、別件で取材を依頼すると「担当じゃありませんから」と、一蹴されて、自分の甘さを思い知らされたこともあった。といって、「血も涙もない組織」というのではない。「ルールに沿ったカネ儲け」がすべてに優先するのであって、それ以外は排除される。

だから社風がなく、忠誠心もない。そうした「外資の発想」に身を置いているのが、世紀末に誕生した新興市場でデビューを飾った堀江貴文被告などのベンチャー経営者であり、その市場をつくった兄貴分の孫正義ソフトバンク社長だった。効率とスピードを優先、既存秩序を打ち壊そうとする。そのパワーは、優勝劣敗の揺るぎない精神から生まれ、怯《ひる》むところがない。

すでに、システム的な決着はついている。金融現場は、96年末の「金融ビッグバン」以降、欧米流のグローバルな環境を選択した。癒着と非効率を生む「官主導」のシステムは否定され、自由で公平な市場での競争が求められた。2001年に誕生した「改革なくして成長なし」の小泉純一郎政権は仕上げを担った。その結果、「稼ぐが勝ち」の身も蓋《ふた》もない考え方が若手経営者に蔓延、モラルを問わないビジネスが浸透、格差が広がり二極化は鮮明となっていった。

そうした経済合理性が優先する社会は生き難い。私事になるが、旧国鉄職員の息子として育った私は、子供の頃、釣りや海水浴や運動会といった国鉄主催のイベントを楽しくこなし、夏休みには家族に配付される無料パスで旅をし、父とともに職場と一体化、そのぬるま湯的な環境が嫌いではなかった。だが、非効率であるのは事実である。国鉄が「親方日の丸」と批判され、真っ先に分割民営化されるのも無理はなかった。

ただ、私の例は特殊ではあるまい。多くの人が終身雇用と年功序列の定着を信じ、組織の論理を優先し、見返りに得られる安定のなかを生きてきた。だが、そのもたれあいが談合を生み、天下りを許し、年金官僚をのさばらせてきた。だから「改革」が必要なのであり、秩序を一度、ぶっ壊さなければならない。その先にあるのは、みんながライバルの、永遠に競争が続く荒野である。へたなモラルを持たずに欲望を是認、むしろその無秩序なパワーをエンジンに生き抜くことが求められる社会である。生き抜くのは相当にしんどい。

ルールのもとでの競争は資本主義社会の原則である。ただ、ルールさえ守っていればいいわけではない。モラルや成文化できない不文律を、人として（企業の場合は法人として）守らなくてはならない。このモラリティは、効率性を奪うし、国際金融の発想にはないものだが、必要なものである。当面の利益にはならなくとも、そこで得られる信頼は、企業の将来的な力と国家の安定と安全につながるはずだ。「品格のない国家」「人でなしの企業」にならないために、やはり欲望は制御すべきなのだ。

一方で、市場原理主義の持つ厳しさが当面の勝利を生むという現実もある。双方を踏まえつつ、我々はその相克《そうこく》を超えていかねばならない。

２００７年11月

伊藤博敏《いとうひろとし》

目次

第二章 市場の創設と孫正義&北尾吉孝の「功罪」

第三章　堀江貴文&村上世彰の「罪」と「源流」

第四章　高橋治則の「復活」と「金融テクニック」

第五章　「秩序」とぶつかる外資・ファンド・事業会社

第六章　増加する「プライベートバンカー」「国境を越える詐欺」

第七章　不動産を金融商品にした「比例報酬の長者」たち

第八章　「情報開示」と「粉飾捜査」でカリスマの退場

「欲望資本主義」に憑かれた男たち

「モラルなき利益至上主義」に蝕まれる日本

序　章
朝鮮総連と新興市場を結ぶ「犯罪の連鎖」

元長官が足場を置いた「新旧」の事件現場

東京、大阪、名古屋、福岡など全国に8ヵ所ある高等検察庁の検事長は、任免に天皇の認証を必要とする「天皇の認証官」であり、多くの検事が検察官人生の最終ポストとして検事長を望む。

公安調査庁長官を経て仙台、広島で検事長を歴任した緒方重威《しげたけ》は、日本の法務・検察にとって、「守らなくてはならない先輩」であったはずである。だが東京地検特捜部は、捜査着手からわずか16日後の2007年6月28日、緒方を在日本朝鮮人総連合会（朝鮮総連）中央本部（東京都千代田区）の土地・建物を騙《だま》し取ったとして逮捕した。

容疑は捜査着手時の「競売妨害《けいばいぼうがい》」ではなく、より罪が重く、動機に不純なものを感じさせる「詐欺」である。

指導員の資格を持つスキーの名手で、検事だった父親を継承した法曹界のエリート。育ちの良さが「在日朝鮮人の方の実質的な大使館を守ってあげたい」（6月13日の記者会見）という脇の甘さにつながっており、事実、OBも含めた検察庁人脈に敵がいるといった話は聞かない。

なのに、なぜ詐欺なのか。

「OBを特別扱いしたと思われたくない」という組織の論理、「公安調査庁という諜報機関の長にケジメを取らせて諸外国を納得させたい」という国策的な思惑、そしてなにより、「競売妨害にすることによって朝鮮総連を事件に巻き込み、北朝鮮を刺激したくない」という思いを持つ政府への配慮だろう。

緒方元長官が代表を務める「ハーベスト投資顧問」は、朝鮮総連中央本部の不動産を35億円で購入する約束をして、6月1日、所有権を移転しながら売買代金を支払わなかった。そこで特捜部は、緒方と盟友の不動産会社「三正」元社長の満井忠男が、騙して不動産移転登記をしたうえに、4億8400万円の「前払い金」を詐取したという事件構図を描いた。

実は、整理回収機構（RCC）が627億円の返済を求めて朝鮮総連を提訴しており、その判決を6月18日に控えて朝鮮総連は、「事実上の大使館」を保全しなければならなかった。そこで元公安調査庁長官、元検事長の「肩書」を持つ緒方の名前を利用した。しかも、所有権を移したいのは朝鮮総連であり、南昇祐《ナムスンウ》副議長は「騙されたという認識はない」とまで言い切った。

627億円という債務の存在すら認めるつもりのない朝鮮総連は、所有権移転の〝合法性〟を否定してはならない。また、朝鮮総連と組んだ緒方・満井コンビは目的が「保全」なのだから、支払いが〝遅延〟しても問題ないと考えた。

こうした両者の共同謀議を、「詐欺」で事件にした特捜部の〝お手盛り捜査〟については、ここでは問わない。捜査権に公訴権を持ち、マスコミを味方につける特捜部は、時にこうして暴走する。それが許されるのは、彼らが「国益」に沿った「秩序の維持」を第一に考えているとマスコミが信じているからだ。

ただ、緒方が元検事長の「肩書」を利用、「アイ・シー・エフ」（現オーベン）という東証マザーズ上場企業の監査役を務めていたことは特筆しておきたい。きっかけは元代表取締役CGO（最高ガバナンス責任者）の南里清久が緒方の甥で、南里の依頼を受けてのものだった。

アイ・シー・エフは、証券市場での資金調達が可能な上場企業という立場を生かし、2年間で15回ものM&A（企業の吸収・合併）を実施、市場の期待を集めて株価を飛ばし、その勢いで増資を繰り返してきた企業である。

そのM&Aが事業に貢献、同社の業績を向上させているなら新しいビジネスモデルとして評価されようが、M&Aは株価を刺激するための単なるマネーゲーム。しかも増資資金が〝闇〟に消えているとあっては、この会社に取りついた人間たちは、市場を汚し企業を食い荒らす「資本のハイエナ」として糾弾されても仕方ない。

事実、〝裁き〟は始まった。

アイ・シー・エフを食った「ハイエナ」に、「梁山泊グループ」がある。パチンコ攻略の情報提供サービス会社で、オーナーは元山口組系暴力団幹部の豊臣春国。豊臣の手口は、大株主となった企業に、自らが関与する企業を売りつけ、必要なら売り上げと利益に協力して高株価を演出、その間に売り抜けるというものだった。

豊臣は04年1月、傘下企業の「ビタミン愛」を通じてアイ・シー・エフの筆頭株主となり、同年末までの間に前述の手口で数十億円の利益を手にしたという。その〝成功〟に味をしめ、大証ヘラクレスに上場している情報通信サービス会社「ビーマップ」の筆頭株主となり、同じ手口で吊り上げて、07年3月、大阪府警と証券取引等監視委員会に、株価操縦容疑で逮捕される。豊臣の「株の指南役」である川上八巳も一緒だった。

大阪府警と証券取引等監視委の捜査は、ビーマップ事件の〝ルーツ〟であるアイ・シー・エフにまで伸びており、03年10月、28歳の若さで社長に就任、「ライブドア」の堀江貴文を凌駕する勢いでM&Aを仕掛けた佐藤克《かつみ》元社長の責任が追及されそうだ。佐藤は06年6月に社長を退任しているが、その野放図な経営戦略の失敗で会社に損失を与えたとして、現在のオーベン経営陣から約15億円の損害賠償請求訴訟を起こされている。

国家体制の対立と民族的怨念が背後にある朝鮮総連ビル問題と、証券市場からの怪しい資金調達で見せかけの成功を演出したアイ・シー・エフ問題。両者をつなぐ接点は緒方元長官だけだが、二つの事件を生み出す構造は同じである。

戦後体制の崩壊――1996年末の橋本龍太郎元首相が手がけた金融ビッグバンを始めとする「改革」は、小泉純一郎政権下で本格化、「抵抗勢力」をつくりながら世論を味方にするという手法で、官僚主導を打破、新たな秩序を生み出している。したがって、経済分野での「改革」はすでに10年前から始まっており、試行錯誤を重ねた末、「市場の暴力を抑えつつ、その活力を生かそう」という欧米流の新保守主義、市場中心主義が、日本経済界の合意となりつつある。

そのため、市場メカニズムの原則を無視、効率よりも忠誠を要求される朝鮮総連のようなインナーサークルが壊れていくのは自明だし、監視が弱まり、参入が容易となった市場で、インチキな相場を形成しようとする輩《やから》が出てくるのも無理はない。

規制が緩和され、上場基準が緩やかとなり、自由度の増した市場では、「新」と「旧」、「表」

と「裏」、「合法」と「非合法」が入り混じる。その無秩序のなかで我が身を守るためには、人は「性悪説」に立たざるを得ない。

規制緩和と市場参入の垣根の低さは、犯罪を容易にする。だが、それに伴って、犯罪を防ぎ、混乱を律すべきモラルや不文律は確立されていない。また、能力が高まっている検察や警察、権限が強化され増員されている金融庁、証券取引等監視委員会、公正取引委員会などは「事後チェック型」に役割を切り替え、事前の監視や指導はしない。

投資はもちろん、経済活動全般に求められるのは自己責任原則である。「ハイエナ」が跋扈《ばっこ》する市場の荒野を、我々は個々の危機管理能力で生き抜くしかない。

検事を退任して約10年。緒方元長官が弁護士として選んだのは、「新旧」が入り混じり、「ウソも方便」が許される「欲望資本主義」の最前線だった。その欲望は、「天皇の認証官」を巻き込むほど強いが、それを制御する〝術《すべ》〟がないから、「人でなし」の横行する品格の欠落した国家となりつつある。

それでいいのか——緒方元長官の事件は、我々にそう問いかけているといっていい。

会社を「錬金術の道具」にした雇われ社長

東証マザーズ、大証ヘラクレスなどの新興市場の環境が激変するのは、06年1月のライブドアへの強制捜査と、それに続く堀江貴文、宮内亮治らの逮捕をきっかけとする「ライブドアショック」からだった。

株価は暴落。それも一時的なものではなく、新興市場のベンチャー経営者に横行する拝金主義と、その欲望を満たすための粉飾決算や株価操縦が、ライブドア以外にも蔓延しているという懸念から、株価は一向に上向かず、それから1年半以上も落ち続けるという「冬の時代」を余儀なくされた。

それまで証券市場は、「ベンチャーが切り開く21世紀」や「日本の起爆剤となる新興市場」を信じていたわけではない。市場内時間外取引、10分割、100分割を利用した株価の高値演出といったライブドア的マネーゲームの世界に、十分、懐疑的だった。

アイ・シー・エフは、そんな怪しげなベンチャー企業の最右翼だった。評価は、同社のM&Aにかかわった40代後半の証券関係者の次のひと言に象徴されている。

「アイ・シー・エフの20代後半を中心とするメンバーは、M&Aと増資を繰り返して市場から資金を調達していることの怖さを認識していない。事業に自信がないので株価頼み経営。高株価やそれに応じた時価総額が、やがて会社を安定させ、上場企業らしくなるという発想だ。株価を刺激するためのIR（投資家向け広報）がいい加減であるのを自覚しているから、〝揚げ足〟を取られまいと毎日のように適時開示のIRを行い、それが逆にまた怪しさを醸し出していた」

アイ・シー・エフを訪ねたのは、新興市場がライブドア事件前の最後の盛り上がりを見せた05年の夏だった。

応対したのは、当時30歳の佐藤克社長である。青山通り近くの雑居ビルのワンフロア。広いとはいえないが、商談に訪れる客も多く、活気に満ちていた。佐藤は秋田県出身で、95年4月に日本大学文理学部に入学、99年に学生ベンチャーとして「エンパワーメント」という会社を立ち上げている。

当時、ベンチャー企業が多く集まった渋谷は、米シリコンバレーをもじって「ビットバレー」と呼ばれ、投資家と起業家との良好な関係が模索されていた。

シリコンバレー的な資金調達システムには、投資家側に「目利き」が欠かせず、資金投入後は当該企業をフォローし、経営に関与しなければならない。その緊張関係が、起業家側の覚悟を固めさせるのだが、成功の確率はごくわずかでしかない。

しかしビットバレーにはシリコンバレーの厳しさが伝わらず、単なる「若手経営者の名刺交換会」「ベンチャー経営者の集い」のような〝風俗〟で終わってしまった。

そのピークは、2000年2月2日、六本木のディスコ・ヴェルファーレに2000人を集めたビットスタイルの大集会である。「ソフトバンク」の孫正義社長が「（ダボス会議に出席していた）スイスから飛行機を3000万円でチャーターしてやってまいりました」と、スピーチした時は、地鳴りのような歓声が沸き上がった。

それから間もなくしてITブームは終焉、ビットスタイルのパーティは開かれなくなってしまったが、佐藤は間違いなくその時代の空気を吸い、起業するだけの〝山っ気〟のある人だった。

「私には10年近い経営者歴があります」

そういってのける佐藤には、「雇われ社長ではあるが、社内外にはそう思わせたくない」という気負いがあった。

M&Aを会社の成長戦略にすることへの不信が証券界にあることは、佐藤も知ってはいたが、M&Aによる右肩上がりの急成長が、不安を払拭した。

「自己資金だけではどうしようもないのがベンチャー企業の現実です。しかし十数社を傘下に持つアイ・シー・エフなら市場を通じてサポートできます。同時に、彼らをサポートしながら上場させていくのがウチの戦略。05年3月期の売上高約57億円は、06年には200億円に跳ね上がります」（佐藤）

ところが、アイ・シー・エフには支援する人材がいないうえに、M&Aは大株主から押しつけられるものが大半で、まともなデュー・デリジェンス（資産査定）はできていなかった。利益と売り上げをつけたうえでアイ・シー・エフに売却、株価が上がっている間に売り抜ける梁山泊グループの手法については前述の通りである。

佐藤への訴訟で現経営陣が主張しているように、大株主の「錬金術」にはまってしまった佐藤の主体性のなさは、いくらでも批判できよう。ただ、「雇われ」の悲哀を知る本人は、正常化へ向けてそれなりに努力した。皮肉にも、それが株価操縦などの疑惑につながったことも指摘しなくてはなるまい。

大株主となった元山口組系暴力団幹部

アイ・シー・エフは、ITベンチャーの井筒大輔が97年に設立した企業向けウェブコンサルティング会社で、2000年10月に上場、ネット上で売り手と買い手を結びつけるeマーケットプレイス事業を展開するIT関連企業として期待を集めた。

だが、特筆するような技術力があるわけではなく、社長の井筒の志は、「上場が目的」といった程度の低さで、しかも上場時に第1次ITブームは崩壊していたというタイミングの悪さ。株価は低迷、将来性も経営陣のヤル気もないまま、01年末、「翼システム」に〝身売り〟した。翼システムは、自動車の整備・板金・塗装業者向けのパッケージシステムの開発では、日本有数のソフト会社として知られ、買収当時、売上高400億円を誇っていた。

また、ソフト納入を通じて築いた自動車整備工場ネットワークを生かし、2000年1月には短時間での整備・塗装を〝売り物〟にした「カーコンビニ倶楽部」を立ち上げていた。カーコンビニ倶楽部は、キツツキの格好をして「突っつくわヨ」という美川憲一と神田うののTVコマーシャルで知られる。

歴史も実績も知名度もありながら翼システムは未上場だった。代表の道川研一が、97年3月期までの3年間に、約38億6000万円の所得を隠し、法人税15億6000万円を脱税したとして逮捕、起訴された過去があるからだ。

当然のことながらアイ・シー・エフの買収では、「裏上場」を疑われ、『日本経済新聞』は、「新興企業のM&A戦略」という連載のなかで、上場できない老舗企業が新興市場でスピード上場する企業を買収することの是非を問うた。

そうしたこともあって、翼システムは「ウェッブキャッシング・ドットコム」（ネット金融）、「オートバイテル・ジャパン」（ネット自動車販売）、「キカイマート」（ネット中古建機流通）、「アーキッシュギャラリー」（ネット住宅施工）と、子会社を通じた電子商取引分野の準備を整えながら、やがてアイ・シー・エフの経営に力を入れなくなった。

翼システムは、アイ・シー・エフ買収の半年後の02年6月には、東証2部に上場する「ジャック・ホールディングス」（以下、ジャック社と表記）に資本参加。本業とのシナジー（相乗）効果があり、カーコンビニ倶楽部との〝相性〟がいいジャック社との連携に比重を置くようになった。

ジャック社が翼システムの傘下に入ったのは、オーナー経営者の渡辺登が、01年6月、株投資で200億円もの損失を出し、その補塡《ほてん》のために会社資産を横領したとして東京地検特捜部に摘発されたためである。

そのジャック社が、翼システムを経てライブドアの傘下企業となり、「カーチス」と社名変更したものの、ライブドア事件を機に、さらに流転を重ねるという数奇な運命については次章で詳述するが、アイ・シー・エフは経営者の熱意を欠いたまま放置され、新興市場の片隅を漂うことになる。

そんな挫折したベンチャー企業のアイ・シー・エフは、03年6月、ネット通販でそこそこの実績をあげていた佐藤とコンサルティング契約を結んで、副社長として迎え入れる。当時、アイ・シー・エフは責任者不在で業績はガタガタ、月に4000万円の赤字を垂れ流す状態だった。

入社後、佐藤は「再建に道筋をつけた」として評価され、03年10月、代表取締役社長に就任する。最初に手がけたのは、子会社売却による債務処理。03年末、「オートバイテル・ジャパン」、「ウェッブキャッシング・ドットコム」（以下、ウェッブ社）の2社を売却、10億円の現金をつくり、社員7名、月間売上高3000万円から再スタートを切る。

この過程で、アイ・シー・エフは「ライブドア錬金術」に利用された会社として話題になった。

ライブドアがウェッブ社の買収を発表したのが、03年12月15日である。その2日後、アイ・シー・エフはファンドの「M&Aチャレンジャー1号投資事業組合」と株式売買予約契約を締結、18日に8億5000万円を手にする。

ライブドア事件で裁かれたのは、「無関係」を装うファンドのM&Aチャレンジャー1号投資事業組合が、実はライブドアと一体であり、そこに貯まった売却益をライブドアは売上高に計上、決算を粉飾したというものだった。

もっとも、佐藤にとってライブドアの思惑などどうでもよかった。売り先がライブドア本体であろうと、ファンドであろうと関係ない。再生のためには早く現金を手に入れる必要があった。そうして再生計画を進めている最中の04年1月、翼システムは株を売却、梁山泊グループのビタミン愛が筆頭株主になる。同時に、その〝仲間〟にライブドア元取締役の榎本大輔とアイ・シー・エフ創業者の井筒大輔が加わった。

元山口組系暴力団幹部の肩書を持つ豊臣、その株の指南役で京都駅前の地上げで知られる団体元役員の川上八巳、ITベンチャーの先駆けとなった榎本と井筒――いくら社長歴10年を佐藤が誇っても、佐藤とは役者が違う男たちであり、揃って、アイ・シー・エフを舞台に錬金術をもくろんでいるのだからひとたまりもない。

株式交換によるM&Aを繰り返し、人気が沸騰したところで増資、MSCB（転換社債型新株予約権付き社債）の発行総額は、100億円にのぼった。株売買と増資のあらゆる局面で株主たちは儲けた。彼らが得たカネは、100億円を上回ると見られている。

宇宙旅行者になり損ねた榎本大輔の工作

榎本大輔は、「変化する日本人」を代表する人物かも知れない。米国に留学して香港に移住、堀江貴文より一つ年上の「団塊ジュニア」である。

高校時代からゲームのプログラミングをしていたというパソコンオタクだが、行動力は抜群である。高校を卒業後に渡米、パソコンの勉強をしながら米国での起業を目指したが、インターネットの登場で「社会の大変革」を確信、大学を中退すると帰国してPCモデムの会社を起こした。

やがて自由度の高い環境を目指して香港に移住、インターネットプロバイダーの会社を買収、ソフトウェアの企画・販売を手がける「プロジーグループ」を設立した。この会社を２００２年９月、株式交換で「オン・ザ・エッヂ」（現ライブドア）に売却。これを機に、同社のナンバー２の株主であるとともに、取締役として経営に参画した。

だが、生来の一匹狼なのだろう。１年も経たない03年７月には退社。以後、事業に携わることなく、投資を本業としている。

米国で学び英語をマスターする処世術、節税のために居住地を香港に移すコスモポリタン的気質、苦労して設立した会社をアッサリ売却するこだわりのなさ、30代前半で事業を引退して投資家に転じる自由度は、これまでの日本に見かけない人柄だったが、今後は増加が予想されるタイプである。

投資を通じて50億円以上を得たというが、そのうちの一部なのか、30億円を税務申告していなかったとして国税当局に申告漏れを指摘された。追徴税額は、重加算税、無申告加算税を含めて３億円にのぼったが、資産総額からすればたいしたことはない。

榎本がそれ以上にショックだったのは、ロシアのソユーズロケットに乗って、民間人宇宙旅行者となるはずが、打ち上げ寸前の06年７月、許可が下りなかったことだろう。「健康上の理由」があげられているが、この「税金騒動」が原因と見る人は少なくない。榎本は米旅行会社に約23億円を支払い、同年秋の打ち上げに向けて、各種訓練を繰り返していたところだった。

榎本は、一連のライブドア騒動の時も含めて、取材にはほとんど応じない。ただ、「宇宙旅行の夢を語る」という企画に共感したのか、「スペースフューチャージャパン」の「宇宙旅行者・榎本大輔氏インタビュー」（05年11月4日ウェブ公開）では、自分史を含めて思う存分に語っている。

旅行に至る経緯――。

「ライブドアをやめて、やめたのが（03年）7月1日だったんですけども。それからまぁとりあえず何もすることがないんで、ヨーロッパとかいって遊んでたんです。12月まで遊んでて（笑）。（中略）10億あるから、どんなことしたって生きていける訳で、関係ないわ、社会はと（笑）。

それでそうこうしているうちに……とにかく暇なんですよ、人生が。遊んでくれる人はいないし、いろんな車とか買うんですけども。いろんな興味あることを考えはじめるんですよね。それで2004年の1月くらいに、『ICF』っていう会社を見つけてこれに投資しようと、（中略）それがものの見事に当たってですね、やばい50億できちゃったよ！」

語り口の軽さはともかく、アイ・シー・エフに投資したら「見事に当たった」という単純なものではない。

2年間で15社にも及ぶM&Aは、事業計画に沿ってできるものではない。梁山泊グループや榎本らの思惑に乗って、それが株高騰の材料になると思われるタイミングで発表された。

「M&Aをすれば、とりあえず売り上げと利益が増えるわけだから、そのように上方修正します。もし利益が足りないと思えば、例えば梁山泊グループの仕事を発注、〝ゲタ〟を履かせてやる。その分、梁山泊にはマイナスですが、株価で取り戻せるという発想です」（アイ・シー・エ

フの取引業者)

自分さえよければいいという株屋的発想で、モラルのかけらもない。後に〝仲間〟の豊臣と川上が、株価操縦で逮捕されるのも当然だが、先のインタビューは榎本の価値観を漏らさず伝えている。

「自分は合理的なんですよ。元から感覚が日本だけにこだわっていない。僕の中では『勝てば官軍』という言葉がすごいある。何事においてもやっちゃったもん勝ち。方法とかのこだわりなんかいらない。手段は二の次で達成が目的。あとは、やり方を最適化するだけ。最適な解を探して、絶対に勝つ方法を考えればいいのです」

身も蓋もない、とはこのことだろう。建前を嫌い、露悪的になっているのとも違う。「勝てば官軍」を心から信じ、弱肉強食を肯定する。そのシンプルな価値観は勝手だが、証券市場にはルールもモラルも不文律もあることを忘れてはならない。

したがって榎本は、証券プレーヤーに相応《ふさわ》しい人ではなかった。もちろん豊臣、川上はいうまでもない。だが、そうした身勝手な大株主のいいなりになってしまった佐藤にも責任は発生する。佐藤は榎本を05年6月までの5ヵ月間、「最高戦略顧問」として遇していた。「勝てばいい」という人に与えていいポジションではない。

06年1月末、ライブドアショックで新興市場が打ちのめされている最中、佐藤と再度、会った。港区の事務所は渋谷に移し、株価は暴落していたが、豊臣、川上、榎本、井筒といったややこしい連中が去って、少し気持ちは落ち着いたようだった。

当時、アイ・シー・エフの株価は悲惨の極みにあった。04年9月の52万円、05年5月の49万円と、何回かの「山場」をつくりながら株価は上下していたが、05年5月の相場を終えると株価は暴落、06年1月の安値は14万２０００円だった。

05年後半は新興市場が、ライブドアショックを前に最後の賑《にぎ》わいを見せた時である。アイ・シー・エフの株価はそれに逆行していたが、つくられた相場が元に戻っただけだと考えれば不思議なことではない。

ただ、投資家は納得せず、ネットの株式掲示板などでは、佐藤ら経営陣への悪口雑言が書き連ねられていた。ただ、同情には値しない。仕手株化したアイ・シー・エフに乗る投資家は、いずれもセミプロで、企業価値に投じる純粋な一般投資家は皆無に等しい。逃げ遅れ、ババを掴まされたといっても、それこそ自己責任というしかない。

佐藤にもそんな開き直りがあった。そして、「ハイエナ」が去ってからの事業構築に、ある程度の自信があるようだった。

渋谷にあるシティーホテルのコーヒーラウンジ。率直に佐藤は語った。

「株価にこだわり過ぎだという批判は甘んじて受けます。ただ、彼ら（豊臣や榎本ら）の出口戦略として株価を上げなくてはならなかった。無理な注文も聞いてきました。榎本さんが社員総会に乗り込んできて、『俺が大株主で会社のオーナー。一番、稼いだ奴を社長にする』と、ぶち上げたことがあります。ずいぶん無茶な話ですが、そうした事態を解消するためにも資本政策を取る必要があった」

出口戦略とは、株価を上げて豊臣、川上、榎本、井筒らが売却しやすい環境をつくることだ。そうして彼らの持ち株比率を減らし、大株主を入れ替えることが資本戦略となる。

それは、株価操縦を厭《いと》わない連中に材料を提供することになるわけで、ある意味、「共犯関係」を築くことになる。

アイ・シー・エフが07年6月27日に発表した「当社元代表取締役に対する訴訟提起について」は、本人に自覚はなくとも「共犯関係」が成立するという会社の〝見立て〟だった。

会社は訴訟内容を、「当社を完全親会社、株式会社エイチ・エヌ・ティー（ＨＮＴ）を完全子会社とする株式交換を行った際に、被告（佐藤）の義務違反行為により当社が損害を被ったことに基づく損害賠償請求」といい、被害金額を14億９０００万円と算定した。これは、05年5月にＨＮＴを買収した際の価格である。

無価値のＨＮＴをアイ・シー・エフに買収させた——現経営陣は佐藤の「罪」をこう主張、確かに残された資料は、買収の〝不当〟を訴えている。

例えば、アイ・シー・エフが株式交換比率の拠《よ》り所とした港陽監査法人による算定書は、監査法人が「正式なデュー・デリジェンスを行っておらず」と明記、つまりＨＮＴの提出した数値を、そのまま信じた株価の算定であることを明かしている。

それによればＨＮＴの1株価値は70万円前後。5年後に売上高と営業利益が5倍になるという楽観的なシナリオに基づいており、最終決定の買収価格は1株約77万円。それに基づき約15億円が支払われた。

HNTは、大阪市に本社を置くコインパーキング事業会社で、紹介者は川上八巳だった。京都出身の株の専門家で、京都駅前の地上げに関与した団体元役員の川上には幅広い人脈がある。豊臣もそうだし、HNTの代表もそうだった。HNTは、佐藤が川上に押しつけられたと見ることができる。

だからといって佐藤は、HNTを「価値のない会社」と、見なしてはいなかった。最初に佐藤に会ったのは、HNT買収の2ヵ月後だったが、買収理由をこう語っていた。

「当社には上場を目指している事業部が三つあります。モバイルサービス・EC事業部、コールセンター事業部、そして買収したばかりのパーキング事業部です。このパーキング事業を行っているHNTには『出晄エンタープライズ』という駐車場システム開発を行う関連会社があって、IP技術を持つ会社や香港メインボードに上場する会社を傘下に収めています。そういう意味で魅力があった」

IP技術を持つ会社とは「エムトゥエックス」(M2X)のことで、代表を「クレイフィッシュ」の創業者として名高い松島庸《いさお》が務めていた。また、香港の上場企業とは「金澤超分子科技控股有限公司」のことで、上場という〝資格〟に加え、内部留保が現金という形で残されていたという。

〝お手盛り〟を指摘されても仕方のない買収ではあっても、無価値ではない――佐藤はこう主張した。対外的にそう発言しなければならないのはもちろんだが、佐藤には起業家にとっては必須の楽観論があった。

なんでもいいように考える。学生時代からベンチャー経営者である佐藤は人に使われた経験がない。夢は「事業を大きくしたい」ということだが、事業がなんであるかは問わなかった。その意味で、M&Aの積み重ねで事業規模を大きくするというアイ・シー・エフのビジネススタイルは、佐藤の志向に合っており、「近い将来、グループ連結で売上高が１０００億円。上場企業が10社あるような会社にしたい」と、語っていた。

その「本業なき企業観」の虚しさや、M&Aを増殖の道具としか考えない底の浅さを批判することはできよう。その浅薄さは、株価操縦を厭わない連中の指図を、「結果オーライ」で受け入れた「ケジメのなさ」にもつながっている。

それは佐藤だけではない。ライブドアの堀江貴文がそうであったように、新興市場に上場する若手経営者に共通するモラルの低さであり、「新」が「旧」に取り込まれ、「合法」が「非合法」に侵されるのは、そこを突かれた結果と読むこともできるのだ。

最年少で上場した「クレイフィッシュ」社長の軌跡

マザーズ、ナスダックの開設を機に始まったネットバブルは、２０００年には早くも崩壊。だが、それは膨らみ過ぎた夢の修正で、05年は新興市場への期待が、投資資金の流入という形で顕在化していた。

そのなかでアイ・シー・エフの佐藤克社長は、ややこしい勢力をなんとか追い出しただけに、

「これから自由に腕をふるえる」と、自信を持っていた。だが、「資本のハイエナ」たちの所業は、農業でいえば企業を「焼き畑」にしたに等しい。焼かれた企業は、ハイエナたちに栄養素を吸い取られると、その後は、市場の隅に黒こげのまま放置される。

アイ・シー・エフを焼き、100億円以上ともいえる果実を〝山分け〟した連中は、すでに次の企業に移っていた。

豊臣春国は川上八巳とともに、情報通信サービス会社のビーマップに乗り込んだ。ここの杉野文則社長は、アイ・シー・エフの佐藤ほどいいなりにはならなかったが、「なれあい売買」などの仕手の手法を使った株価の吊り上げに成功、04年末に8万円だった株価は05年4月には59万円に急騰、豊臣が40億円、川上が10億円ともいわれる「不労所得」を得た。

アイ・シー・エフと合わせ、関西の二人が相当な利益を上げたのは間違いなく、京都大学が05年6月14日に発表した「図書館棟への20億円の寄付者」は、川上だったと伝えられている。事件発覚で寄付はなされなかったようだが、「名誉」を残すと同時に、寄付控除による節税を狙ったのだろう。

一方、川上は家電量販店から食品スーパーチェーンや企業再生ファンドへの業態変換をもくろむ「シグマ・ゲイン」（旧中川無線電機）にもファンドを通じて出資、アイ・シー・エフやビーマップの「次」を狙っていた。

榎本大輔が足場を移したのは携帯電話ビジネスの「ネットビレッジ」だ。榎本は、05年3月24日、ネットビレッジ創業者の飯田祥一から株を買い取り、筆頭株主に躍り出た。

法人向け携帯メールサービス事業が思ったように展開せず、業績も低迷していたネットビレッジだが、榎本の参加と資本政策、それに株式交換を利用したM&A戦略で、株価は一時、急伸している。

〝手垢《てあか》〟がついた会社は、簡単に打ち捨てられ、次の企業に乗り換えられる。「焼き畑」の候補となる企業は、「容易な上場」が可能となったおかげで山ほどあるし、資金調達で可能性を示し、M&Aで実態を与え、上手なIRで投資家を引き付けるというパターンをつくれば、株価操縦はそれほど難しいことではない。

目的はカネである。榎本のいうように、「手段は二の次で達成が目的」なのだから、「勝ち」は目に見えている。利用された企業は、栄養分を吸い取られ、増資による株式の増加で上値の重い株となり、しかも「仕手株」としての悪評は長く消すことができないまま、市場の片隅に沈むしかない。

それでも川上や榎本の「焼き畑農業」は、実現可能性を少しでも残しているだけ「良心的」といえるのかも知れない。上場企業を狙う「ハイエナ」のなかには、手形、株券のパクリ屋など昔ながらの詐欺師もいる。

01年4月、そんな詐欺師に狙われ、株券を奪われ、転落したのが「クレイフィッシュ」(現e-まちタウン)の松島庸である。2000年3月、26歳という若さで東証マザーズと米ナスダックに同時上場、「上場企業の史上最年少社長」として注目を集める。だが、上場がピーク。ITバブルの崩壊は、クレイフィッシュと親会社の「光通信」を同時に襲い、やがて光通信と対立、その対抗策としての資金繰りのなかで、松島は詐欺師たちと出会う。

仲介者は業績不振企業の怪しげな資金調達に関与することの多い不動産業者らで、松島のクレイフィッシュ株100株券10枚（当時の時価で5億円相当）を担保に2億円を融資したのは、事件屋、詐欺師として知られ、暴力団筋ともつきあいのある人物だった。案の定、担保のはずの株券は処分され、約束の2億円は1億円しか支払われなかった。

事件直後、当時、クレイフィッシュの本社があった新宿副都心のビルで松島に会った。長身に甘いマスク。物腰は柔らかく、最初から騙そうと考えている百戦錬磨の〝親父たち〟に敵《かな》うはずもない。表の光通信との戦いも、「ベンチャー経営者のなかでは最も度胸がある」という評判の重田康光を相手にしているのだから分が悪い。

「（社長になるのが）少し早過ぎたのかも知れませんね」

松島が、疲れた表情でこう漏らしたのが印象的だった。

再起を期してエムトゥエックスという会社を立ち上げた松島と出会ったのは、その3年後である。新宿副都心から下町の雑居ビルに場を移し、IP電話サービスの会社を立ち上げていた。相変わらず若々しいが、逆境を経験したとも思えない発言に、物足りなさを感じたのも事実である。

「上場して一時は250億円だった個人資産が、1年でゼロになりましたが、27歳の人間なら（資産ゼロは）当たり前のことで、クレイでの収支決算は、貴重な体験もしたしトントンだと思っています。今は自分が必要だと思うテクノロジーを世に出したいと思い、それを事業にしているのだから満足しています。持ち株比率？　ストックオプションを入れても20％はありません。前と同じ『雇われ社長』ですが、単純にカネがないなかでのスタートなので仕方ありません」

同時に、松島は中国にビジネスチャンスを求めているといい、中国ＩＴ市場のパワーを熱く語った。その思いが、香港市場に上場する金澤超分子科技の代表となって結実したのだろうが、「アイ・シー・エフ銘柄」となってしまっただけに、その前途は厳しい。

「緒方重威・満井忠男」と朝鮮総連・許宗萬の接点

上場は容易になった。だが、「生き馬の目を抜く」といわれる資本市場で、海千山千の仕掛け人たちの思惑を跳ねのけ、自らを律しつつ、健全経営を貫くのは簡単ではない。

株式交換で多くの企業を傘下に収めたアイ・シー・エフは、ベンチャー経営者の「集積場」でもあった。05年1月、取締役に就任した南里清久は、飲食サービス業の世界で知られており、社長の佐藤とは同学年。幼稚舎から慶応で人脈は広く、叔父に元広島高検検事長の緒方重威がいた。

役員に就任し、アイ・シー・エフがさまざまな勢力に取りつかれていることを知った南里は、叔父の緒方に監査役への就任を依頼する。「肩書」による防波堤。ただ、子会社などを通じて月に１００万円近い報酬を得ていた緒方は、「佐藤の勝手な動きを封じて、コンプライアンス意識が高い人間を役員に就け、再建する必要がある」と、会社関係者には意欲的に語っていたという。

しかし、現実には緒方は経営に口をはさむことなく〝お飾り〟に終わり、06年8月、佐藤、南里とともにアイ・シー・エフを退任、当時、満井忠男とともに力を入れていた「六本木TSKビル」の再開発事業に注力するのだった。このビルほど、不動産の現況を伝えるものはなく、そこでの緒方と満井との二人三脚を知ることなしに、朝鮮総連ビル事件を語ることはできない。

六本木TSKビルは、ビルといっても一棟ではない。円形の中庭を低層のマンションと商業ビルが取り囲み、それぞれが渡り廊下で結ばれた不思議な形状をしている。中庭に立つと、周囲の喧噪《けんそう》がウソのように静まりかえっているが、それは入居者がほとんどいない「廃墟」というだけでなく、暴力団組織の東声会を率いた故・町井久之が、ここを牙城に表裏の勢力に睨みを利かせたという歴史の重みのせいだろう。

07年4月頃まで、ここには屈強な男たちが出入りしていた。ビルや駐車場を管理する「東亜ビル管理組合」が各種の権利を主張して居座っており、その顧問が暴力団組織にも影響力のあるフィクサーとして知られる朝堂院大覚《ちょうどういんだいかく》だったからだ。

六本木交差点から徒歩数分の一団の土地。地上げが完了すれば1200坪となり、周辺の地権者の同意が可能な土地を合わせれば1500坪。昨今の不動産バブルを考えれば、「坪5000万円でも買い手はいる」（不動産ファンド主宰者）という。

日々、変動し、それが公表される株価と違って不動産は、その価格動向と資金の流れを確認するために、著名物件を「定点観測」する必要があるが、六本木TSKビルはその要件を見事に満たしていた。

まとまった土地、複雑な権利関係、難航する地上げ、喉から手が出るほど欲しいという不動産業者やファンド、長引けば長引くほど値が上がる時代性……。

著名物件となる要件に「語り部」の存在がある。朝堂院はそれに相応しかった。政界から暴力団にまで広がる人脈を持ち、なにより満井が「競売妨害」で逮捕された時、検事長を退任、弁護士になったばかりの緒方を満井に紹介したのは朝堂院である。朝堂院は満井に朝鮮総連ビルの買収も持ちかけられていた。

朝鮮総連ビル事件の前、「定点観測」の取材で訪れると、朝堂院は「迷宮」のような六本木TSKビルのどこかにいた。対立組織からの襲撃を噂されたこともあれば、警察による逮捕情報が流れたことも一度や二度ではない。居場所の特定を恐れたのだろうが、「TSKビルはカネになる」という一点で、朝堂院の自信は揺らがなかった。夏も冬も羽織袴姿でヒゲをたくわえ、声は野太い。親しくなると関西弁が混じった。

「いろんな人間の思惑が重なり、曲折はあったが、再開発へ向けて最終局面に入っていた。所有権者の『都市アーバン開発』、抵当権者の『辰能』、地上げに動いた『東洋不動産』、満井、そのバックの緒方、そして管理組合のワシなどが一致して土地をまとめることに合意、店舗の立ち退きも完了していることから、後はマンション部分の二部屋を買収すれば、権利関係の調整だけで終わるはずだった」

あんたがおるとまとまらんから——という緒方の説得に応じて、朝堂院は管理組合を閉じ、新橋の事務所に戻った。その頃、朝鮮総連ビルを「30億円で買わないか」と、満井に持ちかけられている。条件が合わずに話は流れ、「受け皿ファンド」のハーベスト投資顧問が購入、カネが集まらないまま6月1日に所有権を移転。それが「朝鮮総連を騙したので詐欺」というおかしな事件の組み立てとなったのは、前述のように検察が朝鮮総連の最高責任者である許宗萬《ホジョンマン》責任副議長を「競売妨害」の共犯で逮捕したくなかったからである。

北朝鮮という国家同様、朝鮮総連も窮地に立たされている。

「金融部門」だった朝銀系信用組合の経営破綻に伴い、事件化した中央本部ビルはもちろん、全国の朝鮮総連施設で差し押さえが相次いでいる。また20年以上前から始まっていることだが、国交がないことによる不自由さに耐えかねて国籍を「南」に移す人が続出、これまで組織を支えてきた「商工人」と呼ばれるシンパ企業が、朝鮮総連の頼りなさに呆れてソッポを向いている。

緒方重威

許宗萬は、そんな朝鮮総連の事実上のトップとして、不動産、パチンコ、ゴルフ場開発といった「総連事業」を率いてきた。86年以降、朝鮮総連は「自助努力せよ」という本国からの指示を受け、許宗萬の指導のもと、こうした事業に進出したわけだが、最初はバブルの追い風を受けたものの、やがてことごとく失敗、その分を朝銀系信組からの乱雑な融資で埋め合わせていた。

朝鮮総連元幹部が解説する。

「不動産にしろパチンコにしろ、総連事業には『本国への送金資金を捻出する』という目的があった。許宗萬の地位は送金によって担保されていたから送らないわけにいかないが、そんな不純な目的で、シビアなビジネス競争に勝てるわけがない。勝てないから資金が不足する。そうすると、意のままにできる朝銀系信組から担保割れを承知で総連施設に融資させ、それを事業に回してしのいだ」

朝鮮学園や地方支部などの「総連施設」を担保に、日本の金融機関から融資を受け、後順位で朝銀系信組に融資させている事例は少なくない。「商工人」の企業をダミーとして使ったり、個人を債務者としたりした。要はデタラメ。今は朝鮮総連を離れた幹部が、呆れ顔で言う。

「名義を借りるのは、総連が任意団体で法人格がないからです。私も海外出張中、留守宅に当時の財政局長から『実印を預けろ』と電話が入り、使いの人に妻が渡したら、私が総連施設を担保に17億円の借金をしたことになっていて驚いたことがあります」

日本政府は、そんな乱脈融資の果てに経営破綻した朝銀系信組に対し、約1兆3600億円もの公的資金を投じて救済した。その朝銀系信組の経営責任は、人事を通じて各信組を牛耳り、「総連事業」に資金を回して経営を悪化させた朝鮮総連にある。

債権を引き継いだ整理回収機構が、朝銀系信組の朝鮮総連への融資分（627億円）の返済を求めるのは当然だろう。だが、本国への「面子《メンツ》」のうえからも、許宗萬は手をこまぬいていられなかった。そこで旧知の満井に依頼、緒方元公安調査庁長官の「名」を利用、競売を逃れようとした。

許宗萬は、日本政府をとことん利用しようという思想的、民族的確信を持っている。そして満井には、「自分をつぶしたのは政府」という開き直りがあった。

中卒の学歴ながら一代でのし上がった満井は、徹底的なリアリストにして「本音の人」である。出身地の長崎県に「長崎プリンスホテル」を建設、福岡県では「ピンホール」という九州の大手パチンコチェーンのオーナーとなり、東京では京橋や神保町で不動産事業を展開、一時は資産数千億円を誇った。

バブル崩壊は満井を直撃、三正グループは傾くが、満井は「桃源社」の佐々木吉之助などとともに、92年、「日本経済再建協議会」を立ち上げて、「国には金利政策などの失政があり、金融機関には貸し手責任がある」と、抵抗姿勢を示した。この時、「事務方」を務めたのが朝堂院大覚である。

むろん抵抗は実らず会社は倒産し、本人は自己破産。その過程で強制執行妨害罪に問われて刑事被告人にもなった。

バブル崩壊を機に、許宗萬は朝鮮総連を支えるシステムを失い、満井は金融機関に食い込んで資金を引き出すというビジネスモデルを失った。つまり、二人は「過去の人」になった。事件当時、許宗萬が76歳で、満井が73歳。時代に押し流されるのも当然だが、現役である以上、後ろ楯がいる。それがピカピカの経歴を持つ73歳の緒方重威だった。

リアリストの満井は、これまでに磨き上げた「籠絡《ろうらく》のテクニック」で、海外旅行に加えて酒食の接待で緒方に尽くしたという。許宗萬にしても、入金前の所有権移転を認めたうえで、諸費用の4億8400万円を先払いするという「不動産取引としては前代未聞のサービス」（不動産業者）を行って緒方を立てている。

しかし、しょせん抵抗でしかない。さらにいえば、元検事長という「肩書」は、「先輩に配慮したと見られるのは嫌だ」という後輩の思惑によって逆に作用し、事件化を早めた。朝鮮総連が被害者になったのは「国策」による偶然でしかない。

結局、許宗萬と満井を潰したのは、この10年をかけて日本が行ったシステムの変化である。「国境なき経済」に向けてシステムは組み替えられ、民族系金融機関の特殊性は排除され、いざとなれば〝お上〟への異議申し立てで延命しようとする満井の間接金融の〝甘え〟は通らなくなった。

といって「旧」が「新」に駆逐されたわけではない。ライブドア的な融通無碍《ゆうずうむげ》の会社であるアイ・シー・エフが緒方の「肩書」を欲しがったように、人間社会の持つ〝泥臭さ〟は変わらず、逆に透明性と公平性を確保した自由競争は、「欲望」の無秩序を生む。そこにどんな「秩序」を打ち立てるかが、今、日本社会に問われている。

第一章 金融ビッグバンと新井将敬事件

新井将敬夫人が「事件の真相」を告白

遺影は時を止めて若々しく、「才気あふれる二枚目政治家」といわれた頃の印象をそのまま残していた。

東京都大田区久が原――1998年に自殺した新井将敬元代議士の自宅は、「下町の選挙区」にそのまま残され、一時は、「弔い合戦」を考えたこともあるという真理子夫人が、守っている。

遺影を見やりながら、真理子夫人が静かに語り始めた。

「2月19日は新井の10回忌です。それに合わせたように、(旧)日興證券の〝口封じ〟が発覚、夫の語っていたことが事実だと証明されました。私自身は、(日興コーディアルグループの問題は)出るべくして出た話だと思っており、歓喜の気持ちはありませんが、4人の子供たちに、『お父さんは日興元役員の歪められた証言で犯罪者にされそうになった。これで名誉が回復される』と、改めていえるのは嬉しい」

10年はまさに一昔である。新井将敬という代議士の死は過去のものとなり、「政治談議」のなかで話題になることもない。

だが、新井を死に追い込んだ証券スキャンダルは、日本の金融システムを大きく変えるきっかけとなった。「政」「官」「業」「暴」のそれぞれが犯罪者を出したが、「政」の代表とされた新井は、最後まで罪を認めなかった。

10回忌を目前にした2007年2月、真理子夫人が「夫の語っていたことが事実だと証明された」と、証言したのはなぜなのか。解説が必要だろう。

新井スキャンダルが報じられたのは、97年12月22日だった。日興證券に借名口座を設けたうえ、違法行為である一任勘定（有価証券の売買の判断を証券会社に任せること）取引を行い、95年からの1年間で約2900万円の利益を得たというもの。その際、新井は大蔵官僚出身であることを誇示し、日興側に利益供与を求めたという。

同日の記者会見で、新井は借名口座の存在を認めたものの、利益供与については潔白を主張。だが、捜査にあたる東京地検特捜部は、新井の窓口となった濱平裕行元常務や、その上司の平石弓夫元副社長が、「（新井代議士に求められて）利益供与しました」と証言しているとして、新井を追い詰めていった。

新井の自殺で真相は封印された。だが、06年末から問題となった日興コーディアルグループの不正会計問題で、9年前の事件で旧日興證券を退任した濱平が、関連会社の「日興ビジネスシステムズ」で「嘱託社員」として、9年間にわたり毎年2000万円もの報酬を得ていたことが明らかとなった。

真理子夫人はこのカネを「口封じ料」と見る。

実際、新井は死の前日の記者会見で、「日興證券役員の証言は、検察と会社の強要によるものだ」と強く訴え、日興役員との会話を録音したテープや、濱平とその夫人が記録のために残していたメモ（濱平メモ）を持ち出して、反論した。

しかし、マスコミの反応は冷ややかだった。すでに翌日の逮捕は決まっており、「検察の正義」は絶対だった。むしろ、新井のためにと「便宜」を図ってきた日興證券の〝好意〟に対して、秘密録音までして罪を逃れようとする行為こそ卑しいと、マスコミの批判は新井に向けられた。

「弁明」が目的ではなかったことは、翌日の自殺で明らかとなる。会見を終えた新井は、自宅には戻らず、品川駅前のホテルに真理子夫人とともに宿泊。翌19日午前、夫人は所用で外出、午後1時半、ホテルに戻ってきた時、ワイシャツにズボン姿でエアコンの換気口に浴衣の帯を通して首を吊っている新井を発見した。

洪水のような自殺報道のなかで、「会話のテープ」や「濱平メモ」は顧みられなかった。もはや「事件の真相」には迫れないとして、報道は新井の「人物論」や「政治とカネ」に置き換えられ、やがてマスコミの関心は、特捜部がスタンスを移した日銀・大蔵官僚接待汚職事件へと向かった。

真理子夫人は、「口封じ料」の存在が、「濱平メモ」の信頼性を裏づけるという。

「濱平メモで重要だと思っていたのは、金子（昌資）社長（当時）が、『生活の保障はします。停年まで』と、約束していたこと。その『保障』を条件に、金子社長は濱平さんに、検察のいうことを聞いて、『グレーは黒といってくれ』と命じていました」

「濱平メモ」には、検察と会社に追い詰められる苦悩が、書き記されていた。

「地検に『すべて認めなければ、もっと事件を大きくするぞ』と、脅され、会社側からは協力を命じられ、濱平さんは苦しんだと思う。奥さんのメモには『主人の異常さに不安を感じる』とあり、ご本人は乱れた文字で大きく、『良心の呵責』と、書いたりしています。濱平さんを個人的に恨む気持ちは、今もないのです」（真理子夫人）

濱平証言の「強要」が証明され、新井発言に真実味が増したとしても、真理子夫人のいうように、名誉回復は「ファミリーの心のなか」で行うしかない。

しかし新井は、「時代の節目」を、死をもって体現した。その意味は大きい。

「異端」のベンチャー経営者を取り込む「改革」

新井は、48年1月、在日韓国人の両親のもとで生まれた。16歳の時、一家そろって帰化、大阪府内の名門である北野高校から東大に進学、いったんは新日鉄に入社したものの、翌年、国家公務員試験を受けて大蔵省に入省する。この「エリートの経歴」に、「在日」の陰は見受けられない。

だが、故・渡辺美智雄蔵相の秘書官を機に政界に転じた時には嫌がらせを受けた。選挙戦の最中、ポスターに「元朝鮮人」というステッカーを貼られたのである。対立陣営の〝仕業〟だった。

86年の総選挙で初当選するが、政治家としても「異端」の人だった。91年に東京佐川急便事件が発覚すると、自民党最高権力者だった金丸信に反旗を翻《ひるがえ》して離党。新進党、無所属、自民党復党などと転身を重ね、「はぐれ烏《がらす》」と呼ばれた。

長身で二枚目、弁が立って行動力もある新井はマスメディアへの露出が多く、知名度は高かった。だが、人に頭を下げるのが嫌いで、政治資金を媒介にした親分子分の関係と義理人情が支配する「永田町の論理」には、従おうとしなかった。

知名度とは裏腹に、「親分」を持たず、党内基盤はなく、スポンサーにも恵まれないこの「異端」の政治家が、腹蔵なくつきあえる相手が「B&Bの会」のメンバーだった。

新井を囲むベンチャー経営者の集まりで、米国の著名なジャーナリストであるデイビット・ハルバースタムが著した『ベスト&ブライテスト』(ケネディ政権内部のエリートたちを描いたドキュメント)にちなみ、真理子夫人が命名した。

「ドン・キホーテ」「光通信」「日商インターライフ」「ジャック・ホールディングス」「アーバンコーポレイション」など五十数社が参加、単なる「政治家を囲む会」ではなく、ベンチャー企業同士の懇親会、情報交換会として機能した。

ベンチャー企業もまた「異端」である。大企業の発想が及ばず、手をつけることのない「隙間」にビジネスチャンスを見つけ、したたかに資金調達、事業を立ち上げる。必要なのは、先を読む目と怯まぬ度胸。成功より失敗の確率のほうが高く、既得権を持つ者やエリートには縁のない世界である。

新井と起業家たちは「異端」にあるものとして共感、ドン・キホーテの安田隆夫会長によれば、「心のストリップ状態を楽しむことができた」という。

だが、新井の死の直前から始まった金融ビッグバンは、証券市場の開設（東証マザーズや大証ナスダック・ジャパン）や自由化を通して、「異端」を手早く一般の経済構造に取り込もうとするものだった。

また、その標語である「フリー」「フェア」「グローバル」は、インターネットの普及とともに、社会の〝常識〟として認知され、銀行の倒産という絶望的な金融不況を経て、官僚主導の経済システムと政策決定メカニズムの改革に迫られた自民党政権は、「戦後体制」の見直しを始めた。

その結果の情報公開と規制緩和は、「異端」を「通常」に変える。かつて「秘密投資クラブ」と危険視された「B&Bの会」は、いまやメンバーも一新され、会の名も「日本ベンチャー協議会」となり、会長に「フルキャスト」の平野岳史、副会長に「楽天」の三木谷浩史、「光通信」の重田康光、「USEN」の宇野康秀など錚々《そうそう》たるメンバーを揃え、経済界では「若手経営者の企業集団」として認知されている。

事実、メンバーに新井と交流のあった人はほとんどいない。

政界も変わりつつある。義理人情に支配される「永田町の論理」の基本は変わらなくとも、小選挙区制の定着は、「カネとポスト」で縛る親分子分の「派閥の論理」を壊した。「一匹狼」で子分を持たない「変人」の小泉純一郎が、首相に担がれて「改革」を叫んだのはその好例。「はぐれ鳥」の新井が生きていれば、世間受けする言動で重責を担う可能性は十分にあった。

政治資金にも隔世の感がある。「政治資金収支報告書など氷山の一角、誰もまともに記載していない」と、いわれたのも今は昔。報告書に正しく記載していないことが、政治資金規正法違反であるとして検察に摘発される時代となった。「入」はもちろん、「出」についても事務所費をいい加減に計上していると、閣僚ポストを棒に振る。

新井の死は「たまたま」ではない。検察が、金融改革を捜査当局の視点で進めた97年、「政」の代表として新井に目をつけたのは、「はぐれ烏」で他への影響力が少なく、やりやすかったからだろう。

新井も最後には「在日」ゆえの攻撃を疑い、自主的離党を求める幹部に対し、「民族差別ではないですか」と反発した。検察が「在日」だから新井を狙ったとは思えない。ただ、検察のやりやすさを生む新井の「孤高」が、それを恐れない自覚と心情から発していたのだとしたら、「在日」は検察がターゲットとする材料のひとつではあった。

新井とベンチャー経営者にあった「異端」を自覚したうえでの共振は、「改革」を推進しようというりねりのなかで「明暗」を分けた。新井は「異端」ゆえに切られ、ベンチャー経営者たちは「異端」を通常に取り込む環境のなかで、当面のステータスである上場企業の仲間入りを果たした。

旧「B&Bの会」の有力メンバーで、広告代理店の「広美《こうび》」を30年前に創業した岡田真澄が、「ベンチャーの時代」を次のように解説したことがある。

「ベンチャー経営者なんて、ある意味じゃおかしな連中ばかりです。ドンキの安田さんは『泥棒市場』というディスカウントショップを自分ひとりで立ち上げた『バッタ屋』ですよ。光通信の重田君は20代の頃から知っているが、その頃から『1兆円の会社にする』と豪語、普通に考えればただのホラ吹きです。当然、大企業や銀行は相手にしません。

俺だってそうです。創業以来、無借金経営を続けてきたのは、銀行が相手にしてくれなかったから。学閥・閨閥・財閥に縁のない人間が会社を起こそうというのだから大変です。でも俺たちには根性とパワーがある。だから繁栄後の没落が始まった日本で、ベンチャー経営者がのし上がってきたんです」

もちろんベンチャー企業に吹く風は、「順風」ばかりではない。規制緩和は「秩序の崩壊」をもたらし、それが堀江貴文、村上世彰の「拝金主義」を生んだとして、裁判所は両者に実刑判決を下し、新興市場とファンドは大きな打撃を受けた。

しかし、それも「改革」のなかで発生したことだと思えば、金融ビッグバンに時を合わせたような新井の自殺は、「歴史の転換点」として記憶されるべきなのである。

外資の発想で日興を追い詰めた「金子―有村体制」

「新井の死」につながる「金融証券スキャンダル」は、97年5月、小池隆一というひとりの中堅総会屋の逮捕をきっかけに始まった。

株主総会での発言をほのめかし、企業から「賛助金」の名目で金銭を受け取るのが総会屋である。要求に応じなければ株主総会は荒れ、議長役の社長は総会屋のドスの利いた声でスキャンダルを暴かれ、脅され、何時間も立ち往生する。応じれば、総会屋は「与党」となって議事進行に協力、1時間未満の「シャンシャン総会」となる。

それまで日本の上場企業は、総会屋を「飼っておく」のが常識だった。しかし、グローバル化の波はここにも押し寄せる。上場企業がマフィアと組んだような印象を持たれる総会屋の放置は国際化時代に相応しくないとして、82年に施行された商法改正で総会屋は「非合法組織」となった。だが、〝腐れ縁〟を絶つのは容易ではなく、年に1度か2度、警視庁などが企業の総務担当者などとともに総会屋を逮捕、一罰百戒の警告を与えるという時代が続いた。

「小池逮捕」は、そうした予定調和的な総会屋事件とは明らかに違った。手がけたのが警察ではなく、検察であったのが最大の理由だ。総会屋は企業を攻撃し、それを守るのが警察で、企業は警察OBを雇って、警察の労に報いる——この仕事とカネを媒介にした「黄金のトライアングル」を3者は形成、誰も本気で一掃しようとしなかった。

東京地検特捜部は、こうした構造の根絶を狙った。小池とつきあいのあった野村證券を始めとする旧4大証券と、資金を提供した旧第一勧業銀行の会長、社長を含む幹部を軒並み逮捕した。また、この時の証券・銀行捜査から、金融当局と金融機関との尋常でない癒着を発見、「接待汚職事件」として旧大蔵官僚や日銀幹部を摘発していった。

金融界は本気の改革を迫られ、事実、変わっていった。

「MOF担」と呼ばれる旧大蔵省担当は廃止され、検査監督業務は金融監督庁（現金融庁）として独立、金融業界に「処分を与える役所」となった。検査監督の強化で役所と業界は対立する存在となり、癒着構造が影を潜める一方で、銀行の合併に象徴されるように、金融再編は進んでいった。

「護送船団」は解体、優勝劣敗の法則が金融機関を支配した。「認可」は「届け出」に変わり、原則自由競争のなかで、どの金融機関も生き残りを図らねばならなくなった。そのための改革を最も〝愚直〟に進めたのが、旧日興證券である。

総会屋のみならず、自殺した新井将敬にも利益供与していた証券会社として、激しい批判を浴びた旧日興證券が社長に選んだのは、国際畑が長く、その分政界を含む国内勢力とのつきあいが薄く、しがらみのない金子昌資だった。

常務に就任、金子の右腕となったのが「国内外に人脈のあるやり手」として知られる有村純一である。この「金子―有村体制」は提携相手に外資を選び、98年6月、米「トラベラーズグループ」（現シティグループ）と資本提携する。本来、旧日興證券は旧三菱銀行をメーンバンクとする「三菱グループの幹事証券会社」であった。

だが、金子社長は「しがらみに守られた国内証券から脱却、外資との提携でグローバルなネットワークと商品開発、運用技術を持つ世界的レベルの証券を目指す」と、宣言した。その後、旧日興はリテール部門の「日興コーディアル証券」と、ホールセールを中心に投資銀行業務もこなす「日興シティグループ証券」に分かれ、そこには確かに信賞必罰のシビアな米国流経営の理念が打ち立てられていた。

経営のスリム化が断行され、不動産などの資産は次々に売却され、社宅などの福利厚生施設は廃止、99年から2000年にかけては40歳以上を対象にした早期退職募集を3回も繰り返し、約1000人をリストラしている。

その過程では、地方の支店長を東京に呼び戻して閑職に就け、成績連動型の給与体系によって給与を3分の1に激減させ、退職に追い込むような非情も厭わなかった。だが、その潤いを欠く冷たさは、当然のことながら「金子―有村体制」への批判を生む。

日興コーディアルグループは、06年末、不正会計処理を行ったとして、証券取引等監視委員会から5億円の「課徴金納付命令」を受けた。「ベルシステム24」というコールセンターを、孫会社の「日興プリンシパル・インベストメンツ・ホールディングス」(NPIH)を通じて傘下に収めたが、その際、日興コーディアルグループの連結決算とせずに、株式評価益のみを利益に取り込んで決算を粉飾したというのが、「課徴金」の理由だった。

NPIHは「日興プリンシパル・インベストメンツ」(NPI)の子会社である。そして、ベルシステム24株の高騰によってNPIには利益が発生、その分NPIHには損失が発生していた。複雑な仕組みなので詳細は避けるが、利益の取り込みが可能なEB債(他社株転換社債)を発行させ、子会社のNPIの利益は日興の決算に取り込み、孫会社のNPIHは非連結化、損失を除外した。

決算の「いいとこ取り」だ。ライブドアが株式交換で発行した新株を非連結のファンドに持たせ、売却益を売上高に計上して決算を粉飾したのと同じ手口である。

この〝お手盛り〟の決算を通すために、日興はＮＰＩＨの非連結化を可能にするベンチャーキャピタル（ＶＣ）条項を利用した。それを旧中央青山監査法人に突きつけ、適正意見を出させている。さすがに社内にも反対意見はあったが、「監査法人も認めているから」と、経営陣は押し切った。

「金子―有村体制」の問題点は、ここに集約されている。企業社会には、成文化された法律だけでは律することができないために、市場参加者が互いに納得して受け入れるべきモラルや不文律がある。

「認められているから」と、ＶＣ条項を〝悪用〟した日興と、「違法ではないから」とファンド利用で粉飾したライブドアに、意識の上でも実態の上でも何の違いもない。だが、ライブドアが証券市場の一プレーヤーであるのに対し、日興は市場のプレーヤーを指導する役回りも務めている。その責任はより重かった。

稲川会相手のケンカも霞む「お手盛り」

東京・六本木の高層マンションの24階――１７２・８２平方メートル（約52坪）のその部屋からは、レインボーブリッジから東京タワーまでが一望できる。約30畳のリビングに主寝室を含む３ＬＤＫで、家賃は月額約１５０万円。その代わりにセキュリティは万全で、フロントロビーには24時間対応のコンシェルジェ（世話係）がいて来訪者をチェックする。

ここに、07年1月末まで日興コーディアルグループの有村純一前社長が住んでいた。社長時代（06年12月26日に退任）には、毎朝、7時50分頃にエレベーターでエントランスホールに降り、待ち構える2～3人の民間警備会社のSPとともに、社用車で出社していた。

この事実を、多くの日興社員は知らなかった。マスコミの経済部記者ですら、『日本経済新聞』など日興に食い込んだ1～2社の証券担当記者を除いては、「社長の自宅」は公表されている新宿区のマンションだと思い込んでいた。「セキュリティのために伏せていた」と、後に日興コーディアルグループ広報部はいうのだが、金子前会長が社長時代から神奈川・湘南の一戸建てに住み、それを公表していたのに比べると辻褄が合わない。

実は、この豪華マンションは有村に「社宅」として貸与されていた。もっとも会社法の改正により、社宅は「現物支給など金銭を伴わない報酬」として、株主総会の決議事項となるために、「会社の施設」として有村に提供していた。名称はどうあれ、実態は「社宅」である。

日興が、外資との資本提携を機に苛烈なリストラに踏み切ったのは、前に記した。一般社員の通常の社宅や独身寮はもちろん、役員用別荘や迎賓館などは「不要施設」としてすべて売り払い、財務をスリム化、企業価値を上げようとした。それと逆行する有村の特別扱いは、次のような理由からだという。

「98年にスタートした金子体制は、現場を知らない金子に代わって有村が業務を掌握、最初から『金子―有村体制』だった。そうして10年も支配が続けば権力は腐敗する。周辺が有村に取り入ろうと『社宅』を用意したんだろう。そんなものに縁のない社員、リストラされた元社員には腹

立たしい限りだし、それを黙って受け入れる有村もどうかしている」(日興の役員ＯＢ)

日興は、粉飾決算の原因究明を日野正晴・駿河台大学法科大学院教授（元金融庁長官）を委員長とする特別調査委員会に委《ゆだ》ねていたが、同委員会は07年1月末、日興コーディアルの財務担当役員とＮＰＩの役員を兼務していた山本元、ＮＰＩの元会長で日興コーディアルの役員も兼ねていた平野博文らに「組織的な法令違反行為が認められた」とし、有村はその全容を知りうる立場にあり、積極的な関与の疑いをぬぐえないとする厳しい内容の報告書をまとめた。

〝偉い〟自分にはセキュリティ面で「社宅」が必要だという発想と、粉飾決算をＶＣ条項、ＥＢ債の利用などで都合よくデッチ上げる手口は、「いいとこ取り」という意味では同じである。信賞必罰の米国流経営、成績連動型の給与・報酬もそうだ。

旧日興の泥臭い「株屋体質」を変えたと自負する有村は、役員報酬を03年度から個別開示している。この透明性は画期的なことではあるが、03年度８６００万円、04年度1億３５００万円、05年度1億５９００万円と急増する有村の報酬は、「お手盛りじゃないのか」という不満を、社員に抱かせた。

ともあれ「金子―有村体制」のもとで、日興が大きく変わっていったのは事実である。その〝改革〟の最中に旧日興を象徴するような裁判が進行していた。

03年6月5日、東京地裁６１５号法廷。広域暴力団・稲川会系企業に対して、日興證券が債務を負っていないことの確認を求めた訴訟のなかで、証人台に立った元総務部長の池田晃敏は、稲川会系企業との取引が「元本保証の一任勘定だった」という衝撃的な発言を行った。

以下が、池田証言の要旨である。

口座は稲川会総裁夫人、稲川会元会長夫人を代表とする企業のものが二つ。87年6月に開設し、15億円を預かり、約10％の利回りを約束していたので、月に1500万円以上の利益を出すようにしていた。企業といっても、実態は稲川会の石井進元会長の個人口座。監督官庁の目を気にして法人にしただけ。最初はうまくいっていたもののバブル崩壊で業績が悪化、損失を出してしまったのでそれを補塡した。「元本保証」が口座開設時からの約束だったからだ──。

池田は「兜町の総務部長」と呼ばれ、総会屋にも一目置かれた存在だった。本社ビルの中2階に一室を持ち、総会屋や暴力団を捌《さば》く特殊任務。いつしか社内で「中2階の男」と呼ばれるようになった。当然、小池事件に連座、懲役10月・執行猶予3年の有罪判決を受けた。

日興は後に稲川会系企業からルノアールの『壺に活けた菊』を9億6000万円で買いつけ、債権債務関係を解消する。ところが稲川会系企業は、「絵の売買は一時的な措置。元本保証分は受け取っていない」と主張。従来ならうまく収めるのだろうが、米シティグループとの資本提携（98年11月）を目前にしていただけに日興は、「過去のしがらみを断ち切る」という思いで「債務不存在訴訟」を起こしたのだった。

相手が稲川会だって戦う──この覚悟は望ましい。コンプライアンス（法令遵守）上、そうでなくてはならない。だが、粉飾決算、社宅への居住に見られるように、コンプライアンスが徹底していないのはなぜなのか。

日興の役員ＯＢが有村をこう切り捨てた。

「コンプラの前提として、経営陣にも社員にも、法令に違反して会社の信用と顧客の信頼を失ってはならないという高い精神性が求められる。ところがコンプラ重視は、時に『法律に違反していなければ何をしても許される』という〝脱法精神〟につながることがある。このバランスをどう取るかが難しく、経営者の資質はここで問われるが、今回の件で有村は、ホリエモンと同レベルのモラルしか持たないことを露呈した」

経営者が同レベルで、しかも「ファンド利用の粉飾」という同じような罪を犯したのだから、日興の上場廃止は免れないところだった。だが、東京証券取引所は上場維持を決めた。「（ライブドアと違って）赤字を黒字にしたわけじゃない」といった〝言い訳〟を用意していたが、要は自分で判断を下し、日興の株主や証券界、あるいは政界から〝突き上げ〟を食らうのを恐れただけ。ライブドアは刑事事件になったから上場廃止を決めただけのことだった。

接待汚職事件の傷を「竹中路線」で癒した金融庁

98年1月26日、東京地検特捜部は大蔵省大臣官房金融検査部に所属する2名のノンキャリアを収賄容疑で逮捕した。大蔵・日銀接待汚職事件の幕開けである。

この時、同時着手していた政界ルートについては、新井将敬代議士の自殺で幕を閉じた。勢い、特捜部の捜査は「官」に向かい、3月に入ると大蔵省と日銀の中堅キャリア官僚が逮捕され、さらに「火砕流のような捜査になる」（検察関係者）といわれていたものの、金融システムそのものが瓦解してしまうことを恐れた検察首脳によって捜査は中断、98年4月27日、大蔵省が発表した大量処分で幕引きとなった。

長野厖士《あつし》証券局長、杉井孝銀行局担当審議官らが退任、ほかに局長、局次長、審議官、部長など大蔵省の中枢が軒並み処分を受け、そのなかから「逮捕予定者リスト」が作成されていたというのだから〝汚染〟の凄さがうかがえる。ただ、特捜部が中枢に駆け上がらずとも、大蔵省は壊滅的な打撃を受けた。

「省のなかの省」「官僚のなかの官僚」としての誇りは、「大蔵」という名とともに失う羽目になったが、それより大きな喪失は、民間金融機関の検査・監督業務を切り離されたことだろう。98年6月、総理府の外局として金融監督庁（現金融庁）が設置された。

この機構改革は、特捜部の捜査により、金融検査官のデタラメぶりが喧伝《けんでん》されたからである。金融検査官を接待漬けにして「検査日」を聞きだし、準備を万全にするだけでなく、検査官が望めば、系列マンションの値引きまでしてやった。検察幹部は「彼らは接待の海で泳いでいた」という言葉で、大蔵官僚のタカリ体質を表現した。

「検査業務は分割すべき」という論議が起きるのは当然で、大蔵省は検査・監督業務に加えて金融制度の企画・立案部門まで金融監督庁に奪われて、01年1月の中央省庁再編で財務省となり、金融監督庁は金融庁と改められて内閣府外局に位置づけられた。

この時、初代金融担当大臣に就任したのは柳澤伯夫である。旧大蔵ＯＢの政治家で、金融行政のプロを自任。金融監督庁を所管していた金融再生委員会の初代委員長でもあり、文字通り金融庁を牛耳っていた。

確かに柳澤は手堅い政治家で、「プロ」の受けは良かった。官僚OBとして役人の気持ちも金融界の事情もよくわかったからだろう。だが、それが「改革」を強引に進めようとした「小泉路線」とは合わず、02年9月の小泉内閣改造で更迭され、竹中平蔵経済財政政策担当相が金融相を兼務することになった。

ここから金融庁は変わる。「なれあいのソフトランディング」から「対立のハードランディング」へ。竹中金融相は、05年3月までに大手銀行の不良債権を半減させると謳った「金融再生プログラム」を立案、そのために不良債権処理を急がせる金融検査マニュアルを策定した。

銀行界は猛反発したが、厳格な査定による不良債権処理と経営の健全化を「同時」に達成しろという無茶な要求が銀行経営者を本気にさせ、結果として不良債権は急減、銀行株は上向きに転じ、これが市場をリードする形で日経平均株価は上昇、日本経済は最悪期を脱した。

「小泉改革」の目に見える形での唯一の成功例といえるのが、不良債権処理の迅速化をもとにした日本経済の浮揚だった。竹中金融相がそれを実現できたのは、素人の学者だったからだ。

竹中の側近が振り返る。

「あの頃は、銀行業界のすべてを敵に回した気分だった。銀行業界だけじゃなく、彼らの陳情を受けた政治家、それに反竹中感情を持つ財務官僚が相乗りして足を引っ張った。でも、気にしなかった。失うものはないし、我々にはなんのしがらみもないしね」

金融のプロでなく、政治家でなく、しがらみもないから断行できたという説明は非常にわかりやすい。そして、金融庁の官僚はそこに共鳴した。
「竹中大臣のもとで、これまで指導先だった金融業界が、検査を通して対峙する存在となった。それを繰り返すうち、接待汚職事件の後遺症は薄れ、検査を通じて金融機関を正常化することに存在意義を見いだすようになった」（金融庁幹部）
04年10月、ＵＦＪ銀行（当時）の検査忌避を刑事告発したのは、彼らなりのケジメとなった。接待汚職事件のきっかけは、旧三和銀行のＭＯＦ担が、特捜検事に細大漏らさずに証言したことである。その幹部が、合併後のＵＦＪ銀行で検査忌避を主導した。それだけに金融庁は強硬に対応、変身した姿を旧三和に見せつけたのである。
むろん告発が〝私怨〟から始まったとするこんなシナリオを金融庁は認めない。接待を〝自供〟したのは旧三和のＭＯＦ担だけでもない。だが、この告発が、接待汚職事件をきっかけに、役割もシステムも役所名も変わり、その対応に追われるだけだった金融庁が、自らの役割とポジションを確認できたという意味で画期的な意味を持つ、ということは認めざるを得まい。

罪人となった頭取たち、見逃された「本当のワル」

北海道拓殖銀行（拓銀）が経営破綻した97年11月17日、北海道の喧騒をよそに、大阪・道頓堀の高級クラブ街で、焼き鳥を焼くひとりの男がいた。
中岡信栄――拓銀破綻の引き金を引いたといわれる「ＥＣＣ」（イージー・キャピタル・アン

ド・コンサルタンツ）の元会長。政界はもとより官界、特に民間人がなかなか食い込むことのできない検察に、太いパイプを持つことで知られる。

バブル崩壊後、ＥＣＣは２５００億円もの負債を抱えて倒産する。ろくな審査もしない中岡の〝気分〟による貸し付け、政界、官界、マスコミなどに撒《ま》いた工作費、湯水のような遊興費……。経営破綻も当然で、中岡は全国展開していた居酒屋チェーンの「五えんや」の大半を売却、道頓堀に新「五えんや」を開業、「裸一貫で出直しや」と、周囲に語り、実際、自分が店頭に立って、焼き鳥を焼いていたのである。

「きょうの拓銀破綻のニュースを、どう受け止めていますか」

夕方、客足が止まった時を見計らい、「焼き鳥屋の親父」に話しかけると、激怒した。

「なにいうとんのや！　そんなん関係ない！」

店のなかには「夜」の出勤前と思《おぼ》しき女性が3人。中岡は、時々、手を休めては彼女らと話し込む。「焼き鳥を焼いとるのはポーズやで」という評判通りの光景で、そんな姿を見られたのが恥ずかしかったのかも知れないが、「拓銀の破綻は自分に関係ない」と、思っているのは事実だろう。「内省」は、バブル紳士に似つかわしくない。

「日本長期信用銀行（長銀）を潰した男」といわれた「イ・アイ・イグループ」の高橋治則にしてもそうだった。

高橋については章を改めて詳述するが、業績不振企業を利用した証券市場の「錬金術」で再起の足がかりを摑んだ高橋は、05年5月、香港でホテルチェーンの設立記念パーティを開き、復活をアピールした。

その席で高橋が強調したのは、自分は日本の金融政策と長銀の経営失敗の犠牲者で、長銀の「進駐軍」に経営を委ねず、自分の裁量で事業を継続していたら、刑事被告人になんかならなかったという恨みである。

中岡、高橋といったバブル紳士に限らず、善くも悪くも経済を動かすのは「勝負師」たちである。20世紀の「間接金融の時代」には、彼らが銀行の泥を被《かぶ》り、汗をかき、融資を引き出し、勝負を仕掛けていった。

銀行にとって「勝負師」は使い捨てである。代わりはいくらでもいる。だから自らは「安全地帯」にいて、作戦を練って「勝負師」に仕事を委ねていればよかった。もちろん犯罪に問われることなどあり得ず、融資先に丸め込まれた不良幹部が背任横領を働いて事件化することはあっても、銀行自身が罪に問われることはなかった。

しかし、「護送船団」の終焉は、政府が銀行の面倒を見なくなったことを意味する。それどころか、98年6月に新設された金融監督庁は、銀行に厳しい検査を入れ、処分を厭わない。銀行の設立はしやすく、潰れるのも自由。だが、預金者保護のために公的資金で救済する際には厳しく経営責任を追及するというのが国のスタンスである。

90年代末、拓銀、長銀、日本債券信用銀行（日債銀）が経営破綻、「頭取たちの罪」が問われていった。有価証券報告書の虚偽記載、違法配当、特別背任など罪名はさまざまだが、基本は粉飾決算である。実態を隠したのは保身だったとされ、多くの投資家と株主を騙したことが罪に問われた。その結果、国民の税金が投入されたのだから事件化も当然だ。

ただ、拓銀では鈴木茂元頭取、佐藤安彦元副頭取、海道弘司元常務の３人の頭文字を取って、「ＳＳＫライン」と呼ばれるバブル融資の責任者は罪を免れた。ＥＣＣの中岡と拓銀の関係は、海道が大阪の難波支店長だった時に始まっている。逮捕起訴された山内宏元頭取、河谷禎昌元頭取は、むしろバブル融資の処理担当だったのだが、刑事被告人となり一審は無罪だったものの、06年８月31日、札幌高裁は二人に逆転の実刑判決を言い渡した。

長銀で罪に問われたのは大野木克信元頭取、鈴木克治元副頭取、須田正巳元副頭取の３人。「イ・アイ・イ融資」のきっかけをつくった「長銀のドン」である杉浦敏介元会長、杉浦の親戚でその路線を継承した堀江鐵彌元頭取に責任が及ぶことはなかった。起訴された３被告は一審で執行猶予付きの有罪判決を受けて控訴していたが、05年６月21日、東京高裁は大野木らの控訴を棄却した。

日債銀の場合はもっと悲惨である。逮捕起訴されたのは、窪田弘元会長、東郷重興元頭取、岩城忠男元副頭取の３人だが、窪田、東郷の両名は、不動産融資の焦げ付きで経営の傾いた日債銀再建のために送り込まれた金融当局のエリートだった。窪田は元国税庁長官で、東郷は元日銀理事。97年３月には、大蔵省主導で「奉加帳《ほうがちょう》増資」（横並びでつきあわされる増資）を行い、２９００億円を集めたほどである。

「奉加帳」が象徴するように、銀行の「不倒神話」は97年３月の時点までは絶対だった。そんな環境で生きてきた頭取たちが、「永続」を前提に決算を粉飾するのは当然だろう。日本の金融システムのなかでは、決算数字を〝化粧〟して預金者を安心させることは〝善〟であり、大蔵省はそう指導してきた。

それが一転して犯罪人となり、ほぼ刑は確定した。窪田と東郷には同情論が根強かったものの、東京地裁は窪田に懲役1年4月、東郷に懲役1年の判決を執行猶予付き（いずれも3年）で下した。窪田らは控訴。が、東京高裁は、07年3月14日、これを棄却した。

この一連の連続摘発は、金融当局からの「完全なる離別」を銀行に覚悟させた。すべては自己責任。その結果、自由度は上がったが、誰も信用することはできなくなった。金融界にはコンプライアンス重視の風潮が高まったが、これは人間にとっての「より良き環境」を意味しない。

前述した日興コーディアルグループの実例のように、コンプライアンス（もしくは弁護士）に頼る風潮は、「法に違反しなければ何でも許される」という浅薄な感性を助長した。間違っているものの、手っ取り早く収益を上げる道ではある。

それが結局、二極化して、企業と社会の環境を悪化させており、「護送船団」で金融機関を守るというコストの削減が、今、こうして跳ね返ってきている。むろん、かつての社会主義的金融の世界に戻る必要はないが、それに代わる「秩序ある金融」は模索されなければなるまい。

「クレディ・スイス」グループの「飛ばし商品」

信組から都銀、長信銀に至るまでの金融機関がバタバタと倒産していた90年代後半、それを逆手に取って稼いだ金融のプロフェッショナルがいた。「クレディ・スイス・ファイナンシャル・プロダクツ（CSFP）銀行」の東京支店に勤務するXという幹部行員である。

高給と仕事を求めて、外資を中心とした金融機関を渡り歩く金融マンのことを「金融渡世人」と呼ぶ。企業への忠誠心など皆無、儲けのためには合法と非合法のスレスレで勝負し、その危うさの見返りに、成功時には巨額の報酬を約束される。Xはそんな金融渡世人の草分け。しかも凄腕だった。

95年3133万円、96年7535万円、97年9942万円、98年1億6890万円――これはXが所轄の税務署に納税した額である。金融不況の最中に、なぜXは巨額の報酬を得ることができたのか。

その謎を解くカギが、「ポートフォリオの再構築」と題されたCSFPグループ作成の資料である。簡単にいえば、損失の出た不良債権を簿外に移して処理する、不良債権の〝飛ばし〟。こうした「飛ばし商品」の犯罪性は、CSFPが金融監督庁の銀行検査を妨害したとして警視庁が捜査、Xを逮捕したことにより露呈した。悪質な「飛ばし商品」の例として、次のようなものがあった。

まずA銀行は簿価150億円分の不良債権をクレディ・スイス信託銀行に開いた口座に移し、次にクレディ・スイス信託銀行は信託受益権を同グループがケイマン諸島に設立した特別目的会社（SPC）に150億円で売却、さらにSPCは購入資金を調達するため海外で円建て債を発行する――。

これが悪質であるのは、円建て債を購入するのがA銀行であること。バランスシートは改善されるが、回収リスクはSPCに残ったままなので何の解決にもならない。「不良債権隠し」は明白である。

ほかにもさまざまな「飛ばし商品」があるのだが、あえて複雑に作成しているので、一読しただけでは何のことかわからない。

「特金とCSFPとの間で、期間5年の日経300株指数OTCフォワード取引をスワップの形で行います。行使価格はスポットの102％（顧客の売り）〜140％（顧客の買い）程度。当該取引（二つのスワップ契約）により特金はアップフロントで15億円（名目元本の30％）を受け取ります」

理解不能だが、はっきりしているのは、損失を出した顧客から委託を受けたクレディ・スイスグループが、デリバティブ（金融派生商品）を駆使することで損失の回復を〝約束〟していることである。

金融ハイテク技術を持つプロたちは、このように顧客が決算書に含み損を計上しなくても済むようなデリバティブ商品を開発するが、収益が実際に上げられるかどうかは二の次。だから日経平均株価指数が、5万円を超えることを前提とするような無茶なデリバティブ商品を開発する。しかし、理論上はありえても、荒唐無稽なのは誰の目にも明らかだ。そのためスキームは一般人に理解不能な複雑なものになるし、それに加えて日米欧の企業法務に明るい法律事務所から法的に問題がないとする「リーガル・オピニオン」を取る。もちろんこれは、商品の「合法性」を担保するもので、「実現可能性」に言及するものではない。

検査・摘発のあった99年の時点で、CSFPの「飛ばし商品」を購入していた日本の企業は60社にのぼり、総額は3000億円近かった。Xはデリバティブのプロとして、誰もが舌を巻くグレー領域の商品を開発、販売ルートに乗せて巨額報酬を得た。クレディ・スイスグループ全体では、一連の「飛ばし商品」で、年間数百億円の利益を得ていた。

金融監督庁は、クレディ・スイスグループの調査と時を同じくして「クレスベール証券」東京支店も調べていた。その勧誘は、かくも露骨である。

「新規資金不要、実現損を計上せず、『プリンストン・グローバル・マネジメント』社発行の私募債に変更して、評価の早期回復を図ることができます」

私募債を運用しているプリンストン・グローバル・マネジメント社は、平均利回り30%をアピール。しかし、運用者のマーティン・アームストロングが米国で詐欺の疑いで逮捕され、日本企業が預けた1200億円は、アームストロングが勝手に運用、利回りも出ていないことが判明した。

CSFPもクレスベール証券も、不良債権処理に苦しむ日本企業につけ込む商品を開発、売り込んだ。「需要」と「供給」の関係であり、それが〝飛ばし〟を目的としたものであっても、合法なら許されるという発想である。

この「外資」の発想の〝基本〟を理解するのは容易ではない。海で囲まれた島国では生まれようのないシビアさである。ただ、金融ビッグバンには、そうした「外資の発想」を受け入れざるを得ない現実があった。

人や組織やシステムや法律の弱みを見つけ、それを歪みとして利用するのが「金融の基本」であることを、外資系金融機関は教えてくれた。それは、ＣＳＦＰのような「飛ばし商品」の販売を手始めに、リップルウッドの長銀買収という形で結実したのだった。

「課税なき上場」で潤った「リップルウッド」

約7兆9000億円の公的資金を投じて処理、国有化した旧長銀を、政府が米投資会社の「リップルウッド・ホールディングス」が組成したファンドに売却したのは、2000年2月9日だった。

銀行が倒産するという現実を受け入れ、破綻処理を通じて銀行の「腐った現実」に驚き、その連続に危機感も怒りも不感症になっていた頃なので、旧長銀の米ファンドへの売却に、日本ではそれほどの抵抗は起きず、「時代の流れ」と受け止める向きが多かった。

実際、旧長銀買収には、リップルウッドのほか、仏パリバ銀行、オリックスと米ＪＰモルガン連合、中央信託・三井信託連合などが名乗りを上げ、結局、リップルウッドの組成したファンドの「ニュー・ＬＴＣＢ・パートナーズ」が引き取り、旧長銀は新生銀行として生まれ変わった。

それから4年後の04年2月19日、新生銀行は上場する。この銀行を通じて、国民はしたたかな外資の手口を知る。例えば「2割価値が下がれば政府が買い取る」という悪名高い瑕疵《かし》担保条項。これを使い、新生銀行は「ファーストクレジット」「第一ホテル」「ライフ」など多くの企業を倒産に追い込んだ。

税金で資本を増強され、不良債権処理を済ませた銀行が、さらに政府を利用、企業を徹底的に責める手法には違和感を覚えるが、契約を結んだのは政府である。投資家のために最大の利益を上げるのがファンドの役割である以上、「利用できるものは使う」のは当然だといえよう。

上場の日、ニュー・ＬＴＣＢ・パートナーズは保有株の約35％にあたる約4億4０００万株を売り出すことで約２２００億円を獲得した。４年前に長銀を買収した際の投資額が１２１０億円なので約１０００億円の上場益を確保。残りの約４８００億円は含み益。ファンドは投資家に対し、立派にその役割を果たした。

ファンドに再生を委ねた以上、果実は投資家に行くのは当然ながら、このファンドが日本に税金を払わないことを目的に、オランダに本拠を置き、その「課税なき上場」を、政府が知らなかったとしたら問題だろう。

実際、契約を結んだ直後の衆議院予算委員会で、民主党の岩國哲人代議士の「キャピタルゲインが生じた時、日本に課税権はあるのか」という質問に、越智通雄金融再生委員長はこう答えている。

「私どもは当然、課税できると思っておりますが、そうでないというなら、どの条文にそう書いているか、お聞きしたい」

この答弁は大蔵省の政府委員の指摘により訂正されたが、少なくとも金融再生委員会は、「キャピタルゲイン課税」を考慮していなかった。上場の時点でキャピタルゲインは約5800億円。そのまま課税すれば1740億円が国庫に入る計算だった。

リップルウッドを立ち上げたのはティモシー・コリンズだが、旧長銀買収のファンドを組成したのは、パートナーのクリストファー・フラワーズだった。フラワーズは新生銀行の社外取締役で、1998年まではゴールドマン・サックスのパートナーとして経営に関与していた。

新生銀行の上場において、オランダ法人のニュー・LTCB・パートナーズのほかに、ケイマン島法人の「ジージーアール・ケイマン」も株を売却しているが、これはフラワーズの個人会社。こちらにも課税権は及ばない。長銀買収の責任者であるフラワーズは、法人でも個人でも日本に納税する気はなかった。

新生銀行の「課税なき上場」を暴露した岩國は、米系金融機関のモルガン・スタンレーやメリルリンチでの勤務経験があり、国際金融に詳しい。こうした事態を、国際金融の常識として受け入れるべきかどうかを、上場時、岩國に聞いたことがある。岩國の答えは明快だった。

——「課税なき上場」の問題点は何で、どこに責任はあるのか。

「問題は、課税できないことが、大蔵大臣や金融再生委員長に報告されていないだけでなく、役所間でもすり合わせができていなかったこと。両方の役人を事務所に呼んで確認したが、大蔵側は『課税の懸念を伝えなかった』と言い、金融再生委員会側は知らなかったことを認めた。国家国民の利益を考えない、事なかれ主義。それは、外資への売却を急いだ政治家も同罪だ」

——国益が損なわれたと？

「そんなレベルじゃない。『官民共犯型』の詐欺のような手口だった。売却の時点であまりに有利な条件が買い手側についていた。そのうえ新生銀行になってからも株式含み益の資本参入が認められ、多くの企業を破綻に追い込んだ瑕疵担保条項を使って、８５３０億円が政府から新生銀行に移った」

——なぜ、こんな売却になったのか。

「結局、金融面において日本は１５０年前の鎖国状態と同じで、外資が日本の金融機関を買うなんて思ってもいなかった。準備ができておらず、知識もなかった。その〝甘さ〟を突かれていいようにやられ、縦割り行政のなかで役人は見て見ぬふりをし、政治家は税金の重みを真剣には考えなかった。結局、国民が高い〝授業料〟を負担した」

世界を視野に入れて、できるだけ税金の安い所を本拠地（納税地）にするのは国際金融の常識である。旧長銀は約７兆９０００億円が投じられた国民の資産だった。そこから得た利益を、納税という形で日本に返すのは「人の道」だと思うのだが、相手が気づかなければ、その無知に乗じて利益を得るのが、国際金融の常識らしい。それを国民は、「高い授業料」を払ってリップルウッドから教わった。

では、日本もその常識に倣《なら》うのか。そのメンタリティを持ちうる人と持ちえない人のせめぎあいが、しだいに激しくなっている。

第二章 市場の創設と孫正義&北尾吉孝の「功罪」

「破壊者」から「創造者」へ評価を上げた孫正義

ソフトバンクグループを率いる孫正義社長は、「強気の勝負師」だ。

回転の速い頭から繰り出される言葉は自信に満ち、業績予想は常に右肩上がりで語り、童顔の表情は穏やかでも自分の意見を曲げることはない。

この強気に加えて孫は、稀有《けう》なリスクテーカーである。リスクを取らない経営者はいないが、孫ほど大きく勝負をかける人もいない。1996年1月、孫は米ヤフーに100億円を出資した。この壮大な博打《ばくち》に勝ったことで、飛躍の原資を得た。

孫を好きな人は、彼に創造的破壊者としての役回りを期待する。そして、銀行支配の間接金融に異を唱えて直接調達に踏み切り、新興市場を創設、ネット通信料を劇的に下げ、総務省と対立しながら携帯電話業者になるという孫の逞しさに拍手を送る。

孫を嫌いな人は、その活動に「秩序の破壊」を見る。金融のルール、市場のルール、通信のルールに逆らう孫が目障りで仕方ない。また、すべてをネットに取り込むIT業界の融通無礙が、「孫の本業」をわからなくして、不気味な存在と映った。

実のところ、一般人の「好悪」は半々だろう。ただ、破壊者を喜ぶのは若年層や中間管理職までのサラリーマンに多く、官庁、大手金融機関、大企業などの「秩序の側」は目障りな孫を嫌った。

経済紙から総合週刊誌まで、マスコミは常にスターを求めている。「見出しになる人物」の記事は売れるからで、「ネットの伝道師」として弁が立ち、発言が面白く、「今」を伝えることになる孫の記事は90年代の後半、実に多かった。

「テレビ朝日買収」「ナスダック・ジャパン創設」と、孫が話題を提供し続けたせいもあるが、ITのような新しい世界を紹介するには、「顔が見える存在」が望ましいからだ。NTTやKDDIなら役所と同じ。経営陣も担当者も異動が前提で責任の所在がはっきりしない。その点、孫はソフトバンクの「顔」という役割をわかっていたし、「伝道師」の役回りも引き受けていた。

90年代の孫は、マスコミに語らせられて、叩かれる存在だった。一時期、ライブドアの堀江貴文が、「プロ野球進出」「ニッポン放送買収」「総選挙出馬」などで、面白おかしく書き立てられ、バッシングを受けていたが、孫の場合はその何倍もの期間、堀江より激しく攻撃されていた。

経済マスコミは「建前」を重んじる。市場は「公正」でなければならず、企業は「透明」でなければならない。既得権を持つ企業は、そんな「約束事」を順守するが、挑戦者はそうはいかない。市場に風穴を開けて乱入、時にはグレーゾーンに踏み込む。それがベンチャー企業の宿命である。

それでなくともベンチャー経営者は、「在日」として差別された孫がそうであるように、「異端」から出発することが多い。「秩序の側」と組んだマスコミが孫を攻撃するのは当然で、それを受け止め、跳ね返してきた孫の負けん気には驚嘆する。

孫との間には、こんな〝思い出〟がある。

「エンドレスでやりましょう！」

大手出版社の応接室。すでに5時間は「説明」に費やしながら孫は元気だった。98年11月のことである。

当時、孫が代表を務める「アイウ」という有限会社が１０７億円の負債を抱えて破産した。所在地は転々とし、孫の後を受けて社長となったのは34歳の謎の女性だった。

その会社は、孫がストックオプション制度のために設立したはずだが、なぜ破産したのか——孫への取材依頼は1ヵ月に及んだ。しかし、「海外出張が多く15分の余裕もない」（広報部）と、取材はかなわなかった。

その忙しい孫が、いきなり弁護士を同道、アポなしでやってきて、時に雑談を交えながらも、延々と説明に時間を費やした。

「もう、十分にわかりましたから」

お引き取り願うつもりでそういった時、疲れも見せずに孫は「エンドレスで」と、言い放った。鍛えられたディベート術と強引な論理で、ぐいぐい攻め立ててくる。緩和するのは邪気のない笑顔である。「敵わないな」と、思わせた。

２０００年のネットバブルを乗り越え、04年に「日本テレコム」を買収、ヤフーという強力なポータルサイトを持つ通信業者にして、映画、ゲーム、証券、金融などのコンテンツも提供するというビジネスモデルを確立するまで、孫の評価は定まっていなかった。

2000年に週刊誌の『AERA』（朝日新聞社）が、総力を挙げた「孫正義物語」のタイトルが「虚王」である。「本業」を問われ、「本業ってなんですか！」と、常に声を荒らげていた孫は、自分のビジネススタイルを理解しようとしないマスコミに苛立《いらだ》っていた。

テレビ朝日株の買い占め、ナスダック・ジャパンという新興市場の創設、旧日本債券信用銀行の買収と仕掛けは大きく刺激的だが、飽きるとすぐに放り出す。その〝無責任さ〟は従来の経営者にはないものだし、かき乱された放送界、証券界、金融界は鬱陶《うっとう》しい。

その「秩序の側」の気持ちに、「虚業」を嫌い「本業」を求めるマスコミが共鳴、「孫バッシング」は定期的に流された。経営危機が報じられたのも一度や二度ではない。それに孫が反発、「両論併記」の記事が構成されるという時代が長く続いた。

「異端」を排除するのは、役所や大企業やマスコミだけではない。捜査当局もそうである。功名心とノルマに追われる彼らは、世間受けする「逮捕者予備軍」を常に抱えている。

東京、大阪、名古屋の地検特捜部には、政治家や注目人物を個別に調べたファイルが存在する。「国策捜査」で狙われた鈴木宗男代議士の「宗男ファイル」「林道談合」の先に逮捕を思い描いていたという松岡利勝元農水相の「松岡ファイル」などの存在は有名だ。東京国税局には著名な資産家をターゲットにしている「統括国税実査官」がいて、年間十数名を調査、警察でもその動向を常に追っている重要人物が数十人はいるという。

企業経営者で、そうした対象になるのは、目立つ存在で、カネがあり、モラルに欠ける連中だ。孫は酒を飲まず、煙草を吸わず、浮いた噂もない。「出資企業を思いのままに操ってマネーゲームをしている」というビジネスモデルへの批判はあるものの、「モラル」とは別の問題である。

ただ、孫は「ワル」ではなくとも、それを補って余りある知名度があり、摘発を通じて業界に警告した時の効果は抜群と思われた。それだけに、検察、警察の捜査員が、「孫絡みのスキャンダル」を追って歩いた。

「最近、孫はどう？　何かない？」

こんな調子で軽く、ソフトバンク事件の糸口を探ろうとしてくる捜査員に驚かされたことが、何度もある。

堀江貴文と村上世彰はそうして狙われ塀の中に落ち、三木谷浩史はその寸前まで行き、折口雅博など多くの「予備軍」が控える。「顔が見える」ことを理由に、半分は点数稼ぎでベンチャー経営者を狙う捜査当局の姿勢に対する批判は別の機会に譲るとして、孫は50歳を目前に、その域からは脱して、「通信業界を担う実業の人」となった。

マスコミはもはや、「孫正義」であることだけを理由に記事は作成しないし、捜査当局にとっても、今後、孫が事件を引き起こしたのならともかく、「孫を狙う」という発想はないという。

「どうして？」と、問うと、警視庁捜査員は、「もう、アッチ（秩序側）の人になったからね」と、事もなげに笑うのだった。

パチンコ店100店舗をもくろんだ創業時代

各人の「好悪」は別にして、孫正義は90年代後半の日本に登場したニューヒーローだった。雑誌は何度もこの人の特集を組み、テレビは特番で「孫正義」を伝え、孫のことを書いた「孫本」は20冊を超える。膨大な孫の情報が流れるなかで、孫の歴史ともいうべき「孫史」が確立した。当時、40代前半の一企業人としては稀有なことだろう。

そして、孫がどれだけ意識したかは不明だが、「孫史」はデジタル情報化時代に相応しいニューヒーローのサクセスストーリーとなっている。何度も語られた「孫史」を、ここで繰り返しても意味はない。指摘したいのは、どんな「孫正義物語」のなかでも同じエピソードが使われていることだ。

カリフォルニア大学バークレー校時代に、「一日一発明」を課していたこと、会社設立の初日、アルバイト二人を前に「この会社をいずれ1兆円企業にする」とぶち上げたこと、担保も保証人もなしに第一勧銀に乗り込んで「私の将来性を信じて低利で1億円を融資してほしい」と、あつかましい申し入れを行い、実行させたこと――。

こうしたエピソードは、自分がソフトバンクにとって最大の商品であることを知っている孫が、取材者に好んで話したエピソードである。そこから孫には型破りのパワーと自信と先見性があるというイメージが導き出され、「孫神話」が形成された。それは、デジタル情報革命、ネット革命を信じて、一直線に突き進んできたという「孫正義物語」には欠かせない。

だが、一直線で進むビジネスなどない。孫もまた20代は、重いB型慢性肝炎にかかったという肉体的な挫折もあって、手っ取り早く儲けるビジネスに手を出した。それは「家業」ともいえるパチンコである。

その頃、孫を支えたMが「苦難の時代」を振り返る。朝鮮大学出身の元総連エリート。孫のひと回り上である。

「孫さんに初めて会ったのは、彼がソフトバンクを設立して数ヵ月後のことでした。朝鮮総連幹部の紹介で、ソフトウェアの収集がうまくいかないので相談に乗ってほしいということだった。82年2月頃です。それは相談に終わったが、本格的に仕事を手伝ったのは翌年、パチンコ事業を全国展開するので手伝ってほしいといわれてからです。会社はお父さんを社長にした『ユニソン』。彼は研究立案のために新宿に『ユニソン経営研究所』を設立、社長に就任しました」

父・三憲が九州に持つ5店舗を核にチェーン展開、100店舗に拡げる計画だった。だが、事業進出は、84年4月、断念する。警察による「テンカウント規制」により、パチンコの魅力が半減することが判明したからだ。これは連続出玉が10回で規制されるというもの。一気にフィーバー機のブームは去り、孫の決断の正しさが証明された。

次に手がけたのは、明電工が開発した「節電装置」の代理店となって事業展開すること。孫は、84年5月、「東電工」という会社を設立する。だが、「節電装置」は明電工の社長が株の仕手戦に手を出したあげく、通産官僚や政治家を巻き込む撚糸工連事件に連座したせいもあって売れ

孫正義（左）と北尾吉孝

なくなった。

東電工は、「ゴールドマーク」、「東京電工」、「日本データネット」と社名変更しつつビジネスチャンスを探すものの、いずれもうまくいかなかった。売れ筋商品を紹介する『ＴＡＧ』という雑誌の創刊、企業会計のコンサルタント代行への進出、ダイヤル短縮の「ＮＣＣ ＢＯＸ」の開発・販売などである。

やむなく日本データネットはソフトバンクと合併、Ｍは孫のもとを離れ、孫はソフトウエアの卸とパソコン雑誌に全力を傾けた。その頃には病気も回復、他の事業に右顧左眄《うこさべん》することはなくなり、持ち前の馬力で営業に力を入れた結果、ソフトウェア流通の５割を制するほどになった。

その勢いで、94年7月22日に株式を店頭公開、１万８９００円の初値をつけ、孫の持つ株式時価総額は２０００億円となり、ここから孫は「投資家」に変身する。

公開を担当したのは野村證券事業法人三部長だった北尾吉孝である。孫より六つ年上の北尾は、慶大卒後、選抜エリートとして野村に入社、英ケンブリッジ大学留学を経て、ニューヨーク野村、第二事業法人部次長とキャリアアップ、「将来の社長候補」といわれた逸材だった。

その能力にほれ込んだ孫は、「私の夢の実現に力を貸してください」と、必死に北尾を口説いたという。北尾は、95年4月、ソフトバンクに入社する。マーケットを知り尽くした北尾の加入で、「ITを知り尽くした投資家」である孫の事業欲に拍車がかかった。

「孫・北尾コンビ」の誕生は、日本の経済界に大きな刺激を与えたし、彼らは二つの功績を残した。直接調達で資金を集めて、M&Aで会社を飛躍させるというビジネスモデルをつくったことと、新興市場のナスダック・ジャパンを立ち上げ、ベンチャーブームを創出したことである。

M&A増殖モデルの確立と新興市場の創立

オーナー経営者はいずれも欲が深い。欲望が成長の動機だからそれも当然だが、孫正義の欲の深さは常軌を逸しており、日本最大のM&Aとなった「ボーダフォン」買収のように、何でも欲しがり、我慢できない。

それが許されるのは、孫が「カネ」や「地位」や「名声」などの「小欲」に支配されているのではなく、インターネット革命を推進、デジタル情報分野で世界の第一人者になりたいという

「大欲」に突き動かされているからだろう。

２００５年11月10日、都内のホテルで開かれたソフトバンクの中間決算の発表で、孫は笑顔でこう切り出した。

「今日はうれしい発表が二つあります。ひとつは総務省から携帯電話の新規参入の認可をいただいたことであり、もうひとつは、先行投資の赤字が潜り込んでいたのが収穫期に入り、４年半ぶりに営業段階で黒字を出すことができたことです」

営業段階での赤字は、「パラソル隊」で有名になった01年６月からのヤフーＢＢへの投資を起点としている。「カネ食い虫」といわれる通信インフラをゼロから立ち上げ、会員獲得のために膨大な資金を投入した。

01年度が２３９億円、02年度が９１９億円、03年度が５４８億円、そして04年度が２５３億円の営業赤字である。その代わりに４７７万回線と業界トップになり、全国３６０ヵ所に接続地点を設けた。ここでようやく投資を控えたために、05年上半期は44億円の黒字を確保した。

並の経営者なら足がすくんで、この投資には耐えられない。孫が「日本最大のリスクテーカー」といわれるゆえんだが、孫はさらに04年度に３４００億円を投じて「日本テレコム」を買収した。日本テレコムのネット接続サービスの「ＯＤＮ」は会員数１５８万人。カネで時間を買った。

孫はヤフーへの投資で空前絶後の成功を収めた。日米ヤフー株の売却益がなければ通信インフラは整わなかったし、これから「孫の領域」に踏み込む業者がいれば、１兆円は覚悟しなければなるまい。

孫が思い描いているのは、すべての情報とコンテンツをIPの上に乗せることだ。そのためのインフラが、ADSLのヤフーBBとODNであり、無線LANであり、携帯電話である。

こうしたIP通信インフラ網の窓口がヤフーで、音楽、放送、ゲーム、スポーツ、出版、コマース、ファイナンスなどがコンテンツとしてヤフーを通り、通信インフラに流れてサービスが提供される。通信料とコンテンツ料がダブルでカウントされてソフトバンクを潤す。この、通信、ポータルサイト、コンテンツのすべてを手がけている業者はソフトバンク以外になく、ここへきてようやく孫が思い描くビジネスの全貌が見えた。

記者会見の質疑応答で、孫が「携帯電話事業はADSLのようにドカーンと赤字を出すことはしない」と述べたことに対し、アナリストが「孫さんらしくないじゃないか」と、挑発した。「煽《あお》らないでくださいよ」と、笑顔で受け流した孫だが、その4ヵ月後、リスクテーカーとしての本領を発揮する。

2兆円を出したボーダフォン買収。「あまりに高い買い物。大丈夫なのか」と、心配の声が上がったものの、「孫の冒険」に異議を申し立てる者はいない。ソフトバンク幹部が嘆息してつぶやいたものである。

「仕方ないんです。我々は、最後まで孫さんについていくしかない」

凄いのは、「孫正義という生き方」を、あまねく認知させてしまったことだろう。もう「虚業家」という人はいないし、「虚王」と呼ぶマスコミもない。それに伴って、90年代後半、賛否両論のなかで成し遂げた二つの功績が再評価されるようになった。

株式を公開、北尾を「軍師」に迎えた孫は、95年以降、「ジフ・デービス・コミュニケーション」の出版部門を皮切りに、「コムデックス」「旺文社メディア」「キングストン・テクノロジー」などを次々に買いまくり、「マイクロソフト」と「ゲームバンク」を設立、ヤフーなどへの出資を行った。

こうした買収や出資に孫が注ぎ込んだカネは約５０００億円。その大半を、高株価を利用した時価発行増資や社債の発行などでまかなった。そこには孫を「マーケットの寵児《ちょうじ》」に祭り上げることで証券の優位性を高めようという北尾の出身母体である野村證券の戦略があり、メーンバンク制を崩壊させるこの試みに、銀行はこぞって反対、ソフトバンクの「悪材料」を証券市場に流したものだが、結果として「孫の博打」は成功、Ｍ＆Ａブームの先鞭をつけた。

その後、ナスダック・ジャパンの運営を放棄、大証に委ねてヘラクレスとなるなど、孫らしい飽きっぽさを見せたが、新興市場の立ち上げは孫の「即断即決」がなければ叶わなかっただろう。

米店頭市場のナスダックを運営する全米証券業協会（ＮＡＳＤ）会長のフランク・ザーブは、日本進出を狙い、部下に命じて、97年頃から水面下の接触を東証などと繰り返してきた。しかし、一向に埒《らち》が明かない。そこに米大使館からザーブの右腕で担当のナスダック・インターナショナル会長のジョン・ヒリーに「この人をパートナーにどうか」と、打診があった。それが孫だった。

孫が東京・箱崎のロイヤルパーク・ホテルでヒリーらと昼食をとったのは99年2月だが、説明を聞いた孫の決断は早かった。

「わかりました。やりましょう」

その2ヵ月後には、本格的な交渉を行い、6月15日、孫とザーブはナスダック・ジャパン設立の記者会見を開いている。

慌てたのは、新興市場の創設を考えていた東証である。マザーズの立ち上げを急ぎ、99年12月22日、第1号の「リキッドオーディオ・ジャパン」と「インターネット総合研究所」（ＩＲＩ）を華々しく上場させ、面目を保とうとした。ナスダック・ジャパン市場が、8銘柄を上場させ、売買を開始したのは、その約半年後の2000年6月19日からである。

孫の活動がネットバブルを煽り、若手のベンチャー経営者に「上場の目的はカネ儲け」という歪んだ意識を植え付け、新興市場利用のマネーゲームを加速させた側面はある。だが、ベンチャー企業の成長のスピードを上げ、日本経済を活性化させるためには新興市場の創設は不可欠で、その環境づくりは「孫正義」なしには進まなかった。それは間違いないことであり、孫の功績なのである。

若手ベンチャー経営者の呆れた風俗

孫正義は、ビットスタイルのパーティに集まるような、山っ気があってノリのいいベンチャー経営者たちにとってのカリスマだった。ナスダック・ジャパンの創設に驚いた東証が、新市場マザーズの立ち上げを発表、公開基準が一気に緩められてから、孫のカリスマ度はさらに上がった。

自分も「孫正義になれるのではないか」という野心を抱いたベンチャー経営者を取り込む場を、ソフトバンクとNASDは用意した。それが「ナスダック・ジャパン・クラブ」である。ベンチャー経営者のための支援組織。99年10月12日、都内のホテルで開かれたクラブの設立パーティは、「欲」と「野心」の熱気に包まれていた。

集まった2000名を優に超えるベンチャー経営者を前に、カリスマの孫が吹きまくった。

「ここに日本のベンチャーの熱い志が集まっている。その志が花を咲かせる場にしたい。挫折は何度、経験してもいい。最後に勝てば勝利者なんです！」

銀行に頼らない資金調達によってM＆Aで増殖していくビジネスモデルを打ち立てたこと、そのための場である新興市場の創設を早めたことが孫の功績だと書いた。だがそれは、地道な努力で大志を成し遂げようとするような若者を排除、ビジネスモデル一発の成功で飛躍の足がかりを摑もうとするような安直な若手経営者を増殖させた。

ライブドア事件で逮捕された堀江貴文が、「少し生き急いだ気がします」と、述べたように、ITベンチャーの経営者たちは、7年を1年で生きるドッグイヤーの信奉者である。自分もそうであったから孫は、「若手」の気持ちがよくわかる。自分は株式公開までに14年を費やした。それでは遅過ぎるからと市場を創設、「若手」を煽りに煽った。

だが、「孫正義」はひとりである。リスクの取り方も大きければ、欲望も人一倍。しかも「大欲」に底がない。

それに比べると、孫が用意した新興市場を目指すベンチャー経営者のなかには、目先のカネで満足する「小欲」の人が少なくなかった。株式上場に成功すれば、一瞬で、数億円から数十億円を手にすることができた。一生、遊んで暮らせるだけのカネを20代から30代の「若手」が手にするのである。ベンチャー経営者のなかに、おかしな〝風俗〟が蔓延した。

以下は、その渦中にいたことがあり、今は「虚しいので足を洗った」という30代経営者の述懐である。

「酒と女の日々でしたね。夜になると合コンが日課。8時とか9時から始まります。店は仲間が経営するレストランの個室ということが多かった。女子大生、女子アナ、モデル、芸能人など相手は粒ぞろいばかり。派遣会社を経営している奴が大体、調達してきました。ワイン、シャンパン、料理に糸目はつけず、二次会はやはり仲間の誰かが経営する高級カラオケやクラブ。女の子の『お持ち帰り』は当たり前でしたね」

かつてのバブル紳士は、銀座、赤坂の高級クラブに通い、愛人をつくり、豪邸、別荘、外車、クルーザーを持つことで達成感を得ていた。今の「若手」は、年齢が若いだけに〝素人〟との遊びを好み、合コンである。

さらに特徴は、「店」を持ちたがること。遊び好きな若手経営者の〝仲間〟になれば、レストラン、鮨屋、和食の店、踊りを目的としたクラブ、高級カラオケなどを、誰かが経営しており、

「次は俺の店に行こう」が、彼らのステータスだという。村上世彰逮捕の際、ジャグジー風呂に女の子を入れ、それを横目に村上らが歌うという麻布の高級カラオケ店が紹介されたことがある。人材派遣で有名な会社の社長が経営する飲食チェーン店のひとつだった。

ライブドア事件の際、合コン、女優やモデルとの交際、プライベートジェットでの旅行といった「ホリエモンの私生活」が紹介されたことがある。まさにあの世界が、ベンチャー経営者の間では一般化しているわけだが、「報道されない違法の場面もあった」と、前出の経営者が続ける。

「インサイダー情報が普通に交換されていました。業績はもちろん、上方修正や分割といった漏らしてはいけない重要情報が、普通に語られるんです。『今度、俺、あの会社買うことにしたよ』といったノリでね。先回りして儲けたことがずいぶんあります。もちろん自分の口座じゃやらない。みんな秘密の共有で一蓮托生だから、悪びれずに〝情報交換〟をしています」

こうなると犯罪者集団である。こうした「仲間内インサイダー取引」の摘発に証券取引等監視委員会が力を入れているというのもわかるが、もっと危ない情報もある。

「若手の人気女優や歌手と、若手ベンチャー経営者をつなぐ会員制のクラブがあるんです。別にそれを商売にしているわけじゃなく、人が人を呼んで店が繁盛するというのがママの発想で、そこでは数百万円単位のカネで管理売春も行われています。ママの斡旋《あっせん》で、経営者の海外旅行や海外の別荘に行く芸能人は結構、いますよ。名前をいえばびっくりするような売れっ子もなかにはいます」（芸能プロダクション関係者）

さらにいえばクスリ疑惑もある。合コンから始まる〝風俗〟の乱れは、必ず非合法に行き着く。06年春以降、何度も逮捕情報が流されたＩＴ業界の大物社長がいた。合コンタイプの「若手」ではなく財界にも人脈があり、年齢も孫正義に近い。その「大物」が狙われたのはクスリ疑惑だった。

もっともこの人物に関する情報は、クスリが日常、使われているという噂の会員制クラブなどに出入りしていることと、覚醒剤捜査を聞きつけた「大物」が、坊主頭になったことが基になっている。髪の毛には覚醒剤が残るから、捜査を恐れて坊主頭にしたのではないかというのだった。

この大物社長の場合は噂レベルだったが、合コン、インサイダー取引、芸能人との援助交際、クスリがセットとなっているような「時間」と「空間」を、特定のベンチャー経営者が共有しているのは事実である。

彼らは、上場したことによる達成感と自信はあるものの、ブームが過ぎ去り、時代に取り残されるのではないかという恐怖を併《あわ》せ持つ。ベンチャー企業とはいえ、常に決断を迫られる社長は、社内にグチをこぼせる相手がいない。みんなが群れて遊ぶのは、資産家としての生活レベルの一致と情報交換以外に、こうした「意識の共有」による安心感も含まれている。

もちろん新興市場の創設は、このようにレベルの低い若手経営者を生むためのものではない。「５００億円、１０００億円のカネを稼いでジャパニーズドリームを体現しよう」と、孫が煽ったのは、その先に経営者が持つべき「夢の実現」を信じていたからだろう。ＩＰＯ（新規公開株）による創業者利益が目的なら、そんな会社は要らない。上場が到達点でいいわけがない。

だが、現実の新興市場には、そんな「野望」のない企業があふれている。むろんそのなかからマイクロソフト、グーグル、ヤフーがひとつでも出てくればいい、という見方は成り立つ。ただ、すでに弛《ゆる》み切った「若手」の意識と「風俗」を思えば、捜査当局の摘発はもちろん、安易な上場とダメな経営者の存続を許さないシステム的な改革が必要だろう。

黒木正博と伊藤寿永光の「不思議な関係」

バブル経済を象徴するイトマン事件の主役は、伊藤寿永光《すえみつ》と許永中の二人である。

中堅商社のイトマンに食い込んだ二人は、不動産売買、ゴルフ場開発、絵画ビジネスの三つをイトマンに持ち込み、3000億円もの資金を引き出してイトマンを揺るがせ、そのメーンバンクの旧住友銀行に駆け上がろうとした。いかにもバブル期らしいスケールの大きさだが、東京佐川急便事件など他の経済事件と比較しても、伊藤と許の〝実力〟は抜きん出ていた。

「表」の伊藤に「裏」の許——二人は役割を分けており、役者張りの二枚目で弁の立つ伊藤は常務としてイトマンに「表」から入り、伊藤プロジェクトと呼ばれる数々の案件をイトマンに勧める一方で、旧住友銀行元会長の磯田一郎にも可愛がられ、毎晩のように私邸に通っていた時期があった。

その人心掌握術、籠絡術は天才的といえた。人をそらさぬ話術と頭の回転の速さ。話題は豊富で、いつの間にか「輪の中心」にいるというタイプである。しかも仕事熱心で、相手が政治家であれ暴力団であれ、臆せぬ度胸があった。致命的な欠点はウソつきであることだが、バレた時のフォローは絶妙だった。

それだけに伊藤が、ネットバブルの最中、ITベンチャー企業にしっかりと食い込んでいることを知った時には、それほど驚かなかった。むしろ、その「先見性」は、伊藤らしいと思った。

2000年1月27日の夕方、東京駅に近い、ひと組の客をひとりの職人が相手にするスタイルの高級天ぷら屋で、伊藤は「芸能界のドン」といわれる人物と食事をしていた。二人は酒を飲まない。出された天ぷらを熱いうちに次々とたいらげる。

話題は、4日後に控えたパーティのことが中心だった。

「小室（哲哉）もつんくもSPEEDもきて盛り上げるんですから話題になりますよ。株価もまた上がるんじゃないかな」

伊藤は、終始、上機嫌だった。

伊藤が支援していたのは東証マザーズの上場第1号となった「リキッドオーディオ・ジャパン」。当時、ネット音楽配信の世界標準となるシステムを築き上げたといわれる米リキッドオーディオ社とシステム販売契約を結び、注目を集めていた。

会社設立からわずか1年半での上場。売上高5300万円で3億円の赤字を計上。およそ上場の要件は備えていなかったが、会長の黒木正博が慶大出のベンチャー経営者。社長の大神田正文は東大工学部出身で在学中からパソコン教室を経営するなど技術に強い。

そんな30代前半の二人が、世界標準のビジネスモデルを手にデビューするのだから間違いないし、その若々しさは「マザーズ第1号」に相応しいと、東証は考えた。市場も浮かれていた。公募価格３００万円に対して初値は６１０万円。どんな指標を用いても、説明はつかなかった。

1月31日、帝国ホテルで開かれた上場記念パーティは、リキッドオーディオ・ジャパンという「マザーズの象徴」を通じて、ネットバブルの頂点を告げるものだった。

「紅白歌合戦がやってきた」と、ヤユされるのも当然で、モーニング娘。、解散したばかりのＳＰＥＥＤ、浜崎あゆみらが歌い、小室哲哉、つんくという二人の大物プロデューサーが、壇上で黒木や大神田の手を高く掲げ、藤原紀香が乾杯の音頭を取った。

身動きが取れないほどの招待客のなかを、名前のプラカードを高く掲げた黒木と大神田が挨拶して回る。二人の晴れやかな顔。伊藤寿永光の「読み」は当たり、「芸能界との太いパイプ」に驚いた市場は、リキッドオーディオ株の「買い」に入った。株価は2月4日、ピークの１２２１万円を記録した。

伊藤は、「闇勢力」と呼ばれることをなにより嫌った。「そんな組織とつきあったことはない」と、強調した。伊藤がイトマン事件の頃、暴力団との関係を指摘されたのは、山口組元若頭の宅見勝と親しくしていたからである。それは伊藤も認めた。

「私は名古屋で結婚式場を経営していて、その関係でディナーショーを開くことが多く、ある大物歌手を応援していました。そのお姉さんが宅見さんの奥さんだった。あくまで、個人的なつきあいなんです」

そうした芸能界とのパイプが、音楽配信分野に進出したリキッドオーディオのオーナーである黒木との親交につながった。そこには、「こんな事情があった」と、芸能関係者が当時の音楽配信事情を語る。

「ネットを利用した音楽配信は、CDのようなハードやレコード店のような流通網を必要としないから、歌手というコンテンツを握る芸能プロが、本来なら一番強い。ところが、ソニー・ミュージックエンタテインメントのようなレコード会社系、ソフトバンクのような通信会社系が先を越してしまった。それに対して、『俺たちを無視していませんか』と、芸能プロが楔《くさび》を打ち込んだのが、あのパーティでした」

パーティで華々しく船出したい黒木と、音楽配信事業に名乗りを上げたい芸能プロとの利害が一致。両者を結んだのが伊藤だが、その後も伊藤は「後見人」として黒木を救おうとした。

ネットバブルが崩壊すると、ソフトバンクや光通信といった「指標銘柄」だけでなく、リキッドオーディオ株も暴落する。怒りを抱く投資家が激しく非難、マスコミはリキッドオーディオ株の異常を書き立てた。その過程で、大神田がかつて山口組系暴力団の企業舎弟の中古自動車販売会社に幹部として勤務していたことが判明、攻撃された。

「暴力団との関係は、個人も会社も一切ない」（2000年5月16日の記者会見で大神田が発言）と弁明に努めるが、バッシングは衰えず、株価暴落が続いた。

「黒木に一度、会ってもらえないだろうか」

伊藤からの電話で、黒木に会った。伊藤はイトマン公判のために弁護士事務所の一室を借りていた。そこに黒木はやってきた。

ウェーブのかかった髪、ブランドのスーツが似合う痩身《そうしん》。青年実業家然とした黒木は、自分が暴力団との関与を疑われた占有事件の経緯、大神田が1年間、「車庫飛ばし」で摘発された企業舎弟の会社に総務部長として勤務していた事情を説明した。

納得できるものではあった。だが、大神田は10月24日、監禁事件を起こしたとして警視庁捜査4課に逮捕された。9月末の株主総会で、社長の座をレコード業界に実績のある人物に譲ったばかりだった。

黒木に再度、会った。黒木は必死に、「事の真相」を語り、ダメージを最小限に抑えようとした。

監禁されたというYは自分の部下で、今も自分とは親交があること、大神田とYはかつての同僚で、二人はリキッドオーディオを含む黒木のグループ企業で、ナンバー2をめぐり争っていたこと、そうした感情のもつれが事件に発展したのであって、「暴力団の影」などないこと……。

インタビューは週刊誌に掲載したが、暴力団と関係があるかどうかはもはや関係なく、トラブル続出のリキッドオーディオという会社に投資家は愛想を尽かした。

この事件を機に、リキッドオーディオは社名を変更、音楽配信事業から撤退、何度もオーナーを替え、マネーゲームにしか使われない企業となる。伊藤は長いイトマン事件の公判を終え、「懲役10年」の実刑判決が確定、黒木はリキッドオーディオを手放した後、業績不振企業に資金調達を勧めるブローカー業務を本業としている。

「SBI」率いる北尾吉孝の「資本主義」

比類なき自信を持つ孫正義が、その能力を最も認め、かつ、恐れているのは「SBIホールディングス」代表の北尾吉孝である。株式公開を機に北尾と知り合った孫は、必死に口説いて入社させるが、今の「IT通信業界の盟主」の座は北尾の存在なしには無理だった。

マーケット重視の戦略も右肩上がりの成長軌道も、「孫正義」という役者を生かした北尾の演出だった。孫は一時、企業の現在価値より将来の価値を織り込んだ「時価総額経営」を標榜していたが、これも北尾のコンセプトである。

99年6月の株主総会後の「近況報告会」で、北尾がこう述べて会場の笑いを誘ったことがある。

「千里を走る名馬の尻についているハエは千里を走ると申します。私は、孫という馬の尻についたハエでございます」

確かに、孫は名馬で北尾はハエかも知れないが、このハエは尻にくっついていたわけではなく、前を飛んで「先導役」を果たし、名馬の目となり耳となった。

05年を機に北尾はソフトバンクから距離を置いた。公募増資を行ってソフトバンクの連結子会社から持分法適用関連会社（連結財務諸表上、持分法を適用する被投資会社のこと。議決権所有比率20％以上50％未満の非連結子会社・関連会社に適用される。しかし、重要性の乏しいものについては持分法適用関連会社にしないことも認められる）となって親子関係を解消、北尾はソフトバンクの取締役を退任した。

ＳＢＩホールディングスは金融会社として、巨額赤字を出し続けるソフトバンクの子会社のままではいられないという事情があった。それだけＳＢＩは大きくなっていた。

以降、孫の戦略に北尾が口を出すことはなく、孫─北尾路線は解消した。北尾はＳＢＩのＣＥＯ（最高経営責任者）として、ライブドアによるニッポン放送株買い占めに、「ホワイトナイト」として登場、その強気で尊大なキャラクターを全国に知らしめた。あの時、「ソフトバンクの代理ではないか」という声もあったが、北尾は「事後報告」に電話を一本入れただけだという。

もちろん、ＳＢＩの大株主は引き続き孫であり、二人の連帯感がなくなることはない。ただ、ソフトバンクと距離を置いたことで、北尾は、孫の「軍師」としてではなく、ネットを中心とした金融会社の経営者として評価されるようになった。

その実力は、北尾の登場で、堀江の野望が一瞬にして潰《つい》えたことでも明らかだが、あの時、堀江を「資本市場をおもちゃにして、マネーゲームの場として使うようなことは許されない」と、口を極めてののしったことに象徴されるように、「市場の発言者」として登場することも多い。

北尾の野村證券時代の先輩は、「彼は野村のＤＮＡを色濃く受け継いでいる」という。

「野村には、日本の資本市場を守り、育てるのは俺たちなんだという自負がある。各人が、資金は眠らせてはならず、市場のなかで生きたカネとして使うべきだという信念を持っている。だから、市場を汚してはならない。北尾のいっているのは正論です」

北尾は常々、「尊敬している」と公言する北裏喜一郎元野村證券社長の言葉を引用、「清冽《せいれつ》な地下水を汚してはならない」という。汚れやすい証券市場だからこそ、地下水は清冽であるべきだと言い換えてもよかろう。

ルールは守るがモラルは問わないのは「ゲームの世界」である。だからマネーゲームであり、堀江は株価を上げることだけを目的とした大型分割や、意表を突いた市場内時間外取引を厭わなかった。「違法」ではないからだ。そんな「堀江もどき」は、外資やファンド、ベンチャー経営者に山ほどいる。

そのモラリティのなさが市場を汚し、投資家の気持ちを萎《な》えさせ、結果として市場のパワーが衰えるのは自明である。信用の置けない詐欺のような金融・証券市場に誰が投資をするだろうか。

小柄で童顔、邪気なく笑う孫と違い、北尾は自信が服を着たような人である。それが尊大に映る。また、ＳＢＩで繰り返される「ファンド内の銘柄の組み替え」「出資企業を自分の掌に乗せたお手盛り上場」といった〝作業〟は、出資者と投資家を無視したものとして批判される。そのギャップがあるせいか、証券関係者のなかに「何を偉そうに！」といった北尾批判があるのは事実だ。

だが、ファンドが猛威をふるい、外資や投資銀行が収益至上主義で活動、ベンチャー経営者が時価総額さえ上がればいいと発想するようになった時代に、的確な提言は必要だろう。北尾に会ったのは、「ホワイトナイト」として堀江を排除、ライブドア事件が始まる半年前の05年7月だった。

——堀江氏の何に怒ったのか。「法」を無視したわけではない。

「自分さえ良ければいいのか。『ネットとメディアと金融のドンになりたい』と、いっているが、そこには『志』などみじんもなくて『野心』だけがある。市場参加者には、正しい倫理的価値観が求められるが、野心で突っ走る堀江氏にはそこが欠けている」

——法律を犯さなければ何をしても許される、といった発想を持つ経営者が増えた。

「その通り。メディアも良くない。『なんでもあり』で買収を仕掛けるような経営者に対し、批判ではなく面白がり、称賛するような記事が目につく」

——経営者に倫理的価値観が必要でも、それを押しつけるのは難しいのでは?

「会社の究極的な繁栄は経営者の器だ。器の小さな人間、あるいは野心だけで凝り固まっている人間は、たかが知れている」

——資本主義は利益を追求するシステムだ。欲望の前にモラルは破れないか。

「明治の資本主義の礎を築いた渋沢栄一は、『論語とソロバン』の両立論を唱えて、日本の商慣習のなかで劣る倫理的側面を変えていこうとした。松下幸之助さんは、昭和49年に早くも『企業の社会的責任とは何か?』を著した。ソニーの盛田昭夫さん、ホンダの本田宗一郎さんも、常に社会性を意識、『日本社会のため』という発想はあっても、『カネさえ儲かればいい』とは思っていなかった」

——かつて孫正義氏が時価総額経営を唱え、あなたがそれを支えた。考えが変わったのか。

「企業価値＝株主価値だというコンセプトは捨てた。企業は社会の重要な構成要素で、株主や従業員だけでなく、顧客、取引先、地域社会、地球環境に配慮した『強くて尊敬される企業』でなくてはならない」

——米国流の優勝劣敗の原則が主流となる直接金融の時代に、企業としてそのコンセプトを打ち出すのは難しくないか。

「確かに、直接金融の時代になり、得体の知れないファンドが、『利』だけを求めて徘徊、カネ儲けしか頭にない連中が、資本市場を汚すこともある。でもそれは長続きしないし、させてはならない」

株価200分の1の地獄を見た「光通信」の復活

20世紀末のネットバブルの際、孫正義のソフトバンクと並ぶ「指標」が、重田康光の光通信だった。

光通信は、単なる携帯電話の販売会社である。にもかかわらず、ITを中心としたベンチャー企業への矢つぎ早やの出資が、将来の収益源になるとハヤされて株価は急騰、2000年2月15日の最高値は、24万1000円だった。

重田は、ネットバブルの崩壊で、孫以上の痛手を負った。24万1000円は、アッという間に

１０００円を切る水準にまで下落、株価２００分の1の「地獄」を見た。

重田は日大を中退して起業した「モノ売りの天才」（重田の知人）である。携帯電話の販売から始めたのは、「売れる」と思ったからで、通信やＩＴに格別の思い入れがあるわけではない。そこは米国留学中にパソコンの凄さにふれ、デジタル革命を信じた孫とは違う。あくまで国内に徹した商売人である。

重田が株式を公開するのは、会社設立から8年後の96年2月だった。当時、31歳。公開企業最年少記録を塗りかえた。99年には東証1部に上場。このタイミングの良さが重田を「時の人」にした。上場を機に市場から調達したのは５５０億円。それに社債やシンジケートローンで集めた資金を加えて投資資金とし、ベンチャー企業にぶち込んだ。

他のベンチャーキャピタルが10万円といえば、20万円の値をつけてかっさらったといわれる光通信。「目利き」など関係ないノルマ投資。それがネットバブルの熱狂のなかで評価され、バブルが崩壊すれば、孫のような「基盤」がないからどこまでも下落した。

本来、潰れてもおかしくない事態だが、光通信は復活した。まず、自らのバブルを清算、99年に約30億円で購入した旧興銀の迎賓館「麻布クラブ」の跡地を売却した。他の手持ち資産も売り払い、第三者割当増資を3回実施、２６３億円分を個人で引き受けた。

そのうえで、東京・大手町のオフィスビルを引き払い、南池袋の雑居ビルに移って「初心」に返り、ベンチャー投資は換金して撤退、コピー機販売などの法人営業に力を入れるようになる。

「モノ売りの天才」は事実だった。重田がマスコミを恐れ、取材に応じないためあまり知られてはいないが、光通信は、ネットバブル崩壊の赤字を抜け出すと、03年3月期以降、増収増益の好決算を続け、06年3月期には、売上高1928億円、経常利益299億円を達成、株価は一時、1万2000円まで戻している。

ITバブルに乗ってバーチャルな夢を追い、大きく挫折したが、リアルな販売に戻ることで復活した。その軌跡ほど、ITバブルの本質と企業の「あるべき姿」を伝えるものはない。

ネットバブルの熱狂を、重田は信じた。「100年に1度の事業機会が、当社の事業の延長線上にある」と、公言、株価が20万円を超えてなお、「当社に対するマーケットの評価は低いと思う」と、不満気だった。

企業と人間生活を変貌させるIT革命を信じた重田は積極的にリスクを取りに行った。それが、当時の「光通信キャピタル」を通じたベンチャー投資である。

種子段階でのベンチャー投資が、やがてIT社会に根を張り、それが地下で複雑に絡み合いながら茎を太くし、光通信を柱とする地上の一大IT企業群を育て上げる――これが重田の思い描く「投資の行く末」だった。

その夢に現実がついていかない。光通信キャピタルは99年8月に第1号投資ファンドの「HTCパートナーズLP」を立ち上げ、わずか1ヵ月で330億円を集めた。カネはあるが、投資先がない。しかしノルマは課せられているから、精査している余裕はない。結局、光通信が出資しているベンチャー企業は、「ヒカリ物」と呼ばれて評価されなかった。

200分の1の株価は、さすがに重田の目を覚まさせ、今、光通信は従来のHITSHOPにおける携帯電話販売と、中小企業向けのコピー機やビジネスフォンなどで9割を占める販売会社となった。残りの1割は保険業務であり、徐々にこちらに力を入れている。

三つとも「売りまくればいい商品」である。重田は高いノルマを提示して社員を鼓舞、それをクリアするとさらに高くノルマを掲げるという手法で光通信を伸ばしてきた。厳しさについていけない社員は退社するが、去る者は追わない。結果、残るのは、販売にすべてをかけ、そこに価値を見いだす「重田教の信者」だという。

この徹底は凄い。営業が「企業の基本」であることを思い知らせるが、「華」がなく「夢」がない。だから光通信の株価は手堅く、かつてのようなバブルになりようがない。面白みはないにせよ、「地獄」を見た企業が投資の世界に必要な信頼に行き着いた。そこから得られる教訓は、少なくない。

第三章　堀江貴文&村上世彰の「罪」と「源流」

堀江貴文と宮内亮治が信じた「時価総額1兆円」

新興市場バブルの元凶として逮捕されたライブドアの堀江貴文は、検察に徹底抗戦、すべて否認で貫き、「粉飾決算」の責任は、ナンバー2で財務責任者の宮内亮治にあるとした。

一方の宮内は、検察に従順に対応、「粉飾決算」「偽計取引」などの起訴事実を大筋で認め、しかし、責任は代表取締役の堀江にあり、すべて報告もしていたと主張した。

宮内は税理士として従業員が2〜3人の頃からライブドアを支え、「上場」という飛躍のステップボードが見えた1999年からは取締役兼CFO（最高財務責任者）に就任、ライブドアにのめり込んでいった。

プロ野球進出、ニッポン放送買収、総選挙出馬でホリエモンがライブドアの「広告塔」の役割を果たし、財務責任者の宮内がM&Aで増殖させていくというのがライブドアの成長パターンだった。

「二人三脚」の二人が分裂したのは、最終的には「生き方」と「戦略」の違いというしかなく、堀江は「粉飾ではないし、指示したこともない」という主張を裁判所に認めさせての「無罪」を狙ったし、宮内は結果的に「粉飾」であったとしても意図したわけではないとして、裁判所の情状酌量を得たうえでの「執行猶予付き有罪判決」を期待した。

だが、2007年春、分離裁判の二人に相次いで下されたのは実刑判決だった。堀江は懲役2

年6月、宮内は懲役1年8月。二人はすぐに控訴した。

「粉飾」は企業経営者が最も堕ちやすい〝ワナ〟であり、上場企業として許されざることではあるが、市場は殺《あや》めても人を殺めたわけではないこと、粉飾に踏み込む経営者にはそれなりの事情があることなどを理由に、「執行猶予付き」が普通だった。

だが、粉飾金額が50億円強と、それほど巨額というわけでもないのにライブドア事件は実刑判決。しかも宮内は罪を認め、恭順の意を表していた。この裁判は、「適正意見」を出した公認会計士まで実刑判決を受けたことを含め、経済事件には厳しく対処するという裁判所の「意識変化」を表すものといってよかろう。

市場を貶《おとし》めるのは大罪――この認識を裁判所が示したのは、市場に国民の富を向かわせ、「自己責任」のもとで資本市場を活性化させようという方針を政府が取り始めたからだろう。ただ、判決は判決として、二人に共通する裁判所への不満は、ライブドアという会社が、実業を持たない「虚業」で、粉飾をしながらマネーゲームで証券市場に築かれた蜃気楼のような存在だと決めつけた検察の判断に、そのまま乗っていることだろう。

ＩＴやネットによる革命は、パソコン上で始まるので、大きな投資を必要としないし、目に見えるものではない。だが、ネットの仮想商店街がリアルの百貨店を食い、ネット証券が個人の投資環境を劇的に変え、ネット広告がラジオ、雑誌に続き、新聞広告も上回ろうとしていることが象徴するように、革命は確実に始まっている。

ただ、それを受け止める「司法」に代表される秩序の側の人々は、産業資本主義の呪縛から解かれていない。製造業のような目に見える産業、飲食などの手触りのあるサービス業に価値と実態を見いだし、アイデアだけのネットビジネスに重きを置かない。この分野を長くリードした孫正義が、通信インフラに1兆円を注ぎ込んで、固定電話と携帯電話とADSLでIP通信網を築いて初めて実業人扱いされたのがその典型だ。

孫がそうであったように、堀江もまた決算発表などの記者会見で、「本業は何ですか」と聞かれ、「本業って何のことですか。本業を持つことに意味があるんですか」と、問い直していた。というより、切れていた。

確かに、ネットというバーチャルな世界ではあらゆる事業がビジネスモデルの組み立て方によっては可能。「本業」を問うことに意味はない。ニッポン放送買収劇の過程で1340億円をフジサンケイグループから〝強奪〟、それをライブドアは「セシール」(通信販売)、「ジャック・ホールディングス」(中古車販売)、「ダイナシティ」(マンション販売)に投じて、リアルな世界との融合を図った。

あえていえば、この時点での「本業」は、ライブドアの持つポータルサイトに会員を誘導、金融や情報のサービスを行いつつ、ネットを生かした通販、自動車、不動産事業も行う、というものなのである。

事件化直前の05年末の時点で、株式時価総額は1兆円近く、M&Aの連続によって、ポータルサイトを軸に手がける事業は多岐にわたり、グループ企業は40社を超え従業員は6000人に達していた。

設立からわずか10年の企業としては驚異的である。しかし、スピードが速過ぎて買収先を掌握し切れていないし、芸能人化したホリエモンはもちろん、30代の経営陣はみんな頼りない。結局、歪んだ株式時価総額で膨らんだだけの「成り上がり企業」と、一段、低く見られていた。

堀江が衆院選に出馬、それも最も目立つ広島六区を選んで亀井静香と戦うというパフォーマンスを演じていた最中の05年9月6日、「六本木ヒルズ」の本社応接室で宮内と会った。宮内と親しい企業経営者のこんな勧めによるものだった。

「浮ついた印象のライブドアだが、宮内はコンプライアンスの強化で社内の引き締めに入っている。決断力はあるし、切れ者。ホリエモンが芸能人になってもやっていけるのは宮内がいるからで、今後、どんな会社にするつもりか聞いておくといい」

宮内は背筋が伸びて姿勢がいい。言葉は明確で目を見て話す。印象は数字の読める優秀な営業マン。「ウチみたいな小僧の集団」といった韜晦《とうかい》が混じることはあったが、実は自信に満ちていた。

「まずシステムの統一から手がけました。子会社の経理担当だけで50名以上の規模になっていたので、会計システムを統一、決済機能を本社に持たせるために、『キャッシュマネージメント・システム』を導入しました。また、顧問弁護士によるリーガルチェックを徹底、商談などすべてのビジネス活動をデータ化することにより、会社全体のコンプライアンスを向上させようと思っています」

ひと言でいえば「引き締め」である。社長がテレビのバラエティ番組に出演、選挙にも出る。

社名は上がり、ポータルサイトへの集客力も増すが、「気の緩み」は避けられまい。また、それは個々の幹部が統制できる規模を上回っており、コンプライアンス重視の姿勢は理に適《かな》っていた。

株価をテコに事業を取り込んでいくというビジネスモデルそのものが否定されるものではない。ポスト産業資本主義は、右往左往しながら「本業」を見つける時代ともいえるわけで、投資家は「ライブドア・堀江」の持つ先見性に期待し、株を買った。

その後、事件化する過程において、ビジネスモデルも資金調達法も堀江、宮内といった経営陣の人格も、すべて否定されるわけだが、時代環境に合った意識を持つ経営陣が、それに合わせて価値創造、法令遵守や社内規律の強化に努めようとした事実は認めるべきだろう。それが中途半端に終わったとしても。

ただ、問題だと思うのは、証券市場をテコに大きくなった企業が、株主利益を希薄化させる「怪しい金融商品」を使ってステップアップしたことだ。これは「合法」ではあっても将来に禍根を残す。その商品をMSCB（転換社債型新株予約権付き社債）と呼ぶ。

「MSCB」という禁断の錬金術

MSCBとは「ムービング・ストライク・コンバーチブル・ボンド」のことで、株価に連動して株式への行使価格が決まることから、こう名付けられた。コントロールのいいピッチャーが、キャッチャーの構えたミットへ、寸分の狂いもなく投げ込んだ転換社債、といったイメージだろうか。

キャッチャーのミットは自在に動くが、行使価格には「時価の1割引」といった修正条項が付いている。したがって「確実に儲けることのできる転換社債」と言い換えてもいい。例えば、転換価格が「時価の1割引」といったポピュラーな修正条項が付いたMSCBを、証券会社が1社で100億円分を引き受けたとする。理論上は10億円の儲けだ。

MSCBを購入するのは、1社で引き受け、株価を調整しながら売却する証券会社か、発行体との間に何らかの人間関係のある投資家か事業会社であることが多い。もっとも彼らは香港、英領ケイマン島などのタックス・ヘイブン（租税回避地）のファンドを通して購入するから、名前は表面化しない。

MSCBにはさらに「特典」が付いている。

大株主による貸株。これで引受手は利益を手にしたようなもの。株を借りて猛烈に売れば価格は下がるが、「修正条項付き」だから、うまく操作すれば1割近い儲け。しかも価格はできるだけ下げたほうがいい。転換価格が下がれば、転換後の持ち株数が増えるからで、底を打ったのを見計らって買いに転じれば、「下げ」の相場と「上げ」の相場のダブルで利益を得ることができる。

なぜ投資家は、これほどのメリットを享受できるのか。発行体が、金融機関にまったく信用のない業績不振企業で、へたをすれば「倒産リスク」があるからだ。だから投資家も事業会社も証券会社も、MSCBに絡めば思い切りリスクヘッジする。

こう書けば、ハイリスクハイリターンの金融商品のようだが、1社引き受けとなる金融機関も含めて出資者は、「倒産リスク」を負わない。発行体となる企業には、「延命」のために資金が投入されるのである。倒産しようがない。

では誰がリスクを負うかといえば、既存株主と一般投資家である。MSCBは発行済み株式の希釈化につながるから、発行のアナウンスがあれば必ず暴落する。そのうえ、出資者は「売り」でリスクヘッジ、というより儲けのダブルカウントを行おうとするからさらに下がる。その間、既存株主は指を銜《くわ》えて暴落を眺めるしかない。

といって、下がったままでは利益のダブルカウントができないから、出資者は発行体に「株価を刺激するような材料」を出させようとする。発行体とすれば命をつないでくれた〝恩人〟だから「材料」を出す。ウソではないが、実現可能性に難があるような新規事業展開などだ。市場がピクリとでも反応すれば、プロの技で相場をつくり、そこに参加した仕手株好きの投資家がババを摑むことになる。

果たしてこれを「金融商品」といえるだろうか。自らはリスクを取らず、発行体企業の支援を隠れ蓑に、損失は他に押しつけて逃げる――リスクに応じたリターンが投資の基本だから、あまりに身勝手である。

アメリカでも同種の金融商品はあり、発行体を「死」に追い込むことから「デス・スパイラル(死の螺旋《らせん》階段)・ローン」と呼ばれている。一度、この蜜の味を覚えると、止められなくなり、最後には膨大な発行済み株式を抱え、市場の片隅に捨てられる。

日本でこの種の金融商品が出てきたのは、金融ビッグバンで証券市場の自由度が増した97年頃からで、以降、多くの企業が毒牙にかかり、市場に朽ち果てた。最初は私募ＣＢと呼ばれる商品からスタート、転換社債でなく優先株でやられることもあれば、株主総会で時価の３分の１といった有利発行を認めさせたうえで、第三者割当増資が使われることもある。

いずれにせよ、目的はひとつである。有利発行を認めさせたうえでの仕手行為。バブル期の加藤暠《あきら》、小谷光浩のような大量資金を投入した仕手戦ではない。１００円の株価を数十円、上下させる間に、「有利な条件」を生かして、他にリスクを負わせて儲けようというのだからいじましい。

かつては「私募ＣＢ軍団」、今は「ＭＳＣＢ軍団」とでも呼ぶべき「市場のハイエナ」が、数百人はいる。なかでも熱心なのは出資者、アレンジャー、仕手筋を含めて１００名前後のハイエナたちである。

死に体の業績不振企業に取りつくから「ハイエナ」だが、言葉通りの怪しさを秘めるのは、彼らが「死に体企業」を生き返らせないからだ。資金を投入しても再建につながらず、再生させることもなく、ただ自分たちの儲けしか考えていないのだから、彼らを「市場を汚すもの」と、断罪していい。

ライブドアが「ハイエナ」の仲間入りをしたのは、ニッポン放送の買収に際し、ＭＳＣＢを発行、「リーマン・ブラザーズ」に引き受けさせて８００億円を手に入れてからだ。ライブドアはこの資金を元手にニッポン放送株買収に動き、最終的に過半数近くを制し、強面《こわもて》のSBIホールディングスの北尾吉孝が登場したところで〝手打ち〟、1340億円を手にして終結した。

その資金調達役となったリーマンは、この手の金融商品のプロとして大株主の堀江から株を借り、売りまくりながら転換価格を下方に修正していく作戦を取った。転換社債の開示資料のなかには、「堀江貴文はその保有する株式の一部をリーマン・ブラザーズ証券グループに賃借」という一文があった。

契約はすぐに実行され、05年2月10日、つまり市場内時間外取引でライブドアが30％近いニッポン放送株を電撃的に取得、世間を大騒ぎさせた翌々日、堀江はリーマンに約4673万株（時価210億円）を貸株、リーマンは即日、約891万株を処分している。このリーマンの「売りポジション」のため、ライブドアの株価は4営業日で22％も下落、その後も下がり続けた。リーマンはこのディールで200億円近い利益を手にしたといわれている。

ライブドアのマネーゲーム的な色彩の濃いM＆A、大型分割、資金調達は、「市場のモラルを逸脱している」と、さまざまな証券関係者と経済ジャーナリズムが批判した。法的には認められているファンドの非連結化とそれによる利益計上を、犯罪（粉飾決算）とされてしまったのは、そうした「空気」も大きく作用していよう。

確かに行儀は悪い。大型100分割で株価急騰を狙い、市場内時間外で一気に支配株を握った。違法ではないが、ルールが定められていなかったのは監督官庁や取引所の想定外だったからである。「そこまでやるか！」と、誰しも思った。

ＭＳＣＢにも同じようなところはある。支援ではなく「焼き畑」が「ＭＳＣＢ軍団」の目的。許されないのは既存株主と一般投資家にリスクを押しつけている点であるのは前述したが、ライブドアが「勝負をかけた一戦」を、この怪しい商品で仕掛けたところで、ニッポン放送買収の「大義」は失われた。

確実な勝者はリーマンで、確実な敗者はライブドアの株主。ライブドアには勝敗の見極めがつかない――05年2月8日の時点で、それだけはハッキリしていた。それを承知で乗り出していったところに、勝敗の行方はともかく、ライブドアの「将来の挫折」が織り込まれていたのではないか。

ニッポン放送との戦いを経て、ＭＳＣＢが確実な儲け口であることに気づいたライブドアは、ファイナンス部門の中核であるライブドア証券が、それを収益の柱とした。自らをリーマンの立場に置き、「ＹＯＺＡＮ」や「トランスジェニック」といった業績不振企業に声をかけ、「貸株」を条件にＭＳＣＢを引き受け、調整売買をしながら利益を出していった。

堀江貴文

欲望が渦巻く証券市場には、「稼ぐが勝ち」の誘惑が満ちている。その誘惑に駆られるのは人情で、市場参加者の宿命でもあるのだが、踏みとどまるべき「不文律」を、各人が持つべきだろう。

既存株主と一般投資家のリスクの上に成り立つMSCBによってはならなかったし、ましてそれを商売にしてはなるまい。その自覚のなさが、ニッポン放送買収劇から1年後の捜査につながったのではないだろうか。

旧長銀エリートを激怒させた「若造集団」

増収増益を続けつつ、100分割のようなサプライズを市場に与え、かつ上方修正することで成長イメージを鮮明にするのが堀江貴文の戦略だった。

企業経営者は誰しもそう願うが、右肩上がりの継続は容易ではない。ただ、ライブドアには宮内を始めとする優秀なファイナンス部門があり、それが堀江の〝無理〟な要求に応え、その「出来栄えの良さに対する自信」が、犯罪と見なされるスキを捜査当局に与えてしまった。

ライブドアの挫折は、「ドッグイヤーの時代」を信じ、他の数倍のスピードで駆け抜けるのを是とし、市場の乱用を厭わなかった多くの「ホリエモンたち」への警告となり、新興市場はライブドアショックで、それから1年半以上も下落が続いた。

さまざまな意味でライブドアは刺激的だった。「ホリエモン的生き方」が話題になることが多いものの、ライブドアという会社が市場や企業に残した教訓は多い。

03年11月、株式100分割を発表、「マーケットの暴れん坊」のイメージを定着させるライブドアだが、世間一般に「おかしな会社」と思わせたのは、ネット決済銀行である「イーバンク」とのケンカだった。

ライブドアグループは、約35億円を投じてイーバンクの筆頭株主（約15％）となり、業務提携もしていたのに、イーバンクは04年2月9日、記者会見を開いて資本・業務提携の解消を発表した。

これに反発したライブドアは、翌日、宮内亮治の携帯電話の留守録に残されていたという〝何者〟かの「お前の会社ぶっつぶされるぞ。俺は本気になるよ」という音声メッセージを公開したのだった。

ネット決済専業という新しさはあってもイーバンクを経営するのは、東大経済学部を卒業、旧長銀で部長を歴任、破綻後、伊藤忠商事に移ってオンライン証券の立ち上げに関わった後に独立、イーバンクの設立準備会社を立ち上げた松尾泰一である。

松尾のエリート人脈を映して、イーバンクは会長に日本開発銀行元副総裁の丹治誠、副社長に三井物産元取締役で「AOLジャパン」や「もしもしホットライン」の経営に携わった星崎治男を迎え入れるなど、「重厚な人脈」で固めていた。

堀江は、「社長日記」という自身のブログでこう挑発した。

「悪いところは悪いとはっきり認めてもらいたいものです。まぁ、私のような若造にいわれてムカつくというのならわかります」

実際、企業社会の〝大人〟の多くは、堀江が認めるこの「若造」に対する「ムカつく」という感覚を持った。この時、堀江は31歳。提携後、イーバンクに出向した宮内が最も年長で36歳。イーバンクを担当する窓口の塩野誠ライブドアファイナンス副社長に至っては27歳である。

ちなみに、イーバンク騒動の直前に行われた株式100分割は、15日間連続ストップ高となって市場を混乱させたが、その担当は26歳の熊谷史人。2年後、ニッポン放送株大量取得作戦を立案したのは、29歳の塩野と28歳の熊谷の二人の20代コンビだった。

旧長銀のエリートだった当時56歳の松尾にしてみれば、係長にも達しない年齢のライブドアの「若造」など、どうとでもなるという思いだったのだろう。

だが、「若造」は侮れなかった。目的はイーバンクの子会社化だったから、資本・業務提携後、イーバンクに宮内、塩野ら幹部を送り込み徹底的に調査、場当たり的な投資案件が幾つも見つかったのである。

イーバンク騒動の最中、塩野に会った。ライブドアは渋谷から六本木ヒルズに移転したばかり。移転祝いの胡蝶蘭などが飾られ、「ヒルズ族」に相応しい華やかさと、若さと勢いが感じられるオフィスだった。

私服なら大学生でも通る若さながら、米シティバンク、米ゴールドマン・サックスなどを渡り歩いた塩野には、イーバンクのごまかしを見逃さない知識が備わっていた。

騒動は和解によって解決、ライブドアは株式を売却して撤退したので、イーバンクの「不透明な投資案件」の詳細が表に出ることはなかったが、ライブドアを閉めだし、提携を解消しなければならないほどの〝弱み〟を握られてしまったのは確かなのだろう。

塩野の次の言葉が印象に残っている。

「松尾さんは、ライブドアなんて若造の集団で、どうにでもなる、増資のカネだけ手に入れれば、後はなんとでもなる、と思ったのでしょう」

この「なめてかかる」という感覚は、おそらくフジサンケイグループにもあった。フジテレビの日枝久会長は、ライブドアによるニッポン放送株の買い占めが発覚した時（05年2月8日）、当初は、グループの力を結集すれば蹴散らせると考えたに違いない。

だが、この「若造集団」は、ルールの穴を見つけ、合法的に攻め立てるプロの集まりだった。ニッポン放送が新株の発行などで対抗しようとして、裁判でことごとく敗れた事実がそれを物語る。守るべきは法律。勝利が続いていた最中、宮内がコンプライアンス重視のシステム作りに入っていたのを見ても、それは明らかだ。

ただ、その「合法」には、株主、利害関係者、買収される側を含めた弱者への配慮、国や地域社会への貢献といった「成文化が難しい不文律」は含まれない。あくまで勝利に至るための「合法」である。

ルールで動く資本主義社会において、ライブドアの基本的な姿勢は肯定されよう。だが、「法律の穴」を見つけるのが「成長の戦略」になってしまうと権力はこれを許さない。それが「秩序の側」の発想というものだ。

とはいえ、線引きは難しい。「孫正義・北尾吉孝」の成長戦略は、ＩＴバブルのピーク時、フアンドなどを通じて3000億円を投じた出資企業の企業価値を、M&Aなどで高めて株式公開、グループ力の底上げを図るというものだった。

戦略に問題はないが、そのM&Aや上場が、ソフトバンクグループというより「孫・北尾」コンビの掌で行えるために、利益、売り上げの〝付け替え〟を行うこともできる。事実、そうした内部告発もあって、コンビが疑われたのは一度や二度ではない。

しかし、「孫・北尾」は孫の投資家から実業家への転身と、北尾の独立により、「当局のターゲット」ではなくなった。つまり認知された存在となった。

「堀江・宮内」のコンビは、そうなる前に目をつけられただけで、「運が悪かった」と、二人は思っているに違いない。

果たしてそうか。事件後、宮内や塩野と「何が問題だったか」を話し合ったことがある。目立ち過ぎ、やり過ぎた、だから狙われた、という認識は共通だが、大型分割やMSCBなど「ルールに基づいた戦略」については、今も問題はないと考えている。そこに、周囲と摩擦を起こすことになる「合法の呪縛」があるように思えてならなかった。

これに対して北尾には、25年に及ぶ「野村生活」があり、欲望が渦巻く市場だからこそ「清冽な地下水を汚してはならない」という思いがあった。その意識の違いが、結果的には両者の命運を分けたのだろう。

経営者は「法」の前に、「公正」を貫く覚悟が要る。それは企業の永続的な繁栄を考えた場合に欠かせないだけでなく、国家に狙われることのない「健全な経営」を保つためにも必要なのである。

実刑判決を受けた村上世彰の「利益至上主義」

懲役2年の実刑判決を、村上世彰は信じられない思いで聞いていた。さらに判決理由で、村上のプライドはズタズタにされた。

東京地裁の高麗邦彦裁判長は、07年7月19日、口調は淡々と、だが内容は激しく、村上をこう決めつけた。

「ファンドマネージャーというプロによる犯罪で悪質」

「徹底した利益至上主義に慄然とする」

「ライブドアの株取得を、『聞いちゃった』のではなく、ライブドアに『言わせた』ともいえる」

「被告自身が、インサイダー状況を作り出した」

経済事件は白黒をつけにくい。確信犯ほど犯罪にならないように工夫を凝らすからで、そうした際、検察は足りない証拠を裁判官の心証で補い、「黒」とすることはある。

インサイダー事件の場合、ことに判断は難しい。最終的には「言った」「言わない」の世界となる。そこに高麗裁判長が踏み込んだのは、「投資のプロ」でありながら、自らインサイダー状況を作り出し、違法状況を排したうえで利益を得るという村上の「脱法の手口」に許せないものを感じたからだろう。

判決で高麗裁判長は、事件に関する電子メールやライブドアの宮内亮治らの法廷証言は信用できる、としたが、電子メールは「インサイダーに関する重要事項を伝えた」とするには無理がある代物だし、宮内らは、検察側尋問はともかく、弁護側尋問では簡単に覆《くつがえ》り、「インサイダー情報を漏らした認識はない」と、証言していた。

逮捕前の記者会見で村上は、「みなさん多分ね、僕のことがすごい嫌いになったんはね、ムチャクチャ儲けたからですよ」という認識を示したうえで、「日本が少し、イヤになってきた」と、漏らした。裁判官に断罪されて、その思いはさらに強まったに違いない。

村上は、灘高—東大法学部—旧通産省という華麗な経歴の後、99年、「官僚として資本市場とかかわるより、自分がプレーヤーになりたい」と、「M&Aコンサルティング」(通称・村上ファンド)を立ち上げた。

相手を屈服させずにはおけない容赦ない弁舌から敵は多そうだが、邪気のない笑顔と気配りで各界に人脈を築いている。三木谷浩史楽天社長、宇野康秀USEN社長などとは官僚時代から親交を続けてきたし、宮内義彦オリックス会長、福井俊彦日銀総裁など経済界の重鎮にもパイプはある。

そして東大・通産人脈。村上ファンドの立ち上げにつきあった丸木強(元野村證券)、滝沢建也(元警察庁官僚)は東大の同期だし、現役官僚、政治家のなかにも東大・通産の「仲間」は少なくない。

そんな華麗なる人脈と経歴が覆い隠してきたが、村上ファンドの本質は、「歪み」を利用してサヤを抜く「グリーンメーラー」に似ている。違いは強圧的な買い取り要請をしないところだが、さまざまなテクニックを弄《ろう》して高値売却を狙うところに差はない。

ドル札を意味する「グリーン」と、脅迫状を意味する「ブラックメール」をかけ合わせたグリーンメールは、株式を買い集めて企業に高値買い戻しを求める行為のことを指し、これを「業」とする人間がグリーンメーラーだ。どの国の証券市場にもいるが、「証券市場と上場企業の監視役」と、きれいごとをいいながら目的はカネだから評判は悪い。

ファンド創設以来、村上はもたれあいの法人資本主義を激しく非難、株主主権の確立を求めてきた。最初に攻撃をかけた「昭栄」、次の「東京スタイル」では、経営陣が保有資産を有効活用せず、株主価値の向上に寄与していないとして、増配要求や委任状争奪戦などで両社を揺さぶった。

その主張はともかく、その後の「村上銘柄」において、村上の「正論」をマスコミが伝え、騒動の先に増配要求、TOB（株式公開買い付け）の実施などがあるのではないかと期待して株価が上がると、村上ファンドがすでに売り抜けていたことが少なからずあった。

不実をなじられると、「ファンドだから投資家のために、1円でも高く売るのは当然」と、開き直った。つまり、「正論」はマスコミを引き込み、買収先から有利な条件を引き出す「道具」でしかない。

また、「もの言う株主」として、企業と交渉することの多い村上は、自分に敵が多いことを十分に承知している。だからインサイダー情報に対しては敏感だ。仮にも「違法」の場面に自分を置かない。インサイダー情報が伝えられそうな席には、必ず丸木や滝沢などを同席させ、「それはインサイダー情報だからしゃべるな」と、クギを刺してきたという。

07年1月、東京地裁では、ニッポン放送株買収の際のライブドア側窓口だった塩野誠の尋問が続いていた。

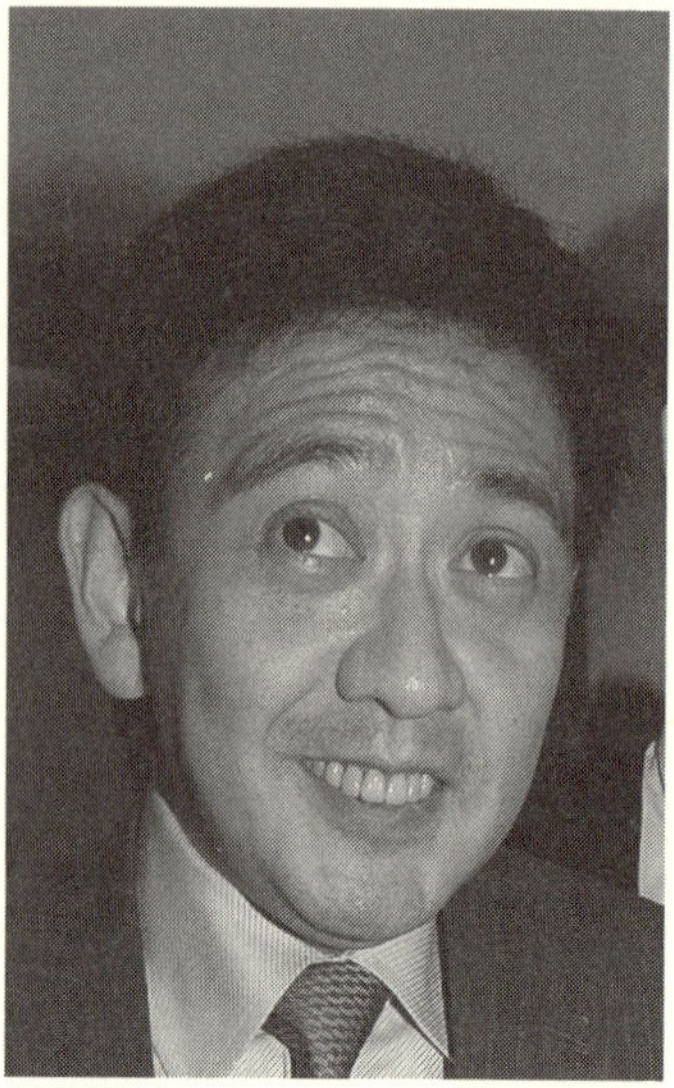

村上世彰

検察側が問題にした村上ファンドとライブドアのミーティングは2回である。第1回は04年9月15日。ライブドアを訪問した村上が、「ニッポン放送を買わないか」と誘い、「N社について」というプレゼンテーション用資料を渡している。

塩野はこのミーティングには参加していないが、その日のうちに宮内に担当を命じられ、スキーム作りにかかった。そして、インサイダー情報が伝えられたという11月8日の第2回のミーティングには参加。ミーティングの冒頭、村上はこう煽ったという。

「ウチで17%を持っているから、ライブドアで3分の1を持てば過半数を取れるぞ」

ライブドア側は村上に「借り入れ２００億円に手元資金１００億円で３００億円は用意できた」と伝え、堀江は、「頑張ってます」「(他には)売らないでください」と、話している。さらに宮内は、「今後、他の複数の銀行とも話を進めます」と、いったという。

これを「買収準備が整ったことを意味する重要情報」というには無理がある。300億円では資金的にまったく不足。村上に意欲を伝えたに過ぎない。事実、11月末に借り入れは難しくなり、宮内によれば、「資金的なメドがついたのは12月末、リーマン・ブラザーズの引き受けで800億円のMSCBの発行が内定してから」で、11月8日の時点では、「買収環境は整っていなかった」という。

11月8日のミーティングで、ニッポン放送を買収できるとは、堀江、宮内を含めて誰も思っていなかったが、高麗裁判長は、ライブドアに仕掛けてインサイダー状況をつくった「村上世彰の手法」を問題にした。問うたのは「モラル」であり、それではいかに「合法」にこだわったとしても、村上が罪から逃れる術はなかったのである。

「ドリテク」でも実証された村上ファンドの「非情」

村上世彰とは何者か。答えは単純である。投資家に利回りを提供するファンドマネージャー。それ以上でも、以下でもない。

「利」を求めるために、市場と企業の「歪み」を利用する。株が低価格で放置され、経営者の意識の低い上場企業は、ファンドマネージャーにとっては狙いどころである。

放送法などの規制に守られたテレビ局も同様。そこに乗り込み、声を張り上げ、株価を上げさせるのは、ファンドマネージャーとしての職責であり、逮捕直前の「村上銘柄」というだけで値上がりする状況ほど、村上にとって望ましいことはなかった。

村上には、株主価値の向上を上場企業の経営者に迫る「もの言う株主」にして、日本の証券市場に「株主主権」をもたらした功労者と称賛される側面があった。「東大卒の元通産官僚」という肩書もそれに寄与したが、村上は、そのありがたい〝誤解〟を利用すればいいだけで、自ら「株主主権の伝道師」を望んだわけではない。

ライブドアによるニッポン放送買収では、その「本領」がいかんなく発揮された。

インサイダー事件の公判で明らかになったように、「一緒に買ってほしい」と持ちかけたのは村上である。04年11月8日のミーティングの席で、「頑張ってます」と積極性を見せた堀江貴文の言葉が、インサイダー情報にあたるかどうかはともかく、村上にライブドアを「出口戦略」に使う気持ちがあったのは間違いない。

したがって、05年に入ってライブドアがニッポン放送買収を本気で決め、そのことを村上に伝えた直後の05年1月17日、フジテレビがニッポン放送のTOBを発表。どちらに転んでも儲けることができる村上は、ほくそ笑んだに違いない。

TOB発表を受けて堀江は、「TOB価格（1株5950円）より高い値段だったら、ウチに売ってくれますか」と、村上に尋ね、こんな回答を得たという。

「ボクはファンドマネージャーだ。高いほうへ売るよ」

この言葉を信じて2月8日、電撃的に市場内時間外取引を成立させ、一挙に35%のニッポン放送株を取得した。ライブドアの大量買いを受けて、株価は急騰、２月10日に８８００円まで上がった。村上は堀江に、こんな電話を入れている。

「ファンドマネージャーとして売らざるを得ない。わかってくれ」

株の世界で、「騙し」や「裏切り」や「引っかけ」があるのは常識だが、ここまで相手の信頼を裏切るのも珍しい。ただ、その「非情」も含めて村上はファンドマネージャーとして一流だった。

「非情」の実例がもうひとつある。

「ドリームテクノロジーズ」（ドリテク）は、独自のデジタル・セル技術を持つソフト会社として一時は評価され、01年４月、大証ヘラクレスに上場しながらビジネスモデルを構築できずに市場に朽ち果てていた。

同社を傘下に収めていたのは「平成電電」。直収電話の「ＣＨＯＫＫＡ《チョッカ》」などの通信サービスを展開しながら、無理な資金調達がたたって、05年10月、経営破綻、その後、佐藤賢治社長ら経営陣が軒並み逮捕された会社である。

平成電電の破綻時、ドリテクと平成電電の「一体再生」を標榜、乗り出してきたのが村上ファンドだった。

資金協力を約束した村上ファンドは、05年11月18日、50億円分の第三者割当増資を引き受け、12月19日には97億円分のＭＳＣＢを引き受けた。この情報をドリテクが開示したのは10月31日だが、「村上ファンドの登場」に市場は大きく反応、ストップ高の連続で、払込日の11月18日には

3万5400円をつけた。

一方で発行価格は、投げ売り、ストップ安が続いた10月17日から28日までの10営業日を参考にしたから1株1万5930円と決まった。この価格設定はやむを得ないとして、問題は引き受けた翌営業日（11月21日）からの村上ファンドの行動。連日、売り浴びせて利益を確保していく。

MSCBの引き受けもあって、売り一辺倒ではなく、一段落すれば、売り買いを交錯させて株価を操作していた村上ファンドだが、06年3月24日から再び、売りに入る。その前日、ドリテクは「子会社の事業を日本テレコムに75億円で売却」とアナウンス。この重要事項を摑んでいた村上ファンドは、売り切る覚悟で売りまくり、3月31日には5％台まで低下させ、ドリテクとの縁を切った。

支援を約束した10月31日には、「新株発行日から2年以内に売却する場合には、その旨を当社に報告する確約を割当先から取っております」と、ドリテクは適時開示に書いていた。継続保有を匂わせながらの売り切りである。一連の売買で村上ファンドは、約50億円の利益を手にしたといわれている。

もちろん合法的なマネーゲーム。証拠に、3月24日以前にドリテク株を1株1万8000円ぐらいで売り歩いていた村上ファンド関係者は、「重要事項を入手していますので、3月23日までは売却しないという誓約書を入れていただきたい」と、申し入れていた。

逮捕前に、「プロ中のプロとしてコンプライアンスにはメチャメチャ気をつけている」といった村上の言葉は、ウソではなかった。

ファンドマネージャーとしての「職責」を全うしたこの行為も、高麗裁判長からすれば「慄然とする利益至上主義」ということになるのだろうか。それを今回は、インサイダー取引に引っかけて罪にしたが、「裁判官の判断」に委ねるには限界がある。

利益のためなら何でも許されるという村上に代表されるファンドマネージャーの発想に、「法」以外に楔を打ち込む方法はあるのか。この課題を証券市場は永遠に持つのだろう。

「資本のハイエナ」のルーツは大物仕手

インターネットを象徴するウェブ（ｗｅｂ）という言葉は、もともと「蜘蛛の巣」を意味する。いつの間にか日本の資本市場も、企業が複雑怪奇に絡み合い、「毒グモ」や「鬼グモ」が潜む「蜘蛛の巣」と化した。

それを示す上場企業相関図が、何種類も出回っている。上場企業といっても、株価が低迷している業績不振企業が多く、そこに有名無名の投資家やファンド、そして怪しげな仕手筋が鈴なりとなり、ライブドアや村上ファンドの名が書かれたものもある。

どんな「蜘蛛の巣」なのかを、「Ｑ＆Ａ」で説明しよう。

Ｑ企業と企業、企業とファンド、ファンドと投資家が、複雑に絡み合うのはなぜか。

Ａ彼らは「ボロ株」を利用してひと儲けを企む利害関係人で、離合集散を繰り返しながら、

「焼き畑農業」よろしく、企業から企業を渡り歩く〝仲間〟だからだ。

Qなぜ「怪しい蜘蛛の巣」の住人になるのを承知で集まってくるのか。

A確実に儲かるからである。道具として有利発行された第三者割当増資、MSCBなどの株が必要だが、金融機関から見放された企業が喜んで応じるから、舞台（企業）はいくらでもある。後は熟練の技で株価をいじりながら益出しする。出来不出来はあっても儲けは確実。延命の調達資金を得る企業にも不満はない。

Q相関図はいつから描かれ、その規模はどれぐらいなのか。

A時価より安く新株が与えられる私募CBの発行が本格化する98年頃からこれをビジネスにする専門家が登場、ウェブ状に広がっていった。中心メンバーは約100人、利用される企業は約100社。

Q犯罪の温床となっているのに、なぜ放置されているのか。

A放置はされていない。「丸石自転車」「大盛工業」「メディア・リンクス」「ソキア」「アドテックス」「日本エルエスアイカード」「ビーマップ」など最近の経済事件は、このチャートから発生しているといってよく、捜査当局にはおいしい〝お客さん〟だ。

上場企業4000社のなかの100社だから、それほど大きな「蜘蛛の巣」とはいえないが、「焼き畑」なので、時間が経ち、ほとぼりが冷めれば、また社名変更などして利用可能。そうして何度も復活するゾンビ企業ばかりだから100社でも間に合う。

こうした企業には、事業実態がなく、怪しいマネーゲームに利用されているだけで、証券市場に存在している意味がない。退場させればいいのだが、違法行為を働くわけではなく、規制が緩くなった市場でリスクマネーを取り込んでいるだけだから、退場を命じるのも難しい。

それに、最近、検察、警察、証券取引等監視委員会などの捜査当局が、彼らの人間関係と手口をほぼ把握、ビーマップの株価操縦事件のように、証券取引等監視委が大阪府警に告発、合同捜査するような動きも出てきた。根絶は不可能にしても「蜘蛛の巣」は確実に小さくなっている。

また、蜘蛛の巣城の住人には、別の呼び名もある。「死に体」の上場企業に取りつくという意味で、「資本のハイエナ」──その源流はどこにあるのか。誰をルーツとして、こんなに広がっていったのか。ライブドア事件も、「MSCB利用」という市場環境があって起きたのであり、善くも悪しくも日本の資本市場に与えた影響は大きい。

ここには、大物も小物も、男も女も、老いも若きもいるうえ、離合集散が激しいのだが、「同業意識」を持つハイエナたちが、等しく「あの人こそ源流」という人物がいる。

西田晴夫──50年生まれの戦後世代。関西の地方公務員出身という異色の経歴を持つ。バブル期までの旧4大証券の管理相場の時代から、「西の西田」に「東の加藤」と並び称される存在だった。「東の加藤」とは、旧誠備グループの加藤暠である。

だが、霊場を廻って行者の真似ごとをしたり、時に復活をアピールして講演会を開いたりすることがある加藤とは違い、西田はパフォーマンスとは無縁。黒衣の仕手に徹している。家は持たずにホテル住まい。仕手戦に入ると何台もの携帯電話を駆使、指示を出し、誰が相手でも怯まない。対立する勢力が放った暴力団関係者に拉致され、海岸に埋められ、「株か、命か」と問われて、「株！」と答えたというエピソードを持つが、これは出来過ぎだろう。ただ、人後に落ちない株好きだというのは、誰もが認める。

「人ごみに紛《まぎ》れると見分けがつかなくなるサラリーマンタイプ。迫力や鋭さがあるわけでもない。でも、無類の株好きで、いつも何かを仕掛けている。それに、相場をつくる天才だから、西田を利用する資産家、西田ファンの投資家が山ほどいる」（西田の知人）

バブル崩壊後は、一時、不遇の時代が続いた。相場に沈んだボロ株を仕込み、材料をつけて値を上げる「解体屋」として、細々と生き永らえてきた。

だが、金融ビッグバンで発行市場の自由度が増し、ボロ株にも第三者割当増資の有利発行、下方修正条項付きの私募CBと、直接調達の道が開けて、西田の出番となる。

内外の証券会社出身者が、業績不振企業を見つけて説得、直接調達のスキームを組む。そこにはファンドを通じて資金を流し込む投資家の存在が不可欠だが、投資家有利な修正条項が付いているため、出資者に困ることはない。海外ファンド利用はマネーロンダリング（資金洗浄）の機会も与えてくれる。

ここで大物仕手の西田が登場。自らの顧客や出資者に指示を出し、絶妙な売り買いで利益を確実なものにしていく。「森電機」「東海観光」「昭和ゴム」「豊国産業」の時代から始まって、これまでに幾つの「西田銘柄」が誕生しただろう。そのすべてに西田が関与したかどうかはわからない。

ただ、そう思わせるのも「仕手の強み」であり、西田は日本の「ゾンビマーケット」で、カリスマと化していた。

マネーゲームの道具となるゾンビ企業

では、西田晴夫が仕掛ける「焼き畑」とはどういうものか。「資本のハイエナ」は、蜘蛛の巣にどう連鎖していくのか。

実例を挙げよう。

ロシア産ダイヤモンドを扱う「サハダイヤモンド」というジャスダック上場企業がある。かつて社名を「宝林」といい、99年初めの時点では、宝飾品販売の不振に加え、筆頭株主であるイスラエル企業への焦げつき発生で倒産寸前だった。

ここに手を差し伸べたのが、当時、日本で唯一の常設オークション会場を持つことで知られる「東京オークションハウス」。オーナーは西義輝だった。英語力を駆使、バブル時代には大手商社と海外で不動産事業を営んでいた人物である。

宝林は、東京オークションハウスに第三者割当増資を行い、同社と提携、オークション事業に進出するとして、99年10月、「ジャパンオークションシステムズ」と社名変更する。同時に、音楽系のベンチャー企業と提携、端末機利用の音楽配信事業に進出するとぶち上げた。株価は急騰、100円台だった株価は2500円を突破した。

オークション事業への業態転換と音楽配信事業への進出。ネットバブルの時期と重なって思惑通りの展開となったが、自然にこれだけの相場が築けたわけではない。株の仕手戦に協力、大相場を実現させたのは西田だった。西と西田はともに数十億円の利益を手にしたといわれている。

この成功に気を良くした西田グループが手がけたのが豊国産業と昭和ゴムだった。実はここで西田が、珍しい〝ミス〟を犯している。決して表に出ないはずの西田が、「西田総合」のオーナーとして、海外ファンド日本法人の第2位の株主として登場した。

海外ファンド名を「ヒルゴールド・インベストメンツ・リミテッド」（ヒルゴールド）といい、英領バージン諸島に本拠地があり、代表をティ・オー・イップが務めていた。ここの日本法人が「ヒルゴールド・ジャパン」（ヒルゴールドＪ）で、大阪市中央区に本社のある西田総合が大株主という図式。投資家をファンドに引き入れて「無名性」を確保するのが、西田の役割なので、ヒルゴールドは「西田のファンド」と見ることができた。

そのヒルゴールドが、2000年2月、工業繊維メーカーの豊国産業の株式を取得、筆頭株主となった。同時に、ヒルゴールドＪは、同年5月に豊国の第三者割当増資を引き受け、西田グループの人間が役員に入っている。その最中に豊国は情報通信産業への進出を発表、株価を動かした。ジャパンオークションシステムズと同じパターンである。

同時にヒルゴールドは、２０００年6月6日、ゴムメーカーである「昭和ゴム」の第三者割当増資を引き受けて筆頭株主となった。昭和ゴムはロボット事業などへの新規事業参入を表明、新生昭和ゴムをアピールした。

一方、西が手がけたのが「志村化工」の買収である。ニッケルの加工というオールドエコノミー。53年に東証1部に上場したという老舗だが、業績不振に喘《あえ》いでいた。その窮地を乗り切るために、同社は「ナノマイザー（微粒化装置）法による次世代磁石と金属・合金球状微粒子」の製造に進出、そのための資金として２０００年3月16日、第三者割当増資を実施、海外ファンドが約55億円を引き受けたが、その金主が西であることが翌年、判明する。

志村化工株は、「次世代磁石」などへの進出を表明以降、急騰、一時は10倍の１３３５円を記録するに至っている。

しかし、仕手の末路はあわれだ。西は、志村化工で株価操縦を行なったとして、02年3月、東京地検特捜部に逮捕された。この種の錬金術が、初めて暴かれた事件だった。

一方、西田はその後も元気に、「住倉工業」「ニューディール」「南野建設」「丸石自転車」「イチヤ」などを手がけていくが、07年10月、ついに年貢を収めた。南野建設株で株価操縦を行なったとして、大阪地検特捜部に逮捕されたのである。

では、ゾンビ企業はその後、どうなったか。

ジャパンオークションシステムズは、大手証券出身で、西田と並ぶこの分野の著名人である阪中彰夫が支援、サハダイヤモンドと社名変更のうえ再生を図った。ほとんど表に出ない阪中だが、例外的に『週刊ダイヤモンド』（07年4月28日／5月5日号）に登場、インタビューに応じて、興味深い発言をしている。

「2億円をかけてロシアのサハ地区でダイヤモンドを掘った。この事実を公表しただけで、時価総額は10億円から200億円となった」

これを阪中は「IRの醍醐味」と、うそぶいている。「失敗」になんら痛痒《つうよう》を感じることなく、間違ったIRを反省することもなく、株の暴騰を誇る。この感覚が、MSCB軍団の基本であり、そう発想する限り、「資本のハイエナ」の別称は外れない。

その他のゾンビ企業の末路をいえば、昭和ゴムはオーナーを次々に替えて、細々と生き抜いているが業績は下降するばかり。豊国産業は「アイビーダイワ」と社名変更、何度か業態変換のうえ、05年からは石油掘削事業に進出を表明、株価を10倍に高騰させたが、今は元の木阿弥だ。志村化工は「エス・サイエンス」と社名変更、仕手の福村康廣が入手、教育産業との合併などを模索しているが、新たな動きはない。

マーケットの片隅でウェブ状の巣があり、そこでろくでもないIRと資金調達が繰り返され、「再生」を隠れ蓑にしたマネーゲームがもう10年も続いている。

「西田ですけど……」

西田晴夫が正体を現したという記事を月刊誌に書いた時、初めて西田から電話をもらい「抗議」を受けた。名前が出たのは単なる手続き上のミスで、自分は株主でもなく、経営にも関与しておらず、私の名前をみんなが使っているだけ、ということだった。

本人自ら電話する処理の仕方は好感が持てたが、「関係ない」では済まない。なにより、それ以降も「西田銘柄」は絶えず、「再生なき再生市場」はそのままだ。その「源流」をつくった責任は消えなかったのである。

第四章

高橋治則の「復活」と「金融テクニック」

香港での「復活パーティ」の直後に急死

雷を伴う夕立も上がり、香港島の格式あるホテルとして知られる「アイランド　シャングリラ　香港」には西日が差していた。

2005年5月26日午後7時。グラスを片手に、少しはにかんだような笑顔を浮かべて接客していたのは、バブル期に内外のマスコミから「環太平洋のリゾート王」と呼ばれていた高橋治則である。

香港に立ち上げた「バーンズ・ホテルズ・インターナショナル」の設立準備パーティ。復活を宣言するとともに、後継者に定めた長男・一郎の「お披露目」も兼ねていた。

それまでの10年に及ぶ刑事被告人としての立場は、日本において彼を「過去の人」にしたが、海外に築いた「高橋人脈」は生きていた。シンガポール、香港、上海、ベトナム、台湾などから友人知人が夫婦で招かれ、日本からもビジネスパートナーや金融界の知人が多数、出席した。

世界のホテル界にその名を知られ、かつて「ハイアット・リージェンシー」をともに世界展開したロバート・バーンズの名を社名に冠してはいたが、その頃、シンガポールで建設が始まっていたバーンズホテルの事実上の経営者は高橋だった。

当時、経済界では、「高橋治則の復活」が、ささやかれていた。「高橋銘柄」と呼ばれる上場企業が何社かあり、友人を代表に立てる形で証券会社を設立、金融サービスを開始し、「高橋傘下」を指摘されるホテル、ゴルフ場もあった。

だが、高橋は決して表に立たなかった。最高裁まで争った刑事裁判と、長く続いた旧長銀との民事訴訟は、表立ったビジネス界への復帰をためらわせた。とはいえ、事業意欲あふれる高橋にとって、負債がピーク時に1兆8000億円となった「日陰の身」はいかにもつらい。それだけに夫人を伴い、長男と長女を従え接客するその日の高橋は、いかにも晴れやかだった。

「身内」に囲まれた海外、という気安さもあって、司会の石崎文吾（バーンズホテル社長）に促されてマイクを握ったスピーチでは、さりげなく〝大風呂敷〟を広げるという高橋らしさを見せた。事業は大胆だが、シャイな人である。誰を見るともなく、訥々《とつとつ》とマイクに向かってしゃべった。

「バーンズ氏と20年前に始めたリージェントホテルでの事業展開は、バブル崩壊で中断してしまいましたが、今また再開できたことをバーンズ氏に感謝したい。3年後、5年後にはこのホテルチェーンを、30、50の規模にまで持っていくよう、皆さんと力を合わせてやっていきたい」

バブル期を上回る規模のホテルチェーンを持つ「リゾート王」への復活宣言である。スピーチは拍手をもって迎えられ、高橋はさらにこう続けた。

「日本には『敗者復活戦』がなく、それは決していいことではない。私は、その『復活』の事例となります」

力むことなく、サラリと流したのだが、信用組合への不正融資事件で逮捕されて10年。今も「長銀を潰した男」といわれ、悔しい思いでいることを知っている友人知人たちは、その後のスピーチで高橋を盛り立てた。

その晴れやかなパーティから2ヵ月も経たない7月18日午前、高橋はクモ膜下出血で急死した。享年59——。日本経済同様、「空白の10年」を過ごし、復活の足がかりを摑んだ矢先の無念の死だった。

怪しい資金調達で摑んだ「復活」の足がかり

バブル期の高橋はもはや「伝説」である。ベッドルームやシャワー室を完備したボーイング737と727の2機を所有、「21世紀は太平洋の時代」と信じ、太平洋を取り巻くあらゆる国でのリゾート開発に着手した。

「ハイアット・リージェンシー・サイパン」、「ボンド大学」(オーストラリア)、「サンクチュアリー・コーブ」(同)、「ボンド・センター・ビル」(香港)、「ハイアット・タヒチ」、「リージェント・フィジー」、「フェフェランチ」(ハワイ)——。

これらは、1986年から89年までの4年間に高橋が着手した事業のほんの一部ながら、投下した資金は2000億円近い。タイミングを重視した高橋は、件《くだん》のボーイングを駆使して世界を飛び回り、「買い」と思えば躊躇《ちゅうちょ》なく資金を投入した。当時、30代後半だった高橋に世界は驚嘆、「ヤング・タイクーン(大君)」と名付けた米国誌もあった。

もちろん高橋を「タイクーン」たらしめたのは金融機関である。バブルの波に乗り遅れた長銀が、高橋の〝快進撃〟を支えた。

金融機関のダミー、捨て駒となることを厭わず、塀の上を疾走する他のバブル紳士と高橋は、明らかに異なっていた。

高級外車、別荘、クルーザー、多数の愛人といったありふれた享楽に走ることなく、ダイヤ入り腕時計を贈られても、「そんなものをしていたら人格が疑われる」と、安い国産で済ませていた。

家具調度品の類も質素。バブル期の高橋には何度かインタビューしたが、社長室や応接室はシンプルで、マホガニーの特注品を置いているわけでも、高額の絵画が飾られているわけでもなかった。

そんな人柄に加え、九州松浦藩の分家の家柄。幼稚舎から慶応に通い、慶大法学部を卒業後は日本航空に勤務。磁気テープを扱うジャスダックのイ・アイ・イを父から譲り受けて社長に就任したという経歴は、「お公家集団」といわれた長銀が、資金を注ぎ込む格好の的となった。

一方で、破天荒ともいえる高橋の事業意欲は、その分、バブル崩壊の影響を受けやすく、90年末にイ・アイ・イグループは、早くも長銀管理下に入った。

あげく、旧東京協和信用組合の理事長でもあった高橋は、旧東京協和、安全信用組合からグループ関連会社などに巨額融資を引き出して焦げ付かせ、乱脈融資の責任を問われて、95年、背任容疑で逮捕、刑事被告人となる。最終的に2信組の破綻は長銀破綻にまでつながり、それが90年代の金融危機の口火となった。二審では懲役3年6月の実刑判決を受け、亡くなった時は上告中の身だった。

長銀は、バブル融資の責任を高橋に押しつけたが、高橋も逆襲に出た。95年、獄中から「海外の不動産に詐欺的に担保が設定された」として長銀を提訴。高橋はその後も、「長銀に優良資産を奪われた」と、サイパンやカリフォルニアなど複数の国の裁判所で長銀などを相手取り、提訴を繰り返した。

その高橋のしつこさに、「盗人猛々《たけだけ》しい」という批判が出ることもあった。だが、しつこさゆえに長銀の〝非道〟が明るみに出た。

民事訴訟の過程でカリフォルニア中央地裁の命令を受けて長銀が提出した段ボール170箱分の議事録やメモのなかに、「イ・アイ・イをごみ溜めにする」「2〜3年後に静かに葬式を出させる」といった長銀のイ・アイ・イ利用と資産収奪の証拠が残されていた。

この資料の出現によって、民事訴訟は「高橋有利」に進み、結局、04年5月、長銀側が218億円の「和解金」を支払うことで決着した。資料は刑事裁判の流れを変える可能性もあった。高橋は218億円を借金返済に回し、裁判所の心証を良くした。そのうえで、「長銀のスケープゴート」であったことを示す新資料を提出したので、「無罪」になる可能性もあると、期待したのである。

「裁判に半分、時間が取られる。もったいない話です」

こう笑っていた高橋。刑事被告人として表立った経済活動ができない不自由さに加え、時間的な制約も受けていた。

だが、高橋は密かに復活していた。

「敗者復活戦」を認めない日本において、まして「長銀を潰した男」というイメージを引きずる高橋に対して、金融機関は窓口を閉ざして融資に応じない。にもかかわらず、高橋が復活の糸口を摑むことができたのは、上場企業を利用した直接金融で資金調達を果たしていたからである。

普通の上場企業の調達ではない。聞き分けの良い業績不振企業の第三者割当増資やMSCB（転換社債型新株予約権付き社債）の発行に協力、資金を注入する一方で、自らも仕手株的なマネーゲームで儲ける。つまり高橋は「私募CB軍団」「MSCB軍団」「資本のハイエナ」の一員だった。それも大物である。

高橋治則

この「源流」のひとりが西田晴夫であることは、前章でふれた。西田は「東の加藤暠」と並び称せられるバブル期からの仕手だが、仕手集団の資金を総結集して買い上がって「東急電鉄」のような大型株まで動かした時代は終焉、加藤は「過去の人」になった。

西田も逮捕されて「過去の人」になったが、バブル崩壊後も生き続け、07年10月まで「大物仕手筋」でいられたのは、業績不振企業に取りつき、市場の規制緩和を利用して発行される株を引き受け、巧みな技で売り抜ける技術を習得、自分についてくる顧客を増やしていったからである。

そして、仕手でもなければプロ投資家でもない高橋もまた、この分野の大物になっていった。西が西田なら「東の高橋治則」が、マネーゲーム的調達の世界では常識だった。なぜ高橋だったのか。

「騙し合い、化かし合いが株の世界ですが、だからこそ信頼がものをいう。資金調達には、アレンジャー、投資家、仕手、発行体などさまざまな勢力がかかわります。その際、高橋さんがアレンジャー役を務めれば、なんとなく安心感があって、まとまりやすい。そんな得難い人でした」(証券界の高橋人脈)

97年の「森電機」を皮切りに、「東海観光」、「トランスデジタル」(旧日本エム・アイ・シー)、「ジェイ・ブリッジ」(旧日本橋倉庫)、「大盛工業」など数々の企業の調達にかかわってきた高橋だが、「ユニオンホールディングス」(ユニオン)、「オメガプロジェクト・ホールディングス」(オメガ)の上場2社を支配、ユニオンが「TTG」(旧都築通信技術)を連結子会社化していたから、実質、上場企業3社のオーナーだった。

バブル期、高橋と親しい大蔵官僚が、「高橋は金融政策のミラー現象だ」といったことがある。それは金融政策に踊ってしまった迂闊《うかつ》さではあったが、高橋が先見性を備えた「時代を映す鏡」でもあったことを意味する。

間接金融の時代にチャンピオンであった高橋が、直接金融の世界でも名を成したのは才能というしかない。それがいかに市場と投資家をなめた「資本のハイエナ」としての調達であったにせよ、人脈以外のすべてを失った高橋にしてみれば、「ハイエナ」となる以外に、復活の術はなかったのである。

「透明性」を無視して市場から自己都合調達

蜘蛛の巣状に絡み合う業績不振企業が繰り返すおかしな調達。たとえそれがマネーゲームとして使われようと、市場のモラルから逸脱していようと、「復活のシナリオ」が描けるのなら認めてもよかろう。

だが、対象となる企業は、中身のない「ハコ」であるほうが、経費がかからず新規事業展開をアピールしやすいから便利、とうそぶくような「ハイエナ」の前では、どんな期待もできないし、事実、成功例は1社もないと断言してもいい。

高橋は、上場3社を「インチキな世界」から脱却させられるのか。「復活」というからには、市場の隅に沈んだ3社を再生させ、実力をアピールしなければなるまい。

眼下に東宮御所が広がる東京・赤坂のビルに、高橋グループの拠点はあった。05年7月6日、香港でのパーティから約40日後、死亡する12日前に、高橋のもとを訪ねた。「復活」の自信と根拠を尋ねるためだ。

いつもの少しかすれたようなハスキーな声。煙草をくゆらせながら高橋は答えた。

――ホテルを、これから30も50もつくるというのは凄い。

「たいしたことはない。まぁ、ホテルといっても昔のリージェントのような大型ではなく、50室とか100室の小ぶりの超高級ホテル。それに、規模を追求してもスケールメリットが出ないから。数年で2ダースは可能だ」

——他の事業計画は？

「ホテルと同時並行でゴルフ場の取得も目指す。将来の上場を考えれば30ヵ所ぐらいは確保したい。それにコンピュータにも力を入れ、それはユニオンに担わせたい。『都築』（通信技術）も手に入れたことだし、売上高500億円規模にできると思う。さらに金融。こちらはグループのUSS証券で、投資銀行業務や金融商品の販売を手がけたい」

——資金はどう確保するのか。

「要はプロジェクトしだい。しっかりした事業計画があり、信用ある人間がそれにかかわり、キチンと利益が保証できるなら、カネはいくらでも集まる」

さりげなく大きな夢を語る高橋の気質は変わらない。上場3社を「打ち出の小槌」のように使う発想は問題だったが、不自然な増資やおかしな株価は、今後、取り締まりを強化した捜査機関に狙われる元となることを高橋は承知していた。だから、プロジェクトごとにファンドを組成、それで資金を調達、回転させる発想を持っていたようだ。

だが、高橋の復活をアピールした直後の死は、あまりに早過ぎ、すべてを元に戻したうえで、グループを再編成するしかなかった。

高橋の「カリスマ性」で結ばれていたグループは、空中分解を避けるために、合議制の「草月会」を設置、ユニオン会長の河西宏和が議長に就任した。グループ企業の本拠地が赤坂の「草月会館」にあったためで、高橋の日本航空時代の先輩である河西は、高橋の才能を買って、その独立とともに日航を退社、高橋を支えてきた。

当時、河西は方向性をこう語っていた。

「天才・高橋の仕掛かり案件をすべて継承するのは無理です。海外ホテル建設とゴルフ場買収計画は、一時的に中断せざるを得ない。ただ、事業会社については、いずれも社会的存在の上場企業ですから、発展させていくのが我々の務め。またそのサポート役を担うＵＳＳ証券は、金融先端技術を持つ証券会社として、その陣容を整えつつあります」

考えてみれば、「高橋グループ」という呼称自体がおかしな話だった。「株式」も「地位」も持ち得なかった人が、上場企業のリーダーになっていた。ユニオンもオメガも「普通の会社」に戻っただけである。

そうなると、グループが一体である意味がない。主導権をめぐる仲間割れもあって、グループは一気に瓦解した。敗れたのは「草月会議長」の河西で、オメガとユニオンで社長を務める横濱豊行が主導権を発揮するようになった。

しかし、横濱がすべて取り仕切れるわけはなく、金融、ゴルフなど、個別に運営が可能なものは独自性を発揮するようになった。グループの終焉を象徴するのが、ＴＴＧの上場廃止である。

証券取引等監視委は、06年12月6日、ＴＴＧが虚偽の有価証券報告書で資金調達したとして、1億3133万円の課徴金納付を命じた。これは過去最高額の課徴金であり、悪質であるとしてジャスダック証券取引所は、07年1月7日、ＴＴＧを上場廃止にした。

「高橋グループ企業」という存在自体がおかしなものではあったが、仮に高橋が望むように「最高裁で無罪」となった場合、「復活の足がかり」をもとに、事業家として再生しただろうか。特異なキャラクターとカリスマ性を持ち、人脈もある人だったが、それは難しかっただろう。

ユニオンやオメガで、増資を繰り返して資金を捻出してきた高橋だが、最大の調達は、05年5月18日にユニオンが実施した81億９０００万円の第三者割当増資だった。

増資を引き受けたのは海外のファンド、国内企業、投資家で「高橋人脈」を軸としている。問題は、約82億円もの資金の使途で、それはユニオンの貸付先一覧（05年9月末）とダブっているという。

・スターホールディングス（ＨＤ）　26億１７００万円（10万円単位は四捨五入）
・フィルムトラスト　12億９１００万円
・グアム関係　８億円
・スモールシグナル　６億６６００万円
・ＵＳ投資事業組合　５億１８００万円
・ユニオンアセット　３億円

詳細はさけるが、このなかにはスターＨＤを筆頭に、高橋の関係する企業が多く含まれる。それは、高橋の頭のなかで賃借関係が成り立っており、増資資金をもとに高橋が調整と相殺《そうさい》を行っているからである。要は80億円以上もの増資資金が、高橋の「どんぶり勘定」でいろいろな会社に振り向けられた。

「俺のところにカネが来ている？　知らないな。高橋さんが勝手にそうしたんだろう」

借り主となっている会社の代表にこういわれて、唖然としたことがある。透明性をこれだけないがしろにした調達が繰り返され、それが「復活」の源だとしたら、現実の「復活」はあり得ない。いかに高橋が「天才」でもそれだけははっきりしていたのである。

事業再生ファンドに衣替えした「ジェイ・ブリッジ」

ライブドア事件の後遺症は、証券市場に長く残った。特に新興市場への影響は深刻で、強制捜査のあった06年1月16日以降、東証マザーズ、大証ヘラクレスの平均株価は下がり続け、1年半が経過した07年8月の時点で、下落率は7割に達していた。

株の格言に、「半値8掛け2割引」がある。これ以上は下がらないという株価の大底を示す「計算式」で、マザーズもヘラクレスも大底が近づいたわけだが、この「計算式」は、あくまで仕手化し急騰した銘柄に限られる。市場全体がこれだけ萎むのは新興市場の崩壊を意味する。再生は容易ではない。

ライブドア事件は、単に堀江貴文というベンチャー経営者が、決算を粉飾したという犯罪にとどまらなかった。女子アナ、若手女優との合コン、連日の酒食、プライベートジェットを使った海外旅行といった「ホリエモンの生活慣習」にも批判が集まった。

そのうえで証券市場は、「堀江的なる会社」や「堀江と日常、接触していた会社」をピックアップ、「要注意リスト」に加えた。

投資家に正直な情報を提供せず、M＆Aで成長軌道を描こうとする——その理由は、株価を上げるためで、情報は決算数字も含めてできるだけ操作したいというホリエモンの気持ちの表れだった。その「堀江的なる会社」を投資家は許さなかった。

ジェイ・ブリッジという会社がある。もともとは地味な老舗の繊維会社が経営する日本橋倉庫という物流会社だった。成長戦略を何ひとつ描けず、04年3月頃には銀行も見放し、資金繰り悪化で倒産の危機にあったのだが、事業会社から事業再生ファンドに切り替えて蘇《よみがえ》った。この会社の「盛衰」ほど、市場の「移り気」を伝えるものはない。

04年3月にわずか10億円の株式時価総額で倒産しそうだった会社が、事業再生ファンドへの切り替えをアナウンス、わずか1年で12社と業務・資本提携するという積極経営で、株価は２０００円以上に跳ね上がり、時価総額は１０００億円を突破した。「1年で１００倍」とはさすがに驚きで、市場関係者はジェイ・ブリッジに注目した。

しかし、山が高ければ谷も深い。ライブドアショックによる急落は半端ではなく、株式時価総額は50億円と20分の1に低下、市場はM＆Aを軸にしたジェイ・ブリッジのビジネスモデルを否定した。事業会社とファンドの違いはあるが、市場はジェイ・ブリッジを「堀江的なる会社」と見なした。

ジェイ・ブリッジのビジネスモデルは、投資ファンドから増資で資金を集め、負債をきれいにしたうえでM&Aを次々に実施、連結決算の数字を伸ばすというものだった。

だが、株価が急上昇している最中にも、否定的な専門家は少なくなかった。

「事業再生ファンドへの鞍替えはいいとして、そのスピードが速過ぎた。04年5月以降、M&A、資本・業務提携、営業権取得、再生支援、増資の引き受けを繰り返し、いろんな企業と提携してきた。ただ、豆腐屋（篠崎屋）、IT関連（多摩川電子、トランスデジタル）、土建（機動建設工業）、アパレル（小杉産業）とバラバラ。事業再生は1社でも容易じゃないのに、1年で12社も抱え込んだのでは、株価のための話題作りとしか思えない。そうでないというなら再生の実績を見せてほしい」（大手証券のM&A部門幹部）

こんな専門家の意見もあったが、一般投資家はジェイ・ブリッジに期待した。同社と資本・業務で提携する上場企業の株価がまず上がり、それがまたジェイ・ブリッジの株価を刺激した。この「期待の螺旋階段」で、05年8月の最高値は2115円になった。その1年前まで、100円を割っていたのだから信じがたい。

株式時価総額を100倍にした「魔術師」は、野田英孝元会長である。

55年4月、長崎県に生まれ、高校卒業後に英国留学、大学卒業後、「ユナイテッドデータテレコム」を設立、「ユーエスアジア」駐日代表、「L&Mインベストメントグループ」駐日代表部代表などを歴任、日本橋倉庫に専務として入社、04年2月に社長となった。

野田は、経営破綻の瀬戸際でファンドに鞍替えさせたわけだが、米国ブッシュ大統領の実弟であるジェブ・ブッシュ・フロリダ州知事とは、同知事がユーエスアジアの代表を務めていた関係で親しく交際するなど、欧米に太い人脈を築いていた。

株価は「期待感」で上がる。野田の「ホワイトハウスに近い」という情報は、野田を謎めいた存在にし、それは証券市場では「買い」である。同時に、ファンドへの鞍替えとともに、野田は桝澤徹社長と猛烈なヘッドハンティングを行い、取締役や執行役員に、高学歴、一流企業出身、長銀、日債銀など破綻金融機関OB、MBA（経営学修士）取得者などを雇用、その錚々たる経営陣も期待を集めた。

ジェイ・ブリッジの手法は、成長を演出したマネーゲーム——という批判もあるなか、東京・港区のジェイ・ブリッジ本社に野田を訪ねた。05年8月の株価絶頂期である。

引退した野田稔元代議士の娘婿で物腰はソフト。だが、噛《か》んで含めるような物言いには粘りがあった。

野田は「優良でありながら資金難に陥っている会社に『資金ルート』をつける会社にしたかった」と、日本橋倉庫からジェイ・ブリッジへと業態を変換した理由を述べ、「再生への取り組みが拙速だ」という批判に対してはこう答えた。

「順調に成果は上がっている。米国の大手機関投資家がよく会社を訪ねてくるが、当社のスタッフを、『ニューヨーク・ヤンキース並みのプレーヤーが揃っている』と、評価する」

確かに長銀を始めとするスタッフは一流。そうした人材には、ストックオプションで報いていると聞いて納得できた。

「報酬はむしろダウンするが、ストックオプションは全員に付与している。これは中途採用の幹部だけでなく、投資先の全従業員にも持ってもらい、従業員全体の収入向上を図っている」

Ｍ＆Ａを続け、高学歴で豊富なキャリアを持つ人間を雇用することで、投資家に「期待の螺旋階段」を駆け上がらせるのがジェイ・ブリッジの戦略だった。

だが、ライブドアショックはそのビジネスモデルを認めなかったし、事実、業績も悪化した。07年３月期決算は売上高こそＭ＆Ａ効果で５１９億円だったが、１３９億円もの経常欠損。そこで傘下企業を軒並み売却、売上高予想を85億円として再出発を図る。ストックオプションで利益を確定したうえで辞めた幹部は数多く、会長の野田も、06年９月、退任している。

ライブドアとは違った意味で、株価にのみ価値を置く会社は、信頼を置くことができないという典型だろう。

大型分割で市場を汚した「シーマ」と「ゼクー」

東京地検特捜部は、「一罰百戒」を狙う役所である。06年に摘発した主な市場犯罪は二つ。規制緩和ですべての基準が緩くなり、インサイダー取引や粉飾決算、怪しげな資金調達が横行、これに警告を与えるために、事業会社ではライブドアを、ファンドでは村上ファンドを対象にした。

どちらも知名度があり、一罰百戒効果は抜群だったが、新興市場の冷え込みは検察幹部の予想以上だったろう。だが、「仲間内での飲み会」や「ベンチャー経営者とミスキャンパスとの合コン」などで、気軽にインサイダー情報が飛び交い、儲け話が交わされるといった若手経営者の「風俗」を思えば、一度、冷水を浴びせかける必要があった。

証券市場には、ホリエモンより質の悪い「ミニ堀江」、村上世彰より陰険な「ミニ村上」が山ほどいる。例えば、ライブドア以降に100分割を行った「シーマ」と「ゼクー」。認知度が低く、「特捜案件」にはなりようがないものの、捜査されることもなく、そのまま放置されているのが不思議なぐらいだ。

一日に50億円を動かす正真正銘のビリオネアで、運用資産は1000億円、愛車はフェラーリ、好きなブランドはヴェルサーチとフェレ、時計は600万円でオーダーしたカルティエ——こう女性誌に紹介されたことがあるのが、「アルガ・インペリアル投資顧問」会長の有賀学である。

有賀はシーマが05年1月14日発表した101分割のスキームをつくった金融業者で、その時はまだ26歳だった。一方、シーマの社長は28歳の白石幸栄。24歳の時、シーマの社長に就任、その時は「上場企業の最年少社長」として話題になった。

シーマはジャスダックに上場するブライダルダイヤモンドの販売会社で、白石がひとりで立ち上げたわけではない。母体となったのは両親が経営する画廊。3人兄弟の末っ子である白石は、「社長ポスト」もそうだが与えられるものが多く、自分の力でシーマの業容を拡大させたかった。

それには株価。手っ取り早いのは大型分割である。05年1月といえば、ライブドアが大型分割を成功させ、プロ野球進出などで、常に話題の中心になっていた頃だ。白石には対抗心すらあり、「ホリエモンには負けたくない」が、口癖だった。

一方の有賀は六本木ヒルズ住まい。経営者に取り入るテクニックは抜群で、野心に燃える白石を焚《た》きつけ、コンビを組むことなど造作ない。しかもただの101分割ではない。「玉（株券）を出して市場を冷やす」ことを名目として、白石ファミリーとの間で「株券消費貸借契約」を結び、母親の勝代会長らから発行済み株式の7割に当たる1070万株を「借株」している。

有賀がやったのは露骨なマネーゲームである。大型分割人気は健在で、株価は1月25日の20円以降、26日50円、27日80円、28日110円と連日のストップ高を演じている。その間に有賀は売りまくる。26日に300万株、27日に173万株、2月1日に250万株、2日に185万株、3日に78万株。名目は「冷やし玉」だが、この「売り」で10億円前後を儲けたという。

この時の有賀への貸株情報が明確に開示されなかったとして、ジャスダックはシーマを監理ポストに割り当てた。

暴落を誘う有賀の大量売り。よくこんな既存株主無視の資本計画を考えつくものだが、それを行ったのは「ホリエモンに負けたくない」という若社長と、セレブを気取る20代後半のコンビである。その浅薄な行動を制御するシステムが必要なのはいうまでもない。こんな歪んだ「調達」と「分割」が行われてはならない。

シーマが思慮を欠いた「若手」の失敗だとすれば、ゼクーはもっと暗く重い。

「とりあえず吾平」などの居酒屋を展開するゼクー（旧ワイアリーバ）は、創業メンバーの内紛や傷害事件を機に経営が傾き、04年4月以降は、「資本のハイエナ」のさまざまなメンバーが関与するようになった。

そうしたなか、ゼクーは04年5月に「プライムパートナーズ」に総額9億6000万円の第三者割当増資を実施、9月にも農業組合法人「北海道コスモ」「原田漁業」などに14億5500万円の第三者割当増資を実施した。そして10月に100分割を発表する。

増資に際し、事前に割当先から新株を譲ってもらうことを「増資の枠を貰う」といい、その確約を得たブローカーらが売り歩くのだが、ゼクーの9月の増資枠を貰ったブローカーは、「近く大型分割を発表、株価は間違いなく沸騰する」というセールストークを使っていた。

一連の増資を主導したのは、プライムパートナーズのオーナーである黒木正博。リキッドオーディオ・ジャパンの経営を離れてからの黒木は、「資本のハイエナ」の一員として、ボロ株の資金調達にかかわることが多い。

また、黒木の後は、「東理ホールディングス」のオーナーで、仕手株に登場することの多い福村康廣が引き継いだといわれているが、9月の増資引き受けメンバーには、政治家、事件屋、暴力団金融業者など名うての連中が登場、「カラ増資」の疑いも浮上して、腐臭を放っていた。

それも当然で、05年6月には東京地裁がゼクーの破産を宣告、社長の三輪隆は失踪、企業の体を成していない状態だった。つつけば幾つもの犯罪がありそうだが、汚れ過ぎていてどんな犯罪にしていいかわからず、肝心の社長は失踪。「グレーな人種ばかりで一般人が傷ついたわけじゃない」（警視庁捜査関係者）ということで、見逃された。

苦労の割には世間受けせず、点数も稼げないということで捜査当局も食指が動かないのだろうが、その放置が「資本のハイエナ」の「蜘蛛の巣」を広げることだけは指摘しておきたい。

暴力団も絡む「怪しい銘柄」の連続摘発

「企業舎弟」という言葉がある。暴力団周辺者が、金融、不動産、飲食、芸能、風俗など暴力団の影響力が及びそうな範囲でビジネスを展開、それが暴力団の資金源になっていれば、当該企業の経営者は「企業舎弟」ということになる。

暴力団対策法などの締め付けで、暴力団の構成員であることを名乗り、名刺を出すという行為だけで犯罪となりかねない状況では、暴力団は活動資金を企業舎弟に頼らざるを得ないが、周辺者なら誰でも使えるというわけではない。

まず、前提として、ビジネス活動を行えるだけの経験と人脈、記憶力と如才なさ、法的知識と収益へのこだわりを持っていなければならない。そのうえで暴力団組織と連携するだけのしたたかさと度胸が必要で、元暴力団構成員か、若い頃、周辺関係者だったという人間が大半だ。

業績不振企業を利用したマネーゲームは、企業舎弟にとって、不動産と並ぶ「ビジネスの場」である。企業に自ら乗り込んでもいいし、配下を派遣してもいい。増資の引き受けは、うまく株価を操ることができれば巨利をもたらすし、海外ファンドを通じた投資という形態となるため、マネーロンダリングにも使える。もちろん、急ぎの増資における短期金融、仕手戦における証券担保金融という従来の金融業者としても活躍できる。

山口組系の企業舎弟で、現在、「実力ナンバー1」と謳《うた》われる人がいる。60歳前後で金融業者として脂が乗り切っており、関西のある山口組直系組織が総力を挙げて守る存在といわれており、他の組織や企業舎弟が簡単に手を出せる相手ではない。

強面ではあるが、如才ない人柄で人脈は驚くほど広く、プロ野球の監督や選手、格闘家、ロックスター、演歌歌手といった華やかな世界にも強い。むろん、なんといっても本領を発揮するのは金融の世界で、金貸しとしてのシビアさと大胆さでこの人の右に出る者はいない。仮にZとしておくが、その実力と感度の良さを考えれば、Zが怪しげな資金調達の世界に進出するのは当然で、こんな利用のされ方をするのだという。

「業績不振の上場企業が、『10億円を第三者割当増資で調達』とアナウンスしたものの、出資者との調整がつかずに、その時は流れたとする。メドがついたとして、次の増資を発表。ところが、この時も増資資金が集まらなかったとしても、もう中止はできない。そこで、Zを頼る。そのほか、株価を操るにも資金が要るし、早めの換金も同様。そんな時、調達ビジネスに詳しく、大胆にカネを出すZのところが繁盛する」（増資ビジネスに精通する証券関係者）

この種のビジネスの表裏を知り、人脈があって資金力があり、もちろん回収技術にも優れているからZは第一人者になれた。

私募CBの発行が一般化した98年を、業績不振企業の「増資ビジネス元年」と捉えていいが、検察、警察、証券取引等監視委員会などの捜査当局は、このビジネスの意味するところをわからず、しばらくは放置していた。だが、粉飾決算、株価操縦といった企業犯罪の温床で、暴力団の資金源にもなっているということで、03年頃から取り締まりを強化している。

彼らは、手っ取り早くカネを儲けたいという「同じ目的を持つ者」として、ウェブ状につながっている。例えば、前述のゼクーは事件化しなかったが、同社の資金調達係の黒木正博と親しく、ともにアレンジャーを務めていた大場武生は、東京地検特捜部が摘発した大盛工業の株価操縦事件の首謀者として、全国指名手配の末、逮捕された。

大場が仕掛けていたのは、02年秋口から03年1月にかけてであり、上下水道工事の地味な会社である大盛工業が、「携帯電話かけ放題」の技術を持つ「JMネット」を傘下に収めることを材料に株価は急騰、30円台だった株価は3ヵ月で110円になった。大場は高値売り抜けで30億円を手にしたという。

NTTドコモやKDDIといった通信キャリアが承知していないのに、「4500円でかけ放題」といったビジネスが成り立つわけがない。案の定、「化けの皮」はすぐに剝《は》がれ、JMネットはサービスを開始しないまま04年、20億円の負債を抱えて倒産、05年9月、事件化した。大儲けした大場だが、利益との相殺分が多くて実利は薄く、この成功体験が忘れられず、ゼクーで旧知の黒木とコンビを組んだのだった。

この大盛工業以上に、証券ブローカー、金融業者、医療コンサルタント、アレンジャーなどの魑魅魍魎《ちみもうりょう》が関与、「アングラ経済総出演だ」と、警視庁捜査員が驚きの声を上げたのが「丸石自転車」である。

医療コンサルタントが絡むのは、経営悪化の医療法人が続出するなかで、レセプト（診療報酬明細書）が暴力団系金融業者の「メシの種」になっているからだ。倒産間際の医療法人に入り込み、レセプトを担保にカネを貸し付けて病院を乗っ取ってしまう。この分野では、安田浩進、新田修士の二人が有名だが、丸石自転車には二人とも入り込んでいた。

事件化したのは04年6月。丸石自転車前社長の八木芳雄ら会社側幹部とともに逮捕された経営コンサルタントの中村達三、医療法人松嶺会幹部の野木耕一などは、他の経済事件にも連鎖していた。

中村は、「循環取引」を使った粉飾決算で事件化した「メディア・リンクス」の資金調達に絡んでおり、その際、会社経営陣に脅されたとして恐喝事件の被害者になった。また、「ニューディール」（旧リキッドオーディオ・ジャパン）、「プライムシステム」といった企業の手形乱発事件にも、間接的にかかわった。

一方、野木は東京・日本橋の同じビル内にある「アクスル」「クエスト・ビー」といった会社の元役員。ここは「私募ＣＢ軍団」の拠点のひとつであり、野木の仲間である本多俊郎、宮城和良らが数社を経営するが、「日本ファーネス工業」「クオンツ」「井上工業」といった彼らが仕掛けた企業の資金調達について、不審なカネの流れがあったとして国税や捜査当局が、長く関心を寄せている。

山口組系弘道会傘下の元組長だった下村好男が副社長として入り込んでいたのが、ヘラクレスに上場していた「アドテックス」。再建請負人を自称する前田大作元社長が、同好会サイトの

「この指とまれ！」を運営する株式会社「ゆびとま」の社長である下村を招請、共謀してアドテックスが民事再生手続き中だった06年5月、同社から約6300万円を不正に引き出したとして、警視庁組織犯罪対策3課に逮捕されている。

前田は格闘技雑誌などを発行している「日本スポーツ出版社」の社長も兼任、「再建請負人」としての力量を見せることなく、「再生詐欺犯」のような形で逮捕されてしまったが、経営不振のアドテックスでは長谷川房彦前社長が追い詰められ、「怪しい資金調達」を繰り返しており、06年10月の家宅捜索容疑は粉飾決算だった。

警視庁としては、「暴力団の資金源」という事件構図を重く見て、そちらで立件、長谷川前社長の罪は見逃した格好だが、見る角度によっては、どんな事件にも仕立て上げられるところに、こうした「増資ビジネス」の闇の深さがある。

ひとつの事件が絶え間なく広がる実例を、もうひとつ挙げよう。

大阪府警は、06年2月、大証上場企業の「日本エルエスアイカード」元社長の笹尾明孝らを逮捕した。容疑は、特別背任や架空増資など。問題となったのは、05年4月末の増資である。同社は、ケイマン島にある投資会社に8億円のMSCBを発行、8億円は振り込まれたのだが、これは見せ金で、直後に全額引き出されたという事件だった。

このカラクリに関与したとして逮捕されたのが、貴金属販売会社「平和堂」の松澤泰生、金融業者の坂上雅夫らで、松澤には中華レストランの「東天紅」を巡る証取法違反事件で立件された過去があった。さらに遡《さかのぼ》れば松澤は、東京佐川急便の特別背任事件にも関与、笹尾もまた金融会社社長として、東京佐川急便から巨額融資を受けていた。

また、笹尾とともに日本エルエスアイカードの役員には、前述の宮城和良も就任、宮城は本多俊郎とともに西田晴夫グループといわれているし、架空増資のダミーとして8億円の行き先に使われた「知的財産特許」には、丸石自転車やメディア・リンクス事件に関与した中村達三が役員として入っていた。

中心メンバー100人が100社を舞台に暴れているというのはこういう意味であり、これまで以上の連続摘発か発行市場の規制を強化する以外に、ウェブの連鎖を断ち切る方法はなさそうだ。

東京証券取引所の官僚主義が原因の規律なき市場

東京証券取引所は、自ら判断することのない〝所〟である。株式会社になっても「役所気質」は変わらず、〝火の粉〟を被ることがないように、常に「言い訳」を用意して行動を起こす。

そういう意味で、06年末、日興コーディアルグループが粉飾決算で5億円の課徴金納付命令を受け、それを機に日野正晴・駿河台大学法科大学院教授（元金融庁長官）を委員長に発足した特別調査委員会が、07年1月30日、「組織的法令違反行為」と認定しつつも、「刑事的責任を問うほど悪質ではない」と、結論づけた時から、東証は日興コーディアルの「上場維持」を決めていたのだろう。

「組織的法令違反」という認定通り、日興の粉飾は悪質だった。

日興は孫会社の「日興プリンシパル・インベストメンツ・ホールディングス」（ＮＰＩＨ）を通じて、コールセンターの「ベルシステム24」を傘下に収めたが、その際、日興の連結決算とせずに、株式評価益のみを利益に取り込んで決算を粉飾した。

この〝お手盛り〟の決算を通すために、日興はベンチャーキャピタル（ＶＣ）条項を利用、監査法人の旧中央青山を強引に説得、ＮＰＩＨの非連結化に適正意見を出させている。ＮＰＩＨの親会社の「日興プリンシパル・インベストメンツ」（ＮＰＩ）にはベルシステム24株の高騰で利益が発生、逆にその分、ＮＰＩＨには損失が発生して差し引きゼロなのに、連結対象のＮＰＩの利益のみ計上していいはずがないという常識とモラルが、「違法ではない」という誤ったコンプライアンスで封印されている。

ファンドを連結決算から外して決算を粉飾する――ライブドアとまったく同じである。利益を上げたいという思惑も、ファンドのご都合主義的な解釈も、監査法人の強引な説得も、よく似ている。違いは、ライブドアが「何をするかわからないベンチャー企業」で、日興が「上場企業と市場の監視役も担う大手証券」という立場だろう。だとすれば、悪質なのは日興である。市場から退場させたライブドアの例に倣えば、速やかに日興も上場廃止にすべきだったし、証券界はそうすると予測していた。

「日興コーディアルグループ　上場廃止へ」と、『日本経済新聞』が「スクープ」したのを機に、07年2月下旬はどのマスコミも「上場廃止」を前提に報道した。ところが東証は同年3月12

日、「上場維持」を決める。

取材に当たった日経新聞の記者によると、「複数の記者が、金融庁、東証のしかるべきポストの人間から裏を取った結果であり、誤報となったのが信じられない」という。

個々の判断としては「上場廃止」だが、東証総体として「上場維持」を決めたということなら、冒頭に書いたように、「ヤメ検」の日野教授を委員長とする特別調査委員会が出した結論に、最初から従うつもりではなかったか。企業側の結論に東証が従うというのもおかしな話だが、日野は事前に検察首脳に「刑事告発が妥当かどうか」を〝内々〟に問い合わせ、「刑事事件にはなじまない」と、示唆されたという。それが東証にも伝わった。

もともと、上場廃止にして投資家の権利を奪うことによる摩擦を嫌う東証は、上場廃止に消極的だ。数多いゾンビ企業の存在がそれを裏づける。西武鉄道、カネボウ、ライブドアと、過去に上場廃止となった企業の共通項は刑事事件化していること。投資家との摩擦を回避しつつ、取引所としての体面を保つのが、「刑事事件化した企業は上場廃止にする」という選択なのだ。

そんな東証の事なかれ主義、官僚主義が、東証を揺さぶり、大証にたいへんな迷惑をかける〝鬼っ子〟を生んだことがある。

大証ヘラクレスに上場する「プライムシステム」――91年、「ユアサ商事」を脱サラした永田仁が設立、最初は一般的な情報システム会社であったが、永田の積極的なM＆A戦略によって、次々に事業分野を拡げ、規模を拡大、折からのＩＴブームに乗って、01年2月、上場を果たした。

その勢いを駆ってプライムシステムは、02年2月、東証の子会社の「東証コンピュータシステム」の株式を取得、業務提携する。同社は、株式売買の計算処理やシステム開発を行う東証の心臓部を担う会社だった。「東証コンピュータシステムをIT企業としてさらに成長させるため」と、東証は説明したが、プライムシステムに株式の65％を売却するのだから「売り切り」に等しく、東証の株式会社化を前に子会社を整理したと見るのが正しい。

問題はこの時すでに、プライムシステムの経営が傾いていたことだ。拡大拡張路線のピークが東証コンピュータシステムの買収。この時の買収金額は32億円で、プライムシステムの資金繰りはさらに悪化した。

永田は買収直後から金策に走り回るようになり、「東証」の看板を利用した。

ある金融業者が当時を振り返る。

「永田さんね。ウチにも来たよ。『東証関連会社の親会社です。担保はあります』といっていたけど、事業内容がよくわからないから断った」

手形が街金に出回り、会社が大急ぎで回収したこともあった。台所は火の車で、こんな時に頼るのは、「私募CB軍団」しかない。永田は、市場にうごめくブローカーやアレンジャーに助けを求め、02年9月、03年5月、同年7月と3回にわたって第三者割当増資を実施、44億円あまりを調達した。

この過程で永田には、警視庁捜査関係者が「アングラ経済総出演」と驚いた丸石自転車に取りついたのと同じメンバーが群がるようになった。

黒木正博、安田浩進、中村達三、新田修士、呉文鉄……プライムシステムの手形が医療法人などに流出したのはそのためだ。

こうなってしまった企業に再生はない。大量の発行済み株式を抱えてマーケットに沈み、業績は浮上しない。ただ、プライムシステムの場合は驚くような利用のされ方をして、大証を悩ませた。「1円の買い」「2円の売り」という究極のゲームに利用されて、大証は何度もシステム障害を起こしたのだった。

「ロータス投資事業組合」というファンドが、第三者割当増資を引き受け、過半を握る筆頭株主となったのは、04年7月だった。事実上の運営者は、「ソブリンアセットマネジメントジャパン」を経営する阪中彰夫。丸石自転車に関与、サハダイヤモンド、「ペイントハウス」などの「増資ビジネス」にも関与した、この分野の大物だ。

ロータス投資事業組合がオーナーとなったプライムシステムは、04年11月、「サンライズ・テクノロジー」と社名変更、丸石自転車の事業を継承した会社を32億円で買収した。これは債務の株式化によるもので、そのほか行使価格1円での第三者割当増資など人を食ったような調達を続け、結果として発行済み株式数は、トヨタ、新日鉄をはるかに上回る149億株となり株価は最低の1円に張り付いたが、少しでも上がれば2円で倍だ。そこで、「1円買い」の「2円売り」という不毛の投資が繰り返された。

この騒動は、上場廃止逃れの1000株を1株に併合するというサンライズ・テクノロジーの〝奇策〟で終結、その後もおかしな資金調達を繰り返す目障りな会社であったが、監理ポストに長く割り当てていたサンライズ・テクノロジーが、適時開示違反を行ったとして、大証は07年5月24日の公表、同年6月25日の実施で上場を廃止した。

東証を揺るがせ、大証を困らせ、市場の信頼を損ね、投資家に迷惑をかけた旧プライムシステムはようやく退場したが、この問題を招来した東証は、「我関せず」の姿勢を貫いた。驚くべき官僚主義。日本経済の根幹を握っているという気概も責任感も感じられない。この東証に、M&A合戦が続く世界の証券市場を制するパワーを期待するのは無理というものだろう。

第五章 「秩序」とぶつかる外資・ファンド・事業会社

ＵＳＪを買収して再建に導く「ゴールドマン」

「最強外資」と呼ばれる米大手証券ゴールドマン・サックス東京支店は、日本のオフィスビルのなかで注目度が最も高い「六本木ヒルズ」のなかでも、さらに別格の存在である。フロア階に専用の入り口を持ち、その奥に同じく専用のエレベーターが稼働する。

１８６９年、米ニューヨークで創業した手形商。社名は、創業者のマーカス・ゴールドマンと義理の息子のサム・サックスに由来する。厳選した人材に大胆な勝負をかけさせることで知られるゴールドマンは、１９９９年までは選ばれた社員が株を持ち、経営に当たるパートナー制を敷いていた。

エリートによる秘密主義のパートナー制が持ち味だったゴールドマンは、99年に株式を公開したことにより貪欲で攻撃的な側面がさらに強まったといわれるが、ちょうど、そのあたりから日本での快進撃も始まった。

ゴールドマンが日本でその存在をアピールしたのは、98年、ＮＴＴドコモ（当時はエヌ・ティ・ティ移動通信網）の株式公開で主幹事を務めてからである。その頃は、上場企業の主幹事は国内大手証券が務める時代であり、日本の証券界に激震が走った。しかしそれは前触れに過ぎず、同じ98年に長銀、日債銀が相次いで破綻、リップルウッドによる長銀買収では政府側の、ソフトバンクによる日債銀買収ではソフトバンク側の、それぞれアドバイザーを務めた。

それ以降も大型M＆A案件には何度もかかわり、「ダイムラークライスラー」と「三菱自動車」、「ロシュ」と「中外製薬」、「スクウェア」と「エニックス」などでアドバイザー役を務め、2003年には三井住友フィナンシャルグループに1500億円を出資、以前から親密だった同行との関係をより深くした。

05年10月から郵政公社が郵便局の窓口で販売する投資信託の委託・運用会社3社のうちの1社に選定された。民間金融機関が狙う「郵貯マネー」の獲得に、いち早く足場を築いた格好になる。

東大生が殺到する採用試験。できる社員は「億」を稼ぐという高収入。反面、無能の烙印を押されれば、即、解雇の厳しさなど、ゴールドマンの存在は、優勝劣敗の法則が貫徹する欧米金融の象徴である。

象徴ということは、「ハゲタカ」と誹《そし》られてきた「外資」を代表するという意味でもあり、新卒で1000万円、管理職となれば数千万円の年収はザラという高収入へのやっかみもあって、良く書かれることは少ない。

それは、市場や企業の〝歪み〟に目をつけて、それを修正する過程で利益を得るゴールドマンの、というより国際金融資本の手法のせいでもある。証券市場において、実態より安く株が流通していれば「買い」で、高ければ「売り」は常識だろう。同じように、資産は豊富なのに経営陣が無能で資産が生かされていなければ、その企業は買い占めて、修正してやる必要がある。いったん未上場にして再上場してもいいし、売却してもいい。

これは市場をもとにした資本主義の原則だろう。そこに「欧米」も「日本」も区別はないはずなのだが、「外資」がシビアにそれをやれば、「ハゲタカ」と誹る。そんな時代が長く続いた。だが、「外資」よりもっと強力な「ファンド」の勃興《ぼっこう》が日本の意識を変えた。

ファンドは「カネの塊」であり、露骨に強欲な存在ではあるが、20世紀末から我々は、ファンドが企業を再生、株価を上げ、不動産流通を活性化させるという「ファンド資本主義」を目の当たりにしてきた。そして、その経済効果を目の当たりにするにつれ、「外資」や「ファンド」に対する、日本人の意識も徐々に変わってきた。

もちろん、人の意識は保守的で、既存の権益を持つ企業や集団が、「秩序」の側の監督官庁や捜査機関と結びつき、調子に乗った「ホリエモン」や「村上ファンド」で見せたように鉄槌を下すことがある。外資やファンドは、まだ無条件では受け入れられていない。

だが、〝歪み〟を正すことぐらい、まっとうで簡単なビジネスはない。ゴールドマンの高収益は、それを愚直に高度に進めているといっても過言ではなく、その典型例として、大阪の「ユニバーサル・スタジオ・ジャパン」（ＵＳＪ）を挙げることができる。

ハリウッド映画の世界で遊べるＵＳＪ――大阪の市街地近くという立地と、米国では２ヵ所で開業、それぞれ高い集客力を誇っているというユニバーサル・スタジオの人気から、東京ディズニーランドと並ぶテーマパークになると期待され、01年にオープンした。

初年度は、期待通り爆発的な人気。だが、それ以降は赤字基調が続いていた。

さまざまな理由が考えられた。まず、リピーターの確保が容易ではないというテーマパークに共通の課題を抱えていた。また2年目には、水飲み器への工業用水の混入、賞味期限切れの食材の利用、ショーで使う火薬量の許可以上の使用など、不祥事が連続したこともある。

ただ、それ以上に問題だったのは、USJの経営母体がハッキリせず、それゆえ思い切った決断のできない第三セクターだったからだろう。大阪市が25％、米ユニバーサル社が24％、残りを地元企業が出資するという経営形態。大阪市関係者ですら、開業前からこの第三セクター形式での運営を危ぶむ人は多く、結果、怖れていた通りになった。

「コスト意識がないから、仕入れやメンテナンスはネゴなしの丸投げ。不祥事が起きれば責任回避に努め、改革のリスクは冒そうとしない。そんな役人根性で、どうしてサービス業ができますか」（大阪市役所幹部）

USJ改革の気運が高まったのは05年に入ってからだが、その頃、大阪では市役所職員の過剰な手当や緩慢な勤務態度が問題になっていた。カラ残業にヤミで支払われる退職金や年金、そしてスーツの支給——税金をかすめ取るのが〝習い性〟となっている「官」に、民間のサービス業など経営できるわけがないと思わせた。

代わって登場してきたのは、「民」のなかでは厳しさは折り紙つきで、資本市場の論理を世界で体現するゴールドマンだった。

ゴールドマンは、世界規模でM＆Aを推進、業界を改編する投資銀行であるとともに、世界の不動産や企業に投資するファンドの側面も併せ持つ。千葉の「習志野カントリークラブ」や茨城の「石岡ゴルフ倶楽部」などの著名コースを含む80近いゴルフ場を所有、「神戸メリケンパークオリエンタルホテル」「ホテル日航アリビラ」、熊本の「ホテルセキア」などホテル事業にも積極的に取り組んでいる。

そうしたファンド運営者の立場からすれば、巨額赤字は抱えているものの、サービスに縁のない役人が運営、ムダの多いＵＳＪは「買い」だった。05年7月7日、ＵＳＪは第三者割当増資で総額２５０億円分の優先株の発行を内定。同月21日に開いた臨時株主総会で、引受先をゴールドマン・サックス系投資ファンド（２００億円）と、日本政策投資銀行（50億円）にすることを承認した。

ゴールドマンはしたたかである。仮に再生や修正に失敗しても、リスクを最小限に抑える「条項」を契約に盛り込んでいた。まず、２５０億円の増資には、「２０１２年までに上場できない場合は全額払い戻す」という違約条項があった。また、優先株の価額は1株4万５０００円と、大阪市などが出資した時から1割ダンピング。しかも株式上場時に、優先株1株が2株になる転換条件がつけられていた。その結果、上場時に株式を転換すれば、ゴールドマンは46・5％を所有する筆頭株主になるのだった。

ＵＳＪの経営悪化は、事なかれ主義の無責任体質が原因だった。年間入場者数を甘く見積もり、その数字をもとに返済計画を立てていたため、年間返済額が収益を圧迫、大阪市は開業以来、支援を続け、その融資総額が２３０億円にも達していた。

「もうこれ以上、支援できません」と、関淳一市長は白旗を揚げ、04年6月、それまでの大阪市ＯＢに代わって社長に就任したのが、米ユニバーサル社の経営幹部だったグレン・ガンペルだった。テーマパークのプロであるガンペルは、コストダウンを含めた財務構造の改善とエンターテインメント性の向上を手がける。

ゴールドマンが資本参加して財務に規律が生まれ、ガンペル路線によるハリウッド・ドリーム・ザ・ライドといった新規アトラクションのオープンなどで、ＵＳＪの収益は改善する。06年3月期までの経常欠損は07年3月期に解消され、売上高は７２０億６２００万円（５・６％増）、経常利益は52億７３００万円だった。この増収増益傾向は、その後も続いており、上場が視野に入ってきている。

リスクヘッジしたうえでの資本参加と、収益改善の仕掛け。そのしたたかさに、当初は、「ハゲタカ外資批判」があった。だが、しがらみを引きずる大阪市には経営改善などできなかった。ゴールドマンはそれを読み切り、果敢に赤字続きのＵＳＪを「買い」に行った。ハゲタカ批判は当たらず、逆にファンドが日本に刻んだ成功例なのである。

「経済合理性の追求」と「強欲」の紙一重

ＵＳＪだけでなく、外資やファンドが、リスクに挑戦して成功したものは少なくない。新生はリップルウッド、あおぞらはサーベラス、東京スターはローンスターと、ファンドによる銀行再生は軌道に乗り、ジョージ・ソロス傘下の「イシン・ホテルズ・グループ」、ローンスター、モルガン・スタンレーなどによるホテル買収は、それぞれ成果が出始めている。また、ゴルフ場買収に早くから取り組んだために、ゴールドマンがトップ、ローンスターが2番目となったゴルフ場再生ビジネスは、運営会社の上場で、十分なリターンを得るに至った。

モルガン・スタンレーが先鞭をつけたオフィスビルの買収、新生銀行だけでなく、「ナイルス」「旭テック」「日本シャクリー」などの企業再生も手がけているリップルウッドなど、不動産取引の活性化や企業再生に果たした外資やファンドの役割は大きい。

そこには、いずれも経済合理性を無視したそれまでの経営の歪みがあった。「銀行不倒神話」を維持するために粉飾決算は常態化、リゾート法の成立で勢いを得たバブル期のリゾート乱開発はそのまま打ち捨てられ、預託金商法のゴルフ場は身動きが取れなかった。

そこに、しがらみのない外資が乗り込んで、不必要なものは切り離し、コストカットを実現、預託金は認めず、不動産は収益還元法（不動産価値の評価方法。その不動産から将来得られるはずの価値を現在の価値に換算して評価する）で蘇らせた。その刺激が、21世紀に入ってからの株価上昇、不動産の底打ち後の反転、金融機関の収益向上による再生につながったことを否定できる人はいまい。

しかし、経済合理性の追求と強欲は紙一重である。

国が約7兆9000億円も投入して破綻処理した旧長銀を買収した「ニュー・LTCB・パートナーズ」（リップルウッドが組成したファンド）が、日本に上場益を落とさなくて済むようにオランダを本拠地にしたことは第一章で詳述した。スキーム考案者で新生銀行社外取締役のクリストファー・フラワーズは、上場時に個人会社でも持ち株を売却。だが、課税は逃れている。

節税は国際金融の常識である。「日本への納税義務はない」といった、ファンド出資者の声が聞こえてきそうだ。だが、国のカネで救済された銀行（企業）の果実（上場益）を、当該国に落とすのは当然という感性は、国籍にかかわらず持つべきだろう。それが国際性であり、それを無視した強欲は、いつまでも忘れられず、こうして語り継がれる。

同時に、今も謎とされているのは、国際金融で数限りない場数を踏んでいるゴールドマンが、政府側のアドバイザーとして、課税権が日本にないことや、瑕疵担保条項のような融資先企業を追い詰め、先々、政府の支払いが増すような条件を、なぜリップルウッドに認めたかである。

政府は守秘義務をタテに、両者の間で何が話し合われ、ゴールドマンがどんなアドバイスを与えたかを明らかにしない。だが、表面的事実からは、ゴールドマンのアドバイスは有効ではなく、シビアな外資とも思えない。そこに、長銀買収の前年までゴールドマンのパートナーだったフラワーズの影響力を感じる人もいる。

実は、ゴールドマンのあまりに大きな影響力のせいか、利益相反を疑わせる動きに不信感を持つ人は少なくない。

「最強外資」のゴールドマンで、「帝王」と呼ばれるのがゴールドマン・サックス証券日本法人で社長を務める持田昌典だ。54年生まれの若さで「帝王」となったのは、30歳で旧第一勧銀からゴールドマンに転職してから同社一筋という経歴と、収益を上げるためなら、あるいはビッグディールのためなら、寝食を忘れて取り組み、接待供応はもちろん、時には裏切りも辞さない強引なビジネスを展開するからである。

ライブドアがフジサンケイグループと熾烈な戦いをしていた05年3月、持田が「お手伝いしたい」とやってきて、最後には「フジにつきます」と別離宣言、ライブドアの顰蹙《ひんしゅく》を買ったことがある。

「さんざん情報を聞きだし、協力するふりをして逃げていった。およそ信頼関係を築ける人ではありません」（ライブドア幹部）

業界を啞然とさせたのは、04年5月のソフトバンクによる日本テレコムの買収。この時、ゴールドマンは「買い手」であるソフトバンクのアドバイザーに就くのだが、1年前にリップルウッドがボーダフォンから日本テレコムを買収する時、リップルウッドのアドバイザーに就いていた。また、ゴールドマンは日本テレコムの出資者でもある。

つまりゴールドマンは、リップルウッドの関係で、できるだけ「高く売る」という立場の企業ながら、ソフトバンクのアドバイザーである以上、できるだけ「安く買う」のを余儀なくされる。持田はこの時、リップルウッドとソフトバンクの双方が同意しているので「問題ない」という立場だったが、そんな問題ではない。金融機関としての節操のなさが問われている。

もちろん、しがらみがなく、その分自由な外資は、ゴールドマンに限らず、「収益のノルマ」に追われて限界を超える。

ライブドアに８００億円分のＭＳＣＢを発行させ、それを引き受けたリーマン・ブラザーズは、堀江貴文に一世一代の大勝負をさせ、堀江はそれに勝ち、リーマンは２００億円近い利益を得た。だが、「秩序」はそれほど甘くない。獄に落ちた堀江は自業自得だが、無謀な挑戦をさせたリーマンにも当然、責任はある。

国外追放処分を受けたシティバンクも同じだろう。日本にプライベートバンクという富裕層向け金融機関の存在を教え、「リスキー」から「安定」までのさまざまな商品を提供する機会を与えたのは評価できる。だが、追放原因のひとつは、プロでも難しいデリバティブを、高齢者に売りつけていたこと。これはほとんど詐欺だった。

「MMH」で逮捕情報が流された三木谷浩史

「楽天・三木谷浩史」「M&Aコンサルティング・村上世彰」「ライブドア・堀江貴文」の共通項は、電波の割り当てを受け、放送法に守られたテレビ局の経営権を狙い、逆襲を受け、マスコミの力で葬り去られようとしたことである。

3人の頭文字を取って「MMH」という符牒《ふちょう》が、東京地検特捜部の「逮捕予定者」として、社会部記者などに伝えられたことがある。

テレビ局を狙えば地獄に落ちる――それほどの力がマスコミにあるかどうかは定かでないが、六本木ヒルズに本社のある「ヒルズ族トリオ」の最後に残った三木谷の逮捕で、検察が、一時、経済界における「小泉劇場」の幕を下ろそうと考えたのは確かである。

06年1月に堀江が逮捕、同年6月に村上が逮捕され、「次は三木谷」の声が高くなった。村上は、「買ってくれるとうれしいな」と、ライブドアを誘い、堀江が04年11月8日、「頑張ってます」といったのを機に、「インサイダー取引」が成立したとして逮捕された。

一方、三木谷は、村上が5％以上のTBS株を保有しているのを知り、提出を義務づけた「5％ルール」によってそれが公表される05年10月14日までに、一気に買い進み、公表前日の10月13日、15・46％のTBS株を保有していることを発表した。この買収が、村上から示唆されたものであれば、村上事件との兼ね合いから、当然、インサイダー取引を疑われることになる。

マスコミは第4の権力である。それは「権力の監視役」としての権力ではあるが、政界、官界、経済界、司法界と結びつくことによる権力でもある。

当然、「最強の捜査機関」である地検特捜部は、マスコミ司法記者会との間に強固な関係を築いている。「特捜案件」と呼ばれる地検特捜部摘発の事件は、細大漏らさず、しかも検察の意向に歯向かうことなく報道するという〝黙契〟は、マスコミの拠って立つ基盤を示す。「政官財」とは等距離でつきあっても、検察とは気持ちを同じくするという一体感。そこには、「秩序」は自分たちが検察とともに守るという気概がある。

そんなマスコミは、「夜討ち朝駆け」で取材に来られる煩わしさを別にすれば、検察にとってかわいい存在である。口は汚くとも態度で愛情を示す。

それだけにマスコミの危機には検察も敏感になる。まして、「秩序」の裏をかいてカネ儲けを企むような連中だからと、狙われたテレビ局には同情が湧く。そんな特捜部に、旧知の社会部記者などから持ちこまれる資料と情報。三木谷も堀江も村上も大株主としてテレビ局と対面、資料の交換を行っている。ライブドアには、フジテレビから社外取締役さえ派遣された。各テレビ局から検察に、そんな情報交換を通じて得られた材料が提供されたと見て間違いあるまい。

まして、「時代の先端」は、検察・警察といった捜査当局にとって、〝お客さん〟である。注目度は高く、摘発には一罰百戒の効果がある。それに「先端者」は「異端児」であり、心に熱狂を秘める。そんな人間でなければ先端を疾走しない。

その芽を摘む捜査当局やマスコミといった秩序の狡《ずる》さは置くとして、三木谷は「MMH」の最後のひとりとして何を狙われたのか。インサイダー取引を疑われたのは確かだが、その頃、三木谷は不動産に絡む「逮捕情報」を流されて、風評被害も受けていた。

それを「秀吉ビル問題」というが、その頃三木谷はアングラ情報も含めてたいへんなバッシングに遭っていた。

三木谷浩史

秀吉ビルとは、銀座5丁目の並木通りに面した老朽化したビルのことで、敷地面積は約70坪に過ぎない。05年7月、楽天証券系ファンドが傘下に持つ「クオリケーション」が買収した。価格は約46億円。借地権のみの売買であったが、すでに不動産の「銀座バブル」は始まっており、坪単価約6600万円は妥当な価格だったろう。

この売買が、06年春頃からなぜか問題となってくる。右翼が街宣活動を始め、ネット上で楽天攻撃が活発化、捜査当局が内偵を開始した。まずは、右翼団体が三木谷浩史社長に宛てた「抗議文」を掲載しよう。

「同ビルの事件性については添付の訴状等の写しに譲るが、複数の暴力団が介在していることが周知の事実となっている物件について、暴力団に対する利益供与と取られても致し方ないような行為は、非難されてしかるべきではないでしょうか」

秀吉ビルは増築したこともあって、不動産登記上は、地下1階から5階までの物件Aと5階の一部と6階を所有する物件Bに分かれていた。このうち物件Aは広域暴力団系の企業舎弟といわれるX社が購入、物件Bについては、京都の不動産会社などを通じて最終的にX社が取得した。

権利関係のややこしい不動産物件に、暴力団の企業舎弟が関与することはよくある。それを「暴力団への利益供与」といわれてしまったのでは、楽天も立つ瀬がない。

ただ、クオリケーションは他にも、間に「ケーストーン」という不動産会社を介在させて六本木の麻仁ビルを暴力団系不動産会社から取得していた。どうしてこんなややこしい案件にばかり手を出したのか。

クオリケーションの関係者が解説する。

「企業舎弟と、直接、交渉したわけではないんです。秀吉ビルも麻仁ビルも六本木で飲食店を経営する会社の不動産部門であるケーストーンから購入しました。秀吉ビルに名前が残っていないのは、手付け段階だったからです。我々はこうした物件を取得後に、楽天証券に身売りしました。楽天証券は不動産の証券化ビジネスに進出したいということで業者を探しており、スポンサーが必要だった我々と思惑が一致した。秀吉ビルや麻仁ビルといった物件を抱えて、買収されました」

　複雑な話ではあるが、諸権利の流れを記すと、次のようになる。企業舎弟（麻仁ビルは山口組系で、秀吉ビルは稲川会系）→ケーストーン（秀吉ビルは手付けのみ）→クオリケーション。そして、クオリケーションの株式が、楽天証券系のファンドに移ったので、「楽天はヤクザ絡みの不動産を購入。それは、暴力団に利益供与するためだ」という情報につながり、右翼攻撃まで始まった。

　ずいぶん遠い話であり、こじつけに等しい。こんなことで捜査当局が捜査着手するとは思えないのだが、当時、検察、警察、公正取引委員会といった捜査当局が、楽天に関心を寄せていたのは事実なのである。

　その頃、楽天ナンバー２の國重惇史副社長は、特捜部や証券取引等監視委員会に何度も事情聴取されたことになっていた。当時、國重が嘆息していったものだ。

「検察や証券取引等監視委から事情を聞かれたことはない、と断言します。堀江、村上と続いて次は三木谷という連想でしょうが、あまりに短絡的ですよ」

ＴＢＳが持てる力を総動員して楽天を排除

「楽天バッシング」が、「ＭＭＨ」の連想から来ているのは事実である。だが、「短絡的」と見るのは少し違う。捜査は短絡的に流れるものである。ホリエモン捜査の際の証言と証拠が村上事件に使われたように、村上事件が三木谷に向かうこともあれば、村上人脈の政治家や官僚に伸びる可能性もあった。

それが「特捜の手法」ではあるが、三木谷がTBSにとって煩わしい存在で、TBSの幹部が若手に対し、「三木谷捜査につながるものを探してこい」と、命じていたのは確かである。それは「業務命令」というほどに強いものではないものの、「反三木谷」で固まったTBS報道局の姿勢が、特捜部、警察、国税、証券取引等監視委、公取委などを動かす「空気」を生んだのは事実だろう。

本来、三木谷は堀江などと違って、「大人の対応」をする経営者だった。三木谷の知人のベンチャー経営者が、その人柄と手法をこう語ったことがある。

「オリジナリティのなさがミッキー（三木谷の愛称）の弱みでもあり、強みでもある。大人で、計算ができて、実行力もある。ただ、ビジネスのカンはそれほど良くはない。ホリエモンには完全に負ける。ネット証券への進出、金融会社（「あおぞらカード」や「国内信販」）の買収が出遅れて、高い買い物になったのはそれが原因だ」

カンの悪さを補う側近がいればいいが、体育会的気質で、ワンマンでなければ気が済まないので側近を置けない。ただ、逆に2番手で追いかける慎重な姿勢や、長幼の序を重んじる気質が、摩擦を起こさないM&Aにつながり、大企業経営者にとってはつきあいやすい相手だった。

東北楽天ゴールデンイーグルスのアドバイザリーボードに、奥田碩トヨタ自動車会長（肩書はいずれも当時）、牛尾治朗ウシオ電機会長、斎藤宏みずほコーポレート銀行頭取、西川善文三井住友銀行前頭取、大橋洋治全日空会長などの〝お歴々〟をズラリと並べた手口はいかにもあざといが、安定感はある。

それだけに05年10月の後先を考えないTBS株の取得は、三木谷のイメージを変えた。「敵対的買収」の難しさは、興銀勤務時代から知っていたはずである。それがTBS買収では、「一文無しになってでもやる」と、言い切った。三木谷にも当然、起業家としての〝熱さ〟があるということなのだが、当初からドロ沼の争いをするつもりはなかったという。

「楽天にはアドバイザリー契約を結んでいるゴールドマン・サックスがついていて、2000億円までの資金調達枠を用意していました。05年9月には米本社からポールソン会長（現米財務長官）が来日、三木谷氏とTBS買収問題を話し合っています。ただ、対外評価を気にするゴールドマンは、敵対的買収には否定的です。当初は、楽天がホワイトナイトとして入って行き、それをゴールドマンが財務面で支援するという計画でした」（外資系金融機関幹部）

この場合、敵となるのは村上ファンドである。05年10月14日に村上ファンドが「大量保有報告書」を提出、その時、三木谷はTBSに支援を申し出て、村上ファンドから株を買い取るか、TBS側について防御するかのどちらかを想定していたという。敵をつくりたくない三木谷らしい。

だが、その作戦は取れなかった。村上が「下りる」ことを決めたからで、おそらく三木谷は、途中から「小細工をやめた勝負」に打って出ることを決めたのだろう。そこで三木谷は、村上フアンドが購入を公表する前に、ある程度の株を押さえておく必要があった。

それが結果的に、TBSにケンカを売ることになったわけだが、前出の知人によれば、誠意のないフジテレビやTBSといった企業に飽き飽きしていたのだという。そして、こんな印象的な言葉を残している。

「いい子でいるのはもうやめる」

フジテレビがホリエモンと争っている時、三木谷はフジ側につくと宣言、自分がホワイトナイトとなることも含めて、幾つもの提案をした。だが、結局、フジが選んだのはSBIホールディングスの北尾吉孝代表だった。

TBSにしてもそうである。05年の春先から何度も資本提携を持ちかけていたのに、井上弘社長はのらりくらりして言質《げんち》を与えない。あげく同年8月末、TBSが企業防衛のために打ち出した増資策では、楽天を除外、電通やビックカメラに第三者割当増資を引き受けさせた。これが「いい子をやめる」きっかけとなったという。

楽天の経営統合提案から1年半が経過した07年6月のTBS株主総会は、三木谷が自分と増田宗昭「カルチュア・コンビニエンス・クラブ」社長の二人を社外取締役に選任するよう株主提案。だが、否決された。

06年11月には、靴小売チェーン「ABCマート」のオーナーである三木正浩会長が代表の「イーエム・プランニング」が、突如、大株主として登場。9%の議決権を持つ三木の支援を期待したが、結局、三木の狙いは「自分の娘のTBS入社の支援」にあったのか、入社を済ませれば3

分の2を売却、共同歩調を取ることはできなかった。

結局、07年6月以降も、出口の見えない膠着状況が続いている。TBSは業務提携の「具体的提案が出ない」というのだが、出ないのではなく「仮想敵」の楽天と組むつもりがないのである。

楽天の平均年齢30歳で平均年収600万円に対し、TBSは49歳で1500万円。この数字にTBSの拒否理由が示されている。平均年齢49歳とは、冒険を避け、失敗をせず、第二の人生をどう送ろうかと考え始める時期である。1500万円の給与は役所はもちろん、どんな企業より高い。そんな境遇を捨てたい人はいないだろう。

一方の楽天は、何度でも失敗が許される年齢だし、チャレンジをしなければならない時期である。仕事が面白くなってくるのもこれからだ。600万円は同年齢にしては高給だが、転職してもそれぐらいは稼ぐ自信はあるだろう。TBS幹部としては、そんな「若造集団」に呑み込まれるぐらい怖いことはない。「残りわずかな会社員生活に、なんてことをしてくれるんだ」という思いである。

したがって、企業価値をどちらが上げるかといえば、楽天に違いない。自分たちの将来のために、放送局という器と豊富なコンテンツを最大限に使い、チャレンジする。おそらく不要な管理職や、ムダな経費の多さにびっくりすることだろう。

結局、経済原則と合理性に従えば、「理」は楽天にあるのだが、人の気持ちを考えず、手順を無視したから他の株主の賛同を得られない。逆にTBSは、「権力」を使って「三木谷排除」にかかり、その複合作戦の前に、三木谷も沈没させられそうになった。一度、確立した「秩序」は、かくも固く強いという証明なのである。

証券市場を活用する事業会社に冷たい視線

「時価総額経営」を最初に打ち出したのは、ソフトバンクの孫正義だろう。そのバックボーンは、孫の「軍師」だった頃の北尾吉孝である。北尾は97年に著した『「価値創造」の経営』（東洋経済新報社）のなかで、「株主価値と企業価値を一体化、株式時価総額を上げることが企業価値を上げることだ」と力説、一時はそれがソフトバンクグループの方針だった。

今は、地域社会やステークホルダーに配慮、「強くて尊敬される企業」でなくてはならないという北尾の考え方の変化については、第二章で語ってもらった。それは孫も含めたソフトバンクグループの「成熟」を意味するのだろうが、企業価値を株式価値に見立て、その総額で優劣を競うというM&Aの世界の現実を無視することはできない。

例えば、世界一の鉄鋼メーカーを一代で築いた「アルセロールミッタル」のインド人会長であるラクシュミ・ミッタルである。過去18年の間に20件のM&Aを繰り返し、新日鉄を追い抜いた。今や粗鋼生産量で新日鉄の3倍、株式時価総額で2倍である。

M&A合戦になった時の勝負はついていて、技術力、人的資産、政治力は新日鉄のほうが上でも、アルセロールミッタルが新日鉄を呑み込む。それに正式な買収提案はないが、すでに新日鉄は、無理難題を押し付けるミッタルに対し、防戦一方の戦いを強いられている。

株価は、企業にとって最大の価値ではないが、できるだけ高いほうが企業防衛のうえからもM&Aという成長戦略のためにも望ましい。かつて、「株式持ち合い」によって企業が守られていた頃、「株価は気にしない」と、信じられない暴言を吐くサラリーマン経営者がいたが、今はさすがに、株価をできるだけ上げたいと願う経営者ばかりだ。

ただ、それが過度に走ると、マネーゲーム批判にさらされ、一方、愚直に事業だけを展開、証券市場にIRなどを通じてメッセージを発することが少なければ、評価を得られず、市場の端に沈んでしまう。

株の世界は難しいが、「株価刺激策」では投資家の間でよく知られている企業がある。東証1部に上場する「インボイス」と東証2部の「プリヴェ企業投資ホールディングス」(プリヴェ)。両社の株価は、何度もテコ入れしているのに落ち続け、05年夏とその2年後を比較すれば、プリヴェが約6分の1、インボイスが約3分の1だ。

この厳しさを、「投資家の目の確かさ」と読めばいいのだろうが、ゲーム的な要素のある株式市場で、投資家がゲームを続けさせないシビアさは、なぜそうなったかも含めて検証すべきだろう。

プリヴェを率いるのは松村謙三社長。「ジャーディン・フレミング証券」「スミス・バーニー証券」などを経て独立した国際金融のスペシャリスト。ベンチャー投資やM&Aの世界では有名な金融マンだったが、03年5月、富士通から「神田通信工業」を買収、持ち株会社のプリヴェが、神田通信工業などを子会社として従える形となった。

その後、プリヴェは投資会社として活発に活動、M&Aによる再生と増殖を繰り返すことになる。

そして、証券界の注目を集めた仕掛けが、05年2月に発覚した丸三、東洋、水戸、いちよし、高木といった中堅5証券の買い占めである。信用取引で株を買い、MSCBで300億円を調達、さらに株を買い増すと宣言した。

この中堅証券5社の「ブロック買い」は〝奇策〟として批判された。プリヴェがどの証券を買収するかがわからないと、5社の株価がいっせいに高騰。ところが300億円の調達を発表した05年3月14日の2週間後、プリヴェは持ち株のすべてを、傘下企業に売却したのだった。

プリヴェには含み益が発生、「目的は株価の吊り上げじゃないか」という批判が、買い占められた証券会社はもちろん、証券界全体に広がるのも無理はなかった。

一方、インボイスも〝奇策〟を弄した。もともと「請求書代行業務」という地味な作業が「本業」のインボイスは、木村育生社長の戦略的市場利用によって株価を高めに保っていた。株式分割はライブドアの100分割がよく知られているが、03年12月、21分割を実施、株価を急騰させ、急落過程でも以前の水準には戻らないことを実証したのはインボイスだった。

こうしたマーケット利用によって株式時価総額の増大に努めたインボイスは、M&Aを成長戦略にしており、05年にはマンション販売会社の旧「マルコー」、06年にはライブドア傘下だった「ダイナシティ」を買収して、マンションを中心とする不動産事業への進出を急ピッチで進めている。

そうしたインボイスが証券界を驚かせたのは、04年9月末時点での全株主にストックオプションを付与するという発表だった。権利が発生するのは04年11月12日以降で、権利行使価格は2万2300円。大胆な発表はインボイスの名を市場に高からしめた。

だが、考えてみれば実態は「証券会社を通さない株主割当増資」であり、株主にとってあまりメリットがあるとも思えない。すべての株主が権利を行使すればインボイスは約1800億円を市場から調達できる。儲かるのは会社だけだと、株価は反応せず、ストックオプションの権利行使もほとんどなかった。

松村も木村も「マーケット利用の奇手奇策」と、見られるのを嫌った。

霞が関ビル36階の広い社長室で、エグゼクティブ然とした松村は「5銘柄一度に買収を開始したのは、株価の急騰を避けるためです。また、買収を一時中止（関係会社への売却）したのは、証券会社の大きな反発を受けたからで、本意ではありませんでした」と、語るのだった。

一方、木村は、企業はマーケットや株主と、「もっと本気で向かい合うべきだ」という強い信念を持っていた。

「法律に規制されていなくて、モラルに反することでなければ『何をやってもいい』というのが私の基本的な考え方であり、それがベンチャースピリットだと思っています」

両社とも市場利用には定評があるが、意に反して時価総額は、「奇策」を批判された時より大幅に下落、これが「株価を上げるのは期待や夢や証券マジックではなく、利益」という意識の浸透だとすれば、ネットバブル、分割バブル、再生バブルを経て、投資家はかなり成熟度を増しているといっていい。

「乱用的買収者」とされた「スティール」

身長170センチと米国人にしては小柄。その分、動きは俊敏で、「ワシ鼻に鋭い目」という容貌と合わせて油断ならないものを感じさせた。

その米国人ファンドマネージャーのウォーレン・リヒテンシュタインが、記者団の前に姿を現したのは、07年6月12日午後3時30分のことだった。運用資産約8400億円のうちの過半を日本に投じる「スティール・パートナーズ」の代表。投資銘柄は40社ほどで、スティールが買えば「ちょうちん(便乗買い)がつく」といわれるほどの人気だった。

その分、風当たりは強い。増配を要求して高配当を得るか、株価が高騰している間に売り逃げる。敵対的TOBを仕掛けても貫徹するつもりはなく、M&Aを誘発させ、ホワイトナイトの登場を待って売り逃げる。要は経営などするつもりはなく、「もの言う株主」が村上世彰ぐらいしかいない日本に乗り込み、好き勝手に文句をつけて稼いでいた。

本来、リヒテンシュタインのような人間は、表に出てはいけない。「グリーンメーラー」と呼ばれることを何より嫌うからその表現は避けるが、株価高騰の要因をつくって売り逃げるという意味では「仕手」である。

「仕手は正体をさらしたら終わり」というのは、証券界の鉄則。買い占めの狙いも資金源も人脈も、できればどんな容姿であるかも含めて、「仕手」はミステリアスでなければならない。「見えない」ことが、買い占められた企業に脅威を与え、市場に憶測を呼び、それが「仕手」の力を倍加させる。

したがって、リヒテンシュタインは「世界初の記者会見」に応じたところで、「終わりの始まり」を覚悟しなければならなかった。「グリーンメーラーでないことを証明するために」と、開いた会見で、逆に「短期投資の売り逃げ、荒稼ぎが目的だろう」と、キツイ質問が続くうちに、グリーンメーラーの弁明会見となってしまった。最初から結論を出している記者に、何をいってもムダ。なによりリヒテンシュタインに反論材料がなかった。

ウォーレン・リヒテンシュタイン

その逆風は、予測通りの結果を生んだ。スティールが買い占めていた「ブルドックソース」による買収防衛策発動の差し止めを求めた仮処分申請で、7月9日、東京高裁はスティールの即時抗告を棄却、ブルドックの防衛策発動を適法とした。その際、スティールにとってショックだったのは、高裁がスティールを「企業価値を破壊する乱用的買収者」と認定したことである。

判例は残り、勝負はあった。

ブルドック以外も同じである。「ブラザー工業」「電気興業」「フクダ電子」などの株主総会で、増配をはじめとする「スティール提案」はすべて否決。逆に「日清食品」「丸一鋼管」「中央倉庫」「石原薬品」などでの会社提案の買収防衛策が承認された。

07年6月の株主総会で、もうひとつの注目は「電源開発」（Jパワー）だった。約10％を買い占めていたのは英国のヘッジファンドの「ザ・チルドレン・インベストメント・ファンド」（TCI）である。

TCIはJパワーに、130円の配当を求めていた。60円の会社提案の倍以上。要求を呑めば、連結純利益見込み330億円のうちの220億円（60円配当なら約100億円）を、株主還元しなければならない。当然、会社側は「近視眼的な増配はマイナスだ」として拒否したが、Jパワーが恐れたのは要求の中身より、TCIという存在そのものだった。

「チルドレン」の名を冠しているのを見てもわかるように、TCIの目的のひとつは、ケニア、エチオピアなどアフリカの貧困家庭の子供や、世界のエイズ感染児を支援する慈善活動にある。

もうひとつがヘッジファンド。経営に「歪み」を抱える企業に乗り込み、修正させ、増配などの〝果実〟を得る。あるいは大株主の立場から経営方針に口を出し、企業価値を高めさせる。スティールと同じアクティビストファンドだが、経営に深く関与しようという姿勢を持っているだけに、買収される側にとってはTCIのほうが手強い。

それにこちらには「慈善活動」という付加価値がついている。実際、日本初上陸の07年は「2

億3000万ポンド（約550億円）の寄付を予定」と公表した。貪欲に稼いだカネをきれいに使うという資本主義社会における「慈善の王道」を示し、貪欲さを中和した。

TCIの対日投資責任者は、アジア代表のジョン・ホーである。ホーも記者会見ではないが幾つかのマスコミに登場、TCIの目的が「Jパワーの資本効率を高めさせ、収益のパイを大きくさせることだ」と強調した。手頃な企業を手当たりしだいに買ったスティールと異なり、TCIはJパワーと中部電力といった電力に集中しているので、理論武装は優れていたのだが、結局、株主総会でTCIが発言することはなかった。

ファンドマネージャーは、いずれも高い学歴を持ち、金融工学を理解する投資のプロである。リヒテンシュタインは米ペンシルベニア大を卒業後、金融アナリストを経て独立した。TCI創業者のクリストファー・ホーンは、ハーバード経営大学院でMBAを取得、「ペリー・キャピタル」で腕を磨いて独立した。前出のホーは、豪ニューサウスウェールズ大学で金融と数学などを専攻、卒業後はシドニーの「ボストン・コンサルティング」などを経てTCI入りしている。

かつて日本のオーソドックスな仕手は、反社会的勢力と同義語だった。「敵対的M&A」という言葉を初めて使った池田保次は、82年まで山口組系2次団体の元組長で、組を解散後、不動産業の「コスモポリタン」を立ち上げ、折からの不動産バブルで儲け、それを仕手戦に投入する。

ホテル業の「雅叙園観光」では乗っ取りに成功して会長に就任、次に焼却炉メーカーの「タクマ」に「敵対的M&A」を仕掛けたものの、その資金を雅叙園観光の手形乱発で捻出したために破滅、87年8月に失踪、今も行方知れずである。

戦災孤児から身を起こした「麻布自動車」の渡辺喜太郎は、駐車場用地に買い求めていた土地がバブル時代に暴騰、その資金をトヨタ自動車系列の「小糸製作所」株に向け、約20%を握る筆頭株主となった。

89年6月の株主総会に渡辺が「代理」として送り込んだのは、米国でグリーンメーラーとして名高いT・ブーン・ピケンズだった。通訳付きながら株主主権を訴えるピケンズ。社員株主からヤジが飛ぶと、渡辺の知人の暴力団系総会屋が立ち上がって怒鳴った。

「お前ら！　黙って聞け！　ふざけると簀巻《すま》きにして海に叩き込むぞ！」

総会屋はすでに絶滅寸前。アウトローが猛威をふるう株主総会、仕手戦、乗っ取りといった世界は、グローバリズムを知る金融工学者たちの「知恵比べの場」となった。だから理論武装は完璧で、ファンド優位に交渉が運ぶことが少なくない。「弱点」を押さえて乗り込んでくるのだから当然だろう。

だが、日本の司法も投資家も、「正義漢ぶったハイエナ」「理屈のうまい乗っ取り屋」「正論をぶつ仕手」を嫌う。しょせん目的はカネで、企業の将来なんて考えていないとして、最後はこれを拒否、退ける。欧米の投資環境と比較して、一番の違いは、「合法なら許される」という前提を、日本の市場と企業環境が持ち得ないことなのだ。

「ファンド排除」に胸をなでおろす経営者

日本は経済再生策として、上場の垣根を思い切り低くし、規制緩和で資金調達や投資のメニューを豊富にし、海外への送金や投資も簡単にした。そんな環境に加えてカネ余りは世界的な現象だったから、制約のないファンドが日本に資金を投下、猛威をふるうのは当然のことだった。

しかし、行き過ぎれば反動がくる。ファンドに裁判所の厳しい判断が下され、各種規制が検討されている。だが、ファンドの効用を忘れてはなるまい。「利」を求めるファンドの強欲が、土地を動かし、企業を再生させ、株式市場を活性化した。

また、評判の悪いアクティビストファンドにしても、企業の「歪み」を投資家に伝え、サラリーマン人生の終着駅が「社長の座」であるかのように錯覚している「雇われ社長」たちに、株主主権の匕首《あいくち》を突きつけた効果は大きい。

実際、村上ファンドやスティール・パートナーズが株を買い占めた企業には、そうされるだけの理由があった。

村上が阪神電鉄に目をつけたのは、その膨大な不動産含み益である。梅田にある高級ホテルの「ザ・リッツ・カールトン」やその周辺、甲子園球場などの阪神関連施設の多くは、大正時代の簿価のまま算定されていた。つまり歴代の阪神経営陣は、資産を有効活用する気概もノウハウも持っていなかった。

ライブドアの堀江貴文に目をつけられたフジテレビにしてもそうだろう。「放送局」という特権に胡坐《あぐら》をかいてはいるが、その優位性が続かないのは明白。その危機感は、ホリエモンとの闘争の間、まったく感じられることはなかった。

また、フジサンケイグループ経営陣が行った96年のニッポン放送、97年のフジテレビ上場が、「鹿内家」の支配から逃れるためのものであったのを忘れてはならない。ニッポン放送を「鹿内家」が握り、フジテレビをニッポン放送が押さえるというネジレ現象を解消するためだけに上場した。そこにどんな大義もなかった。

楽天に揺さぶられているTBSが交渉を進展させないのは、感情の問題であるとともに「変化を嫌う成熟企業だからである」という考察は前に書いた。楽天との提携を嫌うのは結構だが、「株主の安定工作」以外に何の策もないように見えるのはどういうわけか。

第三セクター経営に安住、赤字を垂れ流しては大阪市に頼っていた経営から決別するために、米ゴールドマン・サックスに「身売り」したユニバーサル・スタジオ・ジャパンのほうが、まだ前向きだったのではないか。

株主のチェックが行き届かないのをいいことに、コーポレートガバナンス（企業統治）をないがしろにしている企業は少なくない。また経営陣が「安定」のなかに逃げ込んでいるどころか、「私物化」している例もある。それがファンドへの逆風のなかで、見過ごされてはなるまい。

「シンニッタン」という自動車用品主体の鍛造品メーカーがある。

48年に設立された老舗で東証1部に上場する。もともとの筆頭株主は日産自動車だったが、経営再建策のなかで株を売却。07年3月末の時点で、外資系ファンドの「セーフ・ハーバー・マスター・ファンド・エル・ピー」（セーフ・ハーバー）が、約203万株を所有、約7％を握る筆頭株主となった。

アクティビストファンドであるセーフ・ハーバーは、07年6月の株主総会に向けて、取締役2名の選任などを株主提案。そのなかで、次のような気になる事実を、「株主の皆様へのメッセージ」のなかで明かした。

「セーフ・ハーバーの調査によると、約20億円の財テク不動産投資に関連して、シンニッタンの府内泰生社長が代表取締役を務め、夫人と子息が取締役を務める非公開企業との間で、極めて不透明な取引があったことが判明している」

ここで指摘されている不動産取引が行われたのは、東京・港区の新橋駅前である。土地面積は約161平方メートル。05年3月3日、グループ会社で賃貸ビルの管理業務を行う「エヌエステイビル」が取得。価格は約20億円だったという。

問題は、買収から約1年が経過した06年4月12日、この土地が渋谷区道玄坂に本社を置く「GF」なるコンサルティング会社に所有権移転していることだ。奇妙なことはさらに続き、売買から43日後の06年5月25日、「錯誤」を原因に、所有権をエヌエスティビルに戻しているのだった。

約20億円もの会社資産が、社長歴25年のワンマン社長のファミリー企業に所有権移転したのはなぜなのか。売買は正規の手続きを経たものだったのか。また「錯誤」で戻ってきたのはなぜなのか。

株主総会で、セーフ・ハーバーに満足のいく説明はなく、株主提案も否決されたという。ただ、「社長への資産移動」がなぜ行われたかは気になるところだ。そこでシンニッタンに質問書を送ると、興味深い回答があった。

「お答えできない。それに詮索《せんさく》はしないでいただきたい」

上場企業は、首から値札を下げ、毎日、証券市場で売り買いされている。その「値札」が正しいかどうかを株主が気にするのは当然だし、証券取引等監視委員会や取引所はもちろん、アナリストや経済マスコミもチェックする。

それがシンニッタンは気に入らない。だから「詮索するな」という。こんな意識の会社が日本の市場には山ほどある。村上世彰の饒舌が懐《なつ》かしくなり、その不在が残念に感じられるのはこんな時である。

第六章

増加する「プライベートバンカー」「国境を越える詐欺」

英国に消えた「酒屋の年金144億円」

「どうして償還されないと決めつけるんだ。エッ！　それに、俺のことを、無責任と書くのはひどいじゃないか！」

電話での抗議は執拗だった。

「酒屋さんの団体」である「全国小売酒販組合中央会」（酒販中央会）が手がけていた年金事業で、同会は年金総額の8割以上を得体の知れない海外ファンドの発行する私募債にぶち込んでおり、その結果、約144億円の回収が危ぶまれている——。

そんな記事を2005年6月1日発売の月刊誌に掲載したことがある。反応は早かった。その翌日には、酒販中央会で事務局長を務めていた関秀雄から電話があった。酒販中央会内部と、監督官庁の国税庁では周知の事実だったものの、対外的に記事になるのは初めて。しかも、窓口の関を実名掲載したことに、ハラを立てていた。

本当に怒っているのか、ポーズだけなのかを電話で判断するのは難しい。しばらくして関とはホテルのロビーで会った。白髪交じりの長髪に痩身。若く見えることも、49歳という年相応に見えることもあったが、「酒は飲めず、趣味は車」という関が、感情の起伏の激しい人であるのはわかった。

それから関とは、彼が05年11月に警視庁捜査2課に横領容疑で逮捕されるまでつきあいを続け、『酒政連政界工作』キーマン覚悟の告白」（『月刊現代』05年12月号）という記事にしたこともある。もちろん逮捕前の「ポジショントーク」（自分のポジションに有利な情報などを話すこと）であり、すべてを告白しているわけではないが、責任が自分ひとりに被されようとしていることへの強い憤りがあったのは事実である。

この事件には、二つの側面があった。

ひとつは、管理の甘い協同組合組織の〝スキ〟をついて、ベテラン事務局幹部がカネを横領したというもの。ある意味、よくある話で、これは警視庁が関元事務局長を横領容疑で逮捕、さらに背任容疑で再逮捕してカタをつけた。

もうひとつは、国際的詐欺事件という側面である。144億円をひとつの私募債にぶち込むのはリスキーだが、相手が詐欺の舞台装置を整え、大手金融機関が関与すれば信用したくもなる。英国人メンバーの中心は、同じような手口で日本人から約120億円を騙し取ったとされる元公認会計士。それだけに悪質だが、こちらは「捜査権限の及ばない英国」ということで、警視庁はハナから諦《あきら》めていた。この件は後述する。

事件を振り返ってみよう。

酒販中央会は1983年に年金共済事業をスタートさせた。バブル期には配当率6・5％をゆうゆうとクリア。それがバブル崩壊とともに運用難に陥り、配当率を切り下げても間に合わず、01年の段階では元本毀損《きそん》状態に陥っていた。

この時、総幹事だった三菱信託銀行は「年金事業の解散」を進言する。だが、会長以下の執行部は、「組織維持」の観点から継続を決める。しかも元本毀損の修復を図ろうと、高利を謳う海外ファンドに手を出した。それが問題の私募債である。

ファンドを運営するのはカナダの「チャンスリー・リーデンホール」（チャンスリー社）。運用先は英国で、法律事務所に交通事故や労災申請、傷害訴訟などの費用を貸し付け、裁判での勝訴を通じて回収を図るというもの。年利は7％弱を約束、弁護士事務所との交渉、ローンの実施などの実務に当たるのは、英国リバプールに本社のある「インヴァロ」社である。

法律事務所向けの融資とはいかにも堅そうだ。しかも酒販中央会は、外資の「クレディ・スイスプライベートバンク」（本社はスイスのジュネーブ）と信託契約を結んでいた。堅い運用と著名外資への信託。落とし穴は、インヴァロ社の経営破綻という形でやってきた。

チャンスリー社は、この事業からあがる収益をもとに私募債を発行していたが、その債券を酒販中央会は、クレディ・スイスに口座を開設したうえで、03年1月に34億円、3月に65億円、5月に45億円と半年足らずの間に144億円を送金、購入している。

第1回の償還は04年6月30日に20億円を予定、ところがその1週間前にインヴァロ社が経営破綻したのである。計画倒産の疑いは十分で、それまで3回に分けて、約10億円が「利払い金」として入金されていたのも詐欺の手口だ。

インヴァロ社の清算法人の代理人となった英国の弁護士事務所でも、「R（インヴァロ社の経営者）の手法は疑わしく詐欺的なもので、このことがインヴァロ社の破綻要因になった」と、記している。

もともと年金のような「将来の保証」は、分散投資が基本だろう。なのに「チャンスリー債」という私募債一本に突っ込んだのだから投資ではなく、博打である。とはいえ、検討した形跡はある。

酒販中央会は、年金事業の継続を決めてからどのような投資を行うのがいいかを検討する「年金懇談会」を設置、02年8月9日から10月16日まで、5回にわたって開催。その結果、「高利回りの確保」が確認され、その一環として酒販中央会に提案されたのがチャンスリー社の私募債だった。

持ち込んだのは金融コンサルタントの砂子健であり、砂子の紹介者は小杉隆元文相の元秘書で、当時、酒販中央会の政治部門である「全国小売酒販政治連盟」（酒政連）の顧問を務めていた山口哲弘だった。砂子はブラジル出身で「ファビオ」の愛称を持つ。流暢《りゅうちょう》に英語を操る「できる金融マン」といった印象の砂子の勧めに酒販中央会は乗った。

事件には二つの側面があると書いた。そのうち立件された「関の横領」は、総額2億円近い「年金脱退一時金」の着服や、酒政連の政界工作担当として、「政治家や秘書への資金提供」を名目に引き出した資金の着服などである。

また、関はリベートを受け取っていた。砂子が約2億8000万円を山口元秘書に送金、そのうちの半分、1億4000万円が「関分」だった。「総額の1％」が各々のリベートということらしい。このリベートの存在によって関は背任でも起訴された。

結果として、酒販中央会の「消えた144億円」は、「関の個人犯罪」で終結、詐欺罪には至らなかった。

詐欺の被害者は、年金を積み立ててきた全国の「酒屋さん」である。では加害者は誰か。関が144億円を奪い取ったわけではない。現地調査などにより最も疑わしいのが、チャンスリー社をカナダに設立、インヴァロ社などの経営にもかかわる英国人のG、及びGグループであることはハッキリしている。

しかし、捜査権が及ばない英国で警視庁が詐欺事件を立件することはできず、「関の犯罪」で決着させた。それは、数々の背任、横領の痕跡を残してきた関の自業自得かも知れないが、Gらがそれを読み込んで「詐欺のステージ」をつくっていたのだとしたら、グローバル化のなかの新たな犯罪として、見過ごしてはなるまい。

実際、Gグループはその2年前にも、「消えた144億円」とまったく同じような事件を起こしている。舞台はやはり英国。仕掛けたのはインペリアルグループだ。

120億円の被害を出した海外ファンド

エアコンが入れられているとはいえ、外は35度近い猛暑である。しかも狭い会場には、詐欺事件の被害者たちが200人以上も集まり、その〝怒りの熱気〟もあって、じっとしていても汗ばんでくる。

そんななか、ダブルの背広に身を包んだ小柄で端正な容貌の男性が、疲れも見せず、たまに上がる怒号にひるむこともなく、淡々と説明を続けている。

03年8月10日、東京・池袋のビルの一室、男性の名を今津雅夫という。日本人投資家が120億円の被害にあった海外ファンドの「インペリアル・コンソリディティッド・グループ」（インペリアルグループ）の日本での販売窓口となった「アジャン・ドール倶楽部」の代表である。

「8・5％ファンド上陸　確定利付き・元本確保型円建て」と、投資専門雑誌などに広告を打ち、アジャン・ドール倶楽部が日本で販売を始めたのは99年頃からである。

リスクの高いオフショア籍（国内の法律や規制が適用されない）のファンドながら、運用はインペリアルグループの本部のある英国で行い、しかも英国軍人向けの消費者金融など安全で確実な運用に徹し、さらに保険会社によって保障されているという。このセールストークは、金融機関の相次ぐ破綻などに怯える日本人投資家の心を確実に摑み、預かり資産を増やしていった。

変動市場を投資対象にせず、英国の個人向け融資市場、しかも軍人向けで「安全・確実」のはずのファンドが破綻してしまったのはなぜなのか。

インペリアルグループが破綻し、元利金の返済がストップしたのは、被害者への「説明会」が開催された1年以上前の02年6月である。それまでに今津は、文書では説明していたものの、状況がよく把握できないとして、「説明会」の開催を拒んできた。

それだけに準備は万端だった。分厚い資料をもとに、インペリアルグループのリスク管理を担当するという「マトリックス・インターナショナル」社の英国人役員（通訳付き）を従えて、スライドなども駆使、延々3時間半も説明に費やしたのである。

それを箇条書きにすると、次のようになる。

①スペイン在住の武器商人とのトラブル

アル・カザールなるこの人物は、インペリアルグループのトップを、いい加減なアルゼンチンの鉱山投資に誘い込み、400万ドルを騙し取った。そのために訴訟合戦となったが、アル・カザールはオフショアのビジネスに詳しい米国人ジャーナリストを雇い、インペリアルグループがウサマ・ビンラディンに関係あるような情報を流した。

②「インペリウム銀行」の閉鎖

01年9月11日に米国を襲ったテロ事件後、米政府はテロ支援資金が通過しているかも知れないオフショア取引を「大国の論理」で締め付けた。その結果、西インド諸島のグレナダにあるグループ傘下の銀行で、決済機能を持つインペリウム銀行が閉鎖された。アル・カザールらによるニセ情報が閉鎖理由のひとつだった。

③ファンドを管理する監査法人「マザール」の身勝手な回収

決済機能を封じられたインペリアルグループは、ファンドの管理業務を02年6月、英国準大手監査法人のマザールに託した。その時点では、ファンドはいずれも資産超過だった。ところがマザールは、ファンドの分別管理から一括管理にし、清算業務に入ってインペリアルグループの資産を次々に売却していった。その結果、投資家の資産は保全されなくなってしまった。

スペインの武器商人、9・11テロ、ウサマ・ビンラディン、オフショア籍の銀行閉鎖、英国監査法人の策謀……と、海外ファンドに相応しく、破綻に至る舞台装置は国際的である。

しかし、英国内の個人向け安全投資がなぜアルゼンチンの鉱山開発なのか、なぜインペリアルグループはアル・カザールなる怪しげな武器商人とつきあったのか、なぜ決済銀行が政情不安定なグレナダなのか、といった根本的な疑問は解消しない。だが、今津は詳細な説明を避けた。「道義的責任」は口にしたものの、「謝罪」はしなかった。民事刑事での責任追及を予測してのことだった。

この「自分には責任はない」という態度は、終始一貫していた。都内ホテルのラウンジ。「説明会」に先立ち、今津に会った。「責任は誰にあるのか」を、直球に変化球を交えながら質《ただ》しても、今津は顔色ひとつ変えない。

この決して声を荒らげることのない落ち着きと、知的な話しぶりは、この手の海外投資の勧誘者に相応しい雰囲気なのだろう。しかし、中身のない多弁と誠意を感じさせない品は、逆に人格を疑わせる。それが生来のものなのか、大学卒業後、何社もの外銀を渡り歩いた経歴からくるものかはともかく、今津が強調したのは、「私には法的責任がない」ということだった。

「我々（日本法人）は、投資家から直接、おカネを預かっていたわけでも、そのおカネの運用を担当していたわけでもありません」

「鉱山開発に、このような多額の投資がされていたことがわかったのは、ファンドの破綻後ですが、私はB氏やF氏（インペリアルグループの経営トップ）に対し、書面でも口頭でもこの点を問い質してみたことがあります。彼らによれば、『目論見書に定義されている通りの運用で、法

律上の逸脱はない』ということでしたが、正直にいって、私には釈然としないものが残っていま
す」

酒販中央会の「消えた144億円」と同様、英国がブラックボックスとなっている。そしてインペリアルグループの「被害者の会」は、警視庁に何度も相談したのだが、「現場が英国」であることを理由に、警視庁が捜査着手することはなかった。

だが、二つの英国発詐欺には「確定利回り」「軍人向けと法律事務所向け」「保険会社による保障」「日本における販売窓口の存在」といった類似点が多い。しかもカナダのチャンスリー社、英国のインヴァロ社、グレナダのインペリウム銀行などには、Gグループが関与していた。南アフリカ国籍のGを始め、英国、カナダ、バハマなどを国籍にし、公認会計士、弁護士、警官、金融マンと、元職を含めてさまざまな経歴を持つメンバーたち。各人の役割も不明で、名指しによる批判はできないものの、彼らが日本人を相手に、巧みにカネを詐取したのは、紛れもない事実なのである。

「ハルマゲドンファンド」を大流行させたカリスマ

「国家破産」「預金封鎖」「日本沈没」などをタイトルにした「危機本」が書店に山と積まれ、資産保全を伝授するコンサルタント、ファンドマネージャー、プライベートバンカーなどの講演会がたいへんな人気を集めていたのは、03年頃のことである。

不況は長期化、デフレは止まらず、株価は1万円を割り込む最悪さで、国債発行残高は600兆円に近づき、「国家破綻は目前」という〝警告〟に真実味があった。

そんな国家危機の「伝道師」で、『日本国家破産時に財産を10倍にする人ゼロにする人』（日本文学館）を上梓、カリスマと呼んでいいほどの人気を集めていた企業経営者がいた。「キーイングホーム」（その後、「千年の杜」に社名変更）社長の髙橋誠。人気がピークだった03年7月13日、都内のホテルで開かれた講演会を覗いてみた。

百数十名の聴衆を前に、マイクが要らないのではないかと思わせる滑舌のいい声が響き渡る。髙橋は最初から脅していた。

「日本の財政はすでに危険水域を超えて、いつ破綻してもおかしくない段階に入っています。国家財産の破綻を目前にした時、政府は何をするのか。銀行のシャッターを下ろすでしょう。預金封鎖です。私はその日が、04年3月19日に来る、と思っています」

会場を埋め尽くしていたのは、50代以上の資産家と思しき男性が大半。国家財政の破綻に際してどうすればいいのか。みんな髙橋の言葉を聞き漏らすまいと、耳を傾け、メモを取る。答えは意外にシンプルだった。

財政破綻で円の価値が暴落する前に、海外に資産を逃避させ、米ドルやユーロなど信頼のおける通貨に換えておくことを指南していた。ちなみに、著書の「財産を10倍にする人」とはその準備をしていた人で、「ゼロにする人」とは日本にこだわり続けて、円の暴落を為《な》す術もなく受け入れる人である。

しかし、米ドルやユーロに換えろといわれても、素人にはどこでどうやっていいかわからない。それを髙橋は手伝う。

まず、髙橋が経営するグループ会社の「ティー・エフ・ジー・インベストメント・アドバイザリー」（ＴＦＧインベストメント）と投資顧問契約を結ぶ。それに従って、同社が勧めるのがスイスのプライベートバンクへの預金である。もっともスイスでの口座開設は容易ではない。

そこでＴＦＧインベストメントは、髙橋と親密な関係にある「日本信託ＳＡ」（本社はスイスのジュネーブ）との契約を勧め、同社はＴＦＧインベストメントの顧客と契約締結後、その同意に基づいてプライベートバンクに口座を開設、そこに顧客が資金を振り込むという仕組みである。

つまりスイスの銀行への外貨預金。安全ではあるが、顧客はほとんど利回りを得られない。為替差益が出ることはあるが、差損もある。また、ＴＦＧインベストメントにしても顧客から得ることができるのは、５万円の投資顧問料とスイスの信託会社からの事務代行手数料だけ。それほどのメリットはない。もちろんボランティアではない。そもそも髙橋誠とは何者か。

髙橋には住宅会社のキーイングホーム代表、資産コンサルタントのＴＦＧインベストメント代表のほかにもうひとつ顔があって、３０００名の会員を擁するネットワーク組織の「アルマ」代表である。

ネットワーク組織といっても過去の話。かつては1台50万円でファクスを販売、そのファクスを利用した通信サービスと会員獲得の報奨金で組織を急激に膨らませた。だが、そのマルチ商法は会員獲得がカベに直面して終わる。アルマは、95年、不渡りを出して倒産。それを引き受けたのが髙橋だった。

54年生まれの団塊の世代。早稲田大中退後、浮き沈みの多い人生を経験してきたが、その頃、資産家の不良債権処理を事業化して再起、その資金をもとにネットワーク組織をビジネスの拠点にしようとした。

50代の女性会員が、アルマと髙橋を語る。

「髙橋さんがいろんな商品を推奨、金融サービスを提供してくれます。たまに講演会を開いて経済分析。余裕のある人は髙橋さんのファンドにも出資、アルマはそんな組織です。『髙橋ファンクラブ』のようなものね」

髙橋に会った。企業の中間管理職のような風貌で外見上のカリスマ性はないが、講演会の時と同じで言葉に自信が満ちあふれている。それは例えば「預金封鎖の日」を外したように、根拠のない自信なのかも知れないが、そんなことは気にもしない。その明るさが人気の秘密なのだろう。

スイス預金を勧め、手伝い、髙橋自身はどこで儲けるかの疑問はすぐに解けた。

「スイスに預金、安定を得ると同時に、人間はリスクを取りたくなるものです。だから、香港などに私が組成したファンドへの投資を勧めている。資産の3割ぐらいは、そうしたらどうかとアドバイスしています」

資産家を自らの終末思想に巻き込み、資産保全のための海外逃避を呼び掛け、同時に「時代を読む目の確かさ」をアピールして資産の一部を預けさせる。「ハルマゲドンファンド」とは、そういう意味である。

その後、髙橋を取り巻く環境はかなり変わった。国家財政の危機は相変わらずだが、デフレが終息、株価と地価が上昇に転じ、終末思想は受けなくなった。「預金封鎖するほどヒドイことにはならない」という楽観論が、あまねく行きわたり、「危機本」は流行《はや》らなくなった。

しかし、髙橋には関係ない。過去にはこだわらず「転身」する。07年3月、髙橋は千年の杜を手放して自由になり、過去のファンドビジネスからも手を引いた。それを機に国内事業からはほとんど撤退、「年に3分の2は（東南アジアの）ブルネイ」（髙橋）という生活である。そこで手がけているのはブルネイのインフラ事業。「200億円を集め、それをもとに組んだファンドで2000億円ぐらいの事業を手がけたい」（同）という。だから今は忙しくて、「スイス預金（分散投資）」の啓蒙活動どころではない。

それでは無責任のような気もするが、髙橋の活躍は「日本の危機」に際して始まるわけで、髙橋の目が海外に向いている間は、日本経済は安泰。だから「ハルマゲドンファンド」は必要ない、ということを考えれば、「髙橋の不在」は歓迎すべきことなのかも知れない。

二極化で増大するプライベートバンカー

金融業のなかに「プライベートバンカー」という職種がある。

個人相手の銀行家――この訳の通りでいいのだが、富裕層向けであるのが常識。預かり資産は最低でも1億円以上で、真のプライベートバンキングサービスを受けられるのは、100億円以上の超富裕層に限られる。

日本に馴染みがないのも無理はない。

金融鎖国が続いた日本では、旧大蔵省の制約が強く、顧客に合わせた多様なサービスを提供できない時代が長く続いた。「投資家向けオーダーメイドサービス」が提供されるようになったのは、金融ビッグバン（96年末）以降のことである。

それでも最初、日本の銀行は顧客を差別・選別することへの批判が怖くて手を出せず、プライベートバンキングサービスは外資の独壇場だった。日本で初めてプライベートバンク部を創設した米シティや、クレディ・スイスなど富裕層向けに長い歴史を持つスイス系金融機関が、放置されていた日本の資産家を取り込んでいった。

規制緩和が織り成す競争が二極化を生み、一握りの成功者の富が、マーケットを通じて経済を活性化させてさらなる富につながり、残りの大多数の国民は、「富が富を生む構造」には縁がないという構図が、ハッキリしてきた。そんな変化に対応せず、同一のサービスを続けていたのでは逆差別。21世紀に入ってからは、メガバンクすらサービスの差別化を始めた。

最近、メガバンクは顧客を三つの層に分けている。預かり資産が1億円以上の富裕層。住宅ローンを組み、投信、年金、国債などの購入を通じて、良い顧客となっている資産形成層。それに、資産の形成は今後に期待するしかなく、当面は銀行口座を給与振り込みと公共料金などの引き落としに使っているマス顧客層である。

富裕層を頂点にしたこの三角錐《すい》の人口比は、1対3対6といったところか。富裕層の窓口は各行のプライベートバンカーが務め、時には自宅まで訪問して個別に対応。資産形成層には各支店の窓口で、係がポートフォリオの作成に協力する。マス顧客層の相手は機械（ATM）がする。ATMの前はいつも長蛇の列だが、あれは行列を計算して各行が設置台数を削減したからで、銀行は今後もマス顧客層に配慮するつもりはない。

メガバンクすらプライベートバンキングサービスを始めた以上、専門職としてのプライベートバンカーの数は、数千人規模となるだろう。だが、その大半は投資と運用のアドバイスを行うファイナンシャル・プランナーであって、オーダーメイドの資産保全策を考える真のプライベートバンカーではない。

それはどんなバンカーなのか。

世界の個人資産の3分の1が集まるといわれるスイス——国境なきヨーロッパにおいて、戦乱を避け続けたこの国に富は集まり、18世紀から19世紀にかけて設立された「ラ・ロッシュ」「ピクテ」「ミラボー」「ロンバー・オーディエ・ダリル・ヘンチ」などが、狭義のプライベートバンクである。ここでは各行のパートナーが無限責任を負って顧客の資産を管理、守秘義務も徹底している。

スイスのプライベートバンクに資産を預け、「ナンバーアカウント」と呼ばれる無記名の数字口座で預金を管理してもらう世界の富裕層が、プライベートバンカーに望むのは、運用によって資産を増やすことではない。

スイス系金融機関幹部が解説する。

「数百億円単位のカネを、運用によって増やしたいと思っている人はほとんどいない。望みは保全と分散と隠匿です。欧米やアラブの超富裕層は、国家の不条理を感じさせる高税率、テロなどの政情不安、天変地異などを恐れています。誰にも気づかれないように資産を海外に分散し、子孫に継承しようとするのは当然のことです」

資産の飛ばしに合わせて、子供の留学や就職の世話をし、財団運営や寄付といった社会貢献の相談にも乗るプライベートバンカーは、2代、3代と仕える「執事」のようなもの。歴史の浅い日本にはまだ存在しておらず、日本の資産家に「重用」されているのは、グレーゾーンにまで突っ込む「節税」や「利殖」のための金融コンサルタントである。だから、「ヤミ金融の帝王事件」「ホリエモン事件」などに登場することになる。

40代半ばのプライベートバンカーを例に、その仕事ぶりを紹介しよう。

彼は、大手証券を経て外資で働き、独立して金融コンサルタントを営む。顧客は上場企業のオーナーを中心とする資産家で、仲介手数料と成功報酬が収入の中心である。

「分散」と「隠匿」を求める顧客のために、彼は、香港経由で英領ケイマン諸島、バハマ諸島、バージン諸島などのタックス・ヘイブン（租税回避地）を登記地とする会社を設立することが多い。タックス・ヘイブンは、法人所得や運用益に税金がかからないうえ、正体を明かさずに済む。

最も有名なケイマン島は、カリブ海に浮かぶ人口4万人の島で、リゾート地としても知られる。ここで繁盛しているのは弁護士と公認会計士で、彼らがペーパーカンパニーの設立から銀行の開設、名義貸し（株主や役員）まで行うから会社の持ち主が誰かはわからない。ケイマン島に調べに行っても、数十社が登記された小さな私書箱が、何千となくあるだけだ。

この私書箱のペーパーカンパニーを使って、彼は顧客の資産を内外に投資する。上場企業の増資を引き受け、ファンドに投資、株や債券や不動産を購入する。「分散」と「隠匿」はひとつでは足りないので、二つ、三つとペーパーカンパニーを設立、関係当局の〝追跡〟を不可能にする。

こうして得られた配当や収益を、日本に戻せない（戻せば、その時点で資産を把握される）という不自由さはあるが、日本に富を蓄積すれば、やがて相続が発生、最高税率50％という懲罰的な税制によって収奪されるのだから、彼の合法的アドバイスによって、「分散」と「隠匿」を通じた子孫への「保全」は図られたことになる。

かなりグレーゾーンに突っ込んだバンカーという印象だが、日本の資産家に望まれるプライベートバンカーとは、彼のような人のことをいうのである。

メガバンクが始めた「富裕層向けサービス」の中身

日本に真のプライベートバンカーは存在しない。歴史的にもまだ確立されていないのだから無理もないが、「横一線のサービス」がウリだった日本のメガバンクが、上位1割の富裕層に的を絞り、プライベートバンキングサービスを始めたのは画期的なことだろう。

優良顧客には手厚く、機械（ＡＴＭ）の客でしかないマス顧客にはそれなりの対応をして収益を上げる。当然の変化だが、体制が整い始めたのが05年頃からであり、サービスが追いつくのはこれからだ。

名古屋市中区栄に、三菱東京ＵＦＪ銀行（以下、銀行を略）の富裕層専門店がある。06年5月のオープン。松坂屋北館の北隣にあり、建物外観は黒い金属パネルで、店内のラウンジはオレンジ色のソファにカーペットである。従来の銀行のイメージはまったくなく、普段はひっそりとしているが、一般の顧客を相手にしているわけではないので、問題はまったくない。

富裕層に発行される会員カードを受付カウンターで見せると、自動的に一流ホテル並みの接客サービスが開始され、資産運用はもちろん日常的な用件もラウンジに座ったまま済ませることができる。同行ではこの専門店を、「名古屋プライベート・バンキング・オフィス」と呼んでいる。

他行も同じだ。06年春、「六本木ヒルズ」にオープンしたみずほの新店舗は、会員制ではないが、「ヒルズ族」などのニューリッチ層をターゲットにしており、椅子や調度品にも気を配り、預かり資産1０００万円以上を目安にしているという。みずほは、こうした「個人特化型銀行」を次々に増やし、最終的には1００店舗にする計画だ。

メガバンク各行が最も商品開発力を磨き、サービス合戦を繰り広げているのは、預かり資産1

億円以上のプライベートバンク部門である。顧客数は少ないがロットは大きい。しかも運用にとどまらず、相続、承継、寄付、財団設立など、顧客から求められるのは、これまでの銀行にない高度なサービスである。

　異常な低金利を映した「濡れ手に粟」の巨額利益が期待できなくなった以上、プライベートバンク部門はユニバーサル化する銀行の今後の方向性にも適《かな》うとして、各行が力を入れている。

　みずほは、預かり資産1億円をめどに、本店コンサルティング事業部に置かれたプライベートバンキング室のバンカーを顧客に貼り付かせている。同行幹部は、その目的は以下のようなものだという。

「顧客担当制を敷いて、金融だけでなく税務や法律にも長《た》けたプロが、お客さまと5年、10年とつきあうなかで、資産運用にとどまらないサービスを提供するつもりです」

　銀行には「銀行法第12条」のカベがあり、あらかじめ定められた業務以外は営むことができない。しかし、「執事」ともいわれるプライベートバンカーへの要望は、業法のカベを超えるものが少なくない。そこでみずほは、05年10月、「みずほプライベートウェルネスマネジメント」（みずほプライベート社）を設立、ここで投資商品を充実させるのはもちろん、美術品やクラシックカーの仲介・斡旋まで行うようになった。

　銀行のプライベートバンカーが約40名で、みずほプライベート社のスタッフが約60名。欧米型の「子供の留学、就職の世話から寄付などカネの使い方に至るまで、すべての要求に応える」というプライベートバンクの体制を整えた。

三菱東京ＵＦＪは本部内のプライベートバンク営業室に約１００名が所属、顧客の資産背景を押さえたうえで、コンサルティングを行い、それぞれに担当がつく。

06年5月、外資系証券会社としてプライベートバンキングに定評のあるメリルリンチと合弁で、「三菱ＵＦＪメリルリンチＰＢ証券」を設立したことで、方向性ははっきりした。１５０名のファイナンシャル・アドバイザーを抱えるこの子会社が本社と一体となって「究極のサービス」を担い、他の富裕層向け子会社がこれをサポートする。

三井住友の場合は、超富裕層のなかでも上場企業もしくは株式公開準備企業のオーナーとその一族に絞って、プライベートバンカーを配置している。プライベートバンキング営業第一部（東京）と第二部（大阪）に所属するバンカーの数は約60名。もちろん大口地権者、弁護士、医師といった富裕層にも個別対応のサービスを実施しているが、執事役の担当バンカーを置くのは、企業オーナーとその一族に限られる。

これらはメガバンクの「サービスメニュー」である。金融資産は1億円でも相続で数十億円、数百億円を手にするという資産家は多く、その人たちが望むのは、「国家の不条理」を感じさせる相続税からどう逃れるかであり、こうした出来合いのメニューではない。

とはいえ、グレーゾーンに入るようなメニューはメガバンクにはないし、顧客自身、リスクを冒《おか》せば、それによって得られるものより発覚によって失うもののほうが大きい。それでも顧客が、タックス・ヘイブンを利用した資産移動のようなグレー領域を望んだ時、メガバンクのプライベートバンカーが危険を承知で要望を聞き、ギリギリのサービスを展開できるだろうか。今後は、そこが問われることになりそうだ。

クレディ・スイスとシティバンクの蹉跌《さてつ》

富裕層の「欲」には限りがない。使い切れない富を保有していたとしても、それを「税」という形で国家に収奪されることを嫌う。それは富裕層の〝性《さが》〟であり、それぐらいの強い欲望がなければ、カネ持ちにはなれないという証明でもある。

その富裕層に仕えるプライベートバンカーには、長い歴史のなかで鍛えられ、磨かれた技術があり、資産の「分散」と「隠匿」を図ることを、自らの使命と考えている。ただ、そこに至る国際金融の流れを知らなければ、プライベートバンカーのことを十全には理解できないだろう。

国際金融の歴史は、キリスト教が利子収入を禁止、その隙間を縫う形でユダヤ教徒が高利貸しや両替商に手を染めるしかなかったという差別から始まっている。弾圧のなかで移動を余儀なくされたユダヤ系金融機関が、逆に離散状況を生かして貿易決済業に携わり、遭難被害の際の保険、事業リスクを分散するための株や債券を編み出すなど、金融技術は彼らの手で磨かれ発展してきた。

そのうえでユダヤ系金融機関が世界に礎を築くことができたのは、国際金融の〝源流〟といわれるドイツ・フランクフルトのロスチャイルド家が、19世紀初頭に5人の息子たちをロンドン、パリ、ウィーンなどに送り、その地で金融業を興させて、連携しつつ栄えていったからである。

つまり「分散」と「隠匿」は、国際金融の歴史のなかで生まれ、常識化していった。そしてプライベートバンカーが、顧客資産の「保全」に尽くそうと思えば、必ずぶつかるのが「国家の不条理」である。テロや政変、独裁国家や社会主義国家の成立、無能な政治家による国家財政の危機など、資産は常に国家によって狙われる運命にあり、その「不条理」から逃れることは、プライベートバンカーにとって善なのである。

この認識の差は、理解しなければならない。いくら日本のメガバンクがプライベートバンクの様相を整えたとしても、国による統治と納税を無条件で受け入れることを常識とする感性を持つ限り、プライベートバンカーにはなれない。バンカーは、顧客のためになら時に国家に牙を剝くこともある存在で、「合法」と「脱法」の範囲内なら何をしても許されるという感性を身につけて初めて、欧米系プライベートバンカーと対等に争うことができよう。

もちろん、必ずしも戦う必要はない。「秩序」の範囲内での穏健な資産保全のほうが、最終的には安全で心の平安も得られる。グレー領域を勧めるプライベートバンカーには、自らの成績や報酬を上げたいという欲が絡み、それが表面化した時には、客もプライベートバンカーも銀行も深い傷を負う。

ヤミ金融の帝王事件、全国小売酒販組合中央会事件、ライブドア事件と、03年から06年にかけて発覚した大型経済事件に、「クレディ・スイス」の名が立て続けに出たことがある。

クレディ・スイスは、１５０年の歴史を持つ世界有数の金融グループである。保有する資産は１６２兆円に達し、世界に４万５０００人の従業員を抱える。しかし、日本に本格的な銀行業務の拠点はない。

原因は、第一章で詳述した99年の検査忌避事件だった。「検査書類は金融検査官に見せるな」というメールまで送って検査を忌避したのは、北海道拓殖銀行などに売りつけていた約３０００億円もの「飛ばし商品」を、表沙汰にしたくなかったからである。

粉飾決算を目的としたインチキな利益を約束する金融商品の数々。破綻目前で隠匿に必死な金融機関や企業は、なりふり構わず購入、クレディ・スイスは「合法」に仕立て上げて販売、累計で数百億円の利益を得た。欲しいという人間に違法ではない商品を売りつけて何が悪い——おそらくこんな感覚である。ただ、後ろめたさはある。だから隠して東京支店は免許取り消し処分を受けた。

処分は自業自得だが、日本に本格的な銀行業務の拠点がないことが、その後の犯罪につながったのではないかといわれている。

「ヤミ金融の帝王」とは、山口組系旧五菱会《ごりょうかい》の実質的な幹部だった梶山進のこと。梶山の担当は香港支店のZである。またホリエモンの担当として株の売却益を飛ばす複雑なスキームを考えたのは同じく香港支店のQで、Qはジュネーブの本社勤務時代に、酒販中央会の年金資金１４４億円を信託契約のうえで受け入れている。

他の外資系幹部行員が解説する。

「クレディ・スイスは日本に拠点がなく銀行業務ができないから、金融コンサルタントなどと顧問契約を結び、彼らに手数料を支払って窓口となってもらい、優良顧客に接触している。そこにはどうしても無理が生じる。相手の素性を確かめられないし、資金の出所も気になる。でも、金融コンサルタントはカネにしたいし、自分も成績を上げたい。その無理が脇の甘さとなって、事件に絡んでしまった」

ヤミ金融の帝王事件ほど、犯罪組織が有力外資と組んだ時の怖さを教えるものはない。マネーロンダリングは自在に行われ、資金はスイスに飛んで、ナンバーアカウント口座に納められてしまった。

Zの仲介者だった会社経営者は、梶山がどういう人物かを知らないまま、クレディ・スイスに資金を預けたいという梶山をZに紹介する。03年5月、Zは「クレディ・スイスに資金を預けたい。とりあえず10億円を預けようと思っている」という梶山の言葉に即座に反応、口座開設の手続きと送金方法を伝えたうえで、「顧客の秘密は守ります」と、請け合ったという。

Zはこのカネが、後に「オレオレ詐欺」「振り込め詐欺」の〝元締め〟である梶山の「犯罪収益のカネだとは思わなかった」と主張、「脱税のカネだと思った」と、法廷で答えている。大口客獲得のためならカネの出自は問わないというか、あえて詮索はしない。それだけ「やばいカネ」であることを認識していたことになる。

海外を利用したマネーロンダリング——よく耳にはするが、その実態は知られていない。ヤミ金融の帝王事件は、公判でその詳細が明かされたことにも意味があった。

まず、梶山が無記名の債券（ワリコーなどの割引金融債）を購入、それを債券の換金業務などを代行する証券代行会社に持ち込んで換金を依頼する。この時、持ち込んだ人間は「クレディ・

スイス香港の代理人」と名乗る。Zが事前に連絡していれば可能だ。

その換金されたカネは、送金代行の外資系金融機関を経てクレディ・スイス香港に入金され、しかる後に香港支店の梶山口座に移され、さらにスイス・チューリッヒの本店口座(ナンバーアカウントと本人口座)に送られた。つまりクレディ・スイスは、自らの海外送金業務のなかに、「オレオレ詐欺」の犯罪収益金の一部約51億円を潜り込ませて、送金したのである。

同じクレディ・スイス香港で、Zの同僚だったQは、日本での営業窓口としてクレディ・スイス元行員のRを使っていた。国内大手証券からクレディ・スイスに転職、その後、金融コンサルタント会社を興したRは、金融界に顔が広かった。そのRの紹介でライブドアの堀江貴文、宮内亮治を顧客にしたQは、Rともどもライブドアの自社株売買、堀江貴文、宮内亮治ら幹部の資産運用にかかわっていく。

ライブドア事件では、堀江や宮内らが、香港やケイマン島に設立したファンドでの売買で得た自社株売却益を、ライブドアの売り上げに計上できるかどうかが問われ、東京地裁は「悪質な粉飾」であるとして二人に実刑判決を下した。

このスキームを最初に考えたのは、自殺した「エイチ・エス証券」元副社長の野口英昭だが、それを金融のプロとしてさらにスキルアップ、堀江や宮内のファンドも絡む複雑なスキームにしたのは、QとRの二人だった。

捜査の過程で、「自社株売却益還流スキーム」に使われた会社は、香港の下町の湾仔《ワンチャイ》あたりで、1社当たり約1万香港ドル(約16万円)で簡単に手に入ること、そこでは、ダミーの社長や役員を用意、銀行・証券の口座も開設してくれることが判明、「国際金融のウラ」として報道された。

国際金融の「分散」や「隠匿」のテクニックも、蓋をあけてみればたいしたことはない。ダミーが用意され、それがビジネスになっているだけなのだ。ケイマン島の私書箱に何万という会社が登記されている構図と同じ。ただ、その秘密を暴こうとすれば、国家権力を借りるしかなく、梶山事件の際、捜査権の及ばない香港で香港政府の協力を取りつけるのにたいへんな労力を要したことを思えば、「海外」のカベはまだまだ厚い。

酒販中央会の年金事件は、金融事件として扱われているわけではない。元事務局長の関秀雄による年金資金の背任横領事件として裁かれている。しかし酒販中央会は、06年5月、「契約に立ち会った金融機関の元行員（Q）は、外債投資の危険性を十分に説明せず、説明義務違反があった」として、クレディ・スイスを民事提訴した。

Qが窓口に使ったのは砂子健で、Qにどれだけの危険性の認識があったかは不明。ただ、これまでの経緯とそこから読み取れるクレディ・スイスの体質からすれば、酒販中央会の機関決定と英国企業やカナダのファンドとの契約関係に不備がなければ、それで問題はないという姿勢だったろう。顧客が望み、会社が儲かればそれでいい。拠点なき国で、この「収益至上主義」をこれからも続ける限り、クレディ・スイスが経済事件に関与する可能性がありそうだ。

一方、86年にプライベートバンクサービスを開始、97年には「シティバンク・プライベートバンク」として、独立した組織にしたシティバンクのプライベートバンク部門は、日本人プライベートバンカーの〝草分け〟ともいえる北出高一郎の存在もあって、よく知られた存在だった。マスコミ取材にも積極的に応じ、経営方針とプライベートバンカーの役割を語っていた。

シティバンクが気にしたのは、プライベートバンカーに、「顧客の要望に応じて脱税などのグレーゾーンにまで突っ込むバンカー」というイメージが定着していたことだ。そこで「金融面でのホームドクター」というコンセプトを打ち出していた。400人のスタッフを擁する日本最大規模の集団が、金融資産の運用、資金調達、不動産の活用、事業の承継などの顧客のあらゆる悩みに対応していくというイメージである。

そんな〝穏健〟をアピールしていた集団が、実は「怪しい金融マンの集合体」であることが明らかになり、衝撃を与えた。

暴力団関係者と見られる人物の口座を開いて海外送金に協力、資産家のために架空預金口座を開いて海外送金に協力、兼業の禁止を無視して美術品や海外不動産の取り扱い、高齢者相手に危ないデリバティブ商品の販売……。これでは処分されるのも無理はなく、04年9月、プライベートバンク部門は違法業務で国内免許取り消し処分を受けたのだった。

クレディ・スイスとシティバンクの「処分された行動」は、今後とも容認できないものではあるが、「見て見ぬふり」をして「脱法」を幇助《ほうじょ》するという彼らの行動原理に変わりはあるまい。その修正は、結局、個人の自覚とモラルに頼るしかない部分だが、そこに「法律に違反すること以外は国の縛りに従わない」という、外資に特有の「信念」があるなら、どこまでいっても平行線。この摩擦の解消には、長い年月がかかると覚悟しておいたほうがよさそうだ。

第七章
不動産を金融商品にした「比例報酬の長者」たち

「預かり資産2兆円」の公認会計士

長く逼塞《ひっそく》を余儀なくされていた往年の「バブル紳士」から連絡があった。

「事務所を開いた。遊びに来ないか？」

都内一等地のオフィスビル。人数こそ少ないが社員を抱え、秘書もいる。バブル期の華やかさとは比べようがないものの、捜査当局から狙われ、会社を閉じ、債権者の目を逃れるために身を隠していた時期があったことを思えば、見事な〝復活〟である。

銀行融資は受けられない。だが、不動産ブローカーとしての道が開けた。快活さが蘇り、声にも張りがある。

「ファンドが物件を欲しがっている。彼らにはカネはあるが、土地を商品に仕上げる能力がない。そこで私の人脈とノウハウが生きる。仕事はいくらでもあるよ」

不動産バブルが全国に広がっている。

反転したのは2006年からである。国土交通省の基準地価（9月19日発表）は、「3大都市圏で16年ぶりに上昇。住宅地で0・4％、商業地で3・6％」と、なっていた。

わずかながらの上昇で、「反転」にはほど遠い印象だが、現場の過熱感はそれどころではなかった。基準地価の2倍、3倍で取引が行われ、入札には業者が殺到、「想定価格の倍以上を入れないと落とせない」（大手不動産会社幹部）といった状況が続き、物件価格の上昇を見越して、マンション業者は売り惜しみを始めていた。

長く塩漬けされていた案件が動き出し、地上げが復活、末端まで不動産マネーが行き渡るようになった。なぜ復活したかについては、日本経済の回復、世界的に見て割安な日本の不動産など、幾つもの要因が考えられるが、最も大きな理由は、不動産ファンドが急拡大したことである。

私募形式のファンドと、公募の不動産投資信託（リート）は、リートの誕生した01年9月以降、5割アップや倍増の右肩上がりが続き、07年3月の段階で11兆5000億円に達していた。バブル崩壊後、資金の出し手がいなくなり乾ききっていた不動産市場に、ようやく水（資金）が注ぎ込まれるシステムが出来上がった。

土地を動かす主役は、金融機関からファンドに替わった。価格決定メカニズムは、近隣の地価を参考にする事例主義から利回りで価格を算定する収益還元法になった。ファンドへの移行に伴い、土地を動かすのは「度胸一発」の不動産業者から不動産金融工学を修めたような証券化のプロに替わった。

そんな変化を、肌で感じる瞬間があるものだ。04年7月、冷房の利いた小会議室で、公認会計士の〝個人講義〟を受けていた。30代半ばで吊りズボン姿。端正な容貌で理路整然と、不動産証券化を教えてくれる。

「年金も保険も老後も、政府は面倒を見切れないから自分たちでやってください、というのが郵貯・簡保の終焉であり、ペイオフ（金融機関が破綻した場合、元本1000万円とその利息までしか保証されない制度。05年4月1日から実施）の実施でしょう。自助努力に自己責任で１４０兆円の金融資産を使って生き延びましょうというメッセージでもある。そのためには、投資商品のメニューを揃え、『幼稚園児並み』といわれる日本人の投資の知識水準を引き上げる必要がある。ミドルリスクミドルリターンの不動産投信は、こうした政府の思惑にピッタリの金融商品です」

「成長が継続、インフレが前提の国家なら、企業は資産を土地という形で保有してもいいでしょう。しかし右肩上がりの土地神話は終わったのです。値上がりもするが値下がりのリスクもある不動産を、その道のプロでもない経営者が持つべきではありません。リスクは本業に限るべきです。バランスシートを小さくして、不要な資産は持たず、資本効率を上げる時代に入っていきます」

企業にとって、不動産がリスクのある資産となり、必然的に「所有」するものから「利用（賃貸）」するものへと変わり、所有する主体がファンドとなる必然がよくわかった。ただ、そうした〝理屈〟より、変化を肌で感じたのは、次の言葉だろう。

「不動産流動化のお手伝いという意味では草分け的存在ですから、管理しているＳＰＣ（特別目的会社）の数は５００社ぐらいになるでしょうか。ＳＰＣの持つ資産総額は２兆円を超えると思います」

不動産の流動化（証券化）のためには、その不動産の活用だけを目的としたＳＰＣの設立が前提となる。その運営（代表）には、証券化にかかわった誰が就任してもいいが、スキームが完成して証券化を終えると、後は税務や経理といった数字の世界での管理業務が待ち受けているだけだから、公認会計士が代表を引き受けることが多い。

そう聞いてはいたが、目の前の紳士然としたインテリに、「資産総額2兆円」と、サラリといわれると、麻布自動車の渡辺喜太郎、「末野興産」の末野謙一、桃源社の佐々木吉之助といったバブル紳士の事業とは、まったく違うシステムなんだということを理解していながらも、驚いてしまった。が、同時に、不動産が金融商品となったことを実感させられるのだった。

21世紀から始まった「不動産流動化」の現場

不動産バブルを牽引《けんいん》する「上場リート」の数は、07年3月末で42となった。「森トラスト」「東急不動産」「野村不動産」「東京建物」「平和不動産」といった老舗の不動産会社から、「パシフィックマネジメント」「ケン・コーポレーション」「ケネディクス」など新興不動産会社に至るまで、収益不動産を扱う業者は軒並みリートを組成、次々に物件を取得して資産規模を大きくしている。

この「上場リート」は、証券取引所に上場している金融商品なので、いつでも換金は可能。価格は50万円から100万円に設定、購入すれば2％台から4％台の利回りが期待できるし、売却時にキャピタルゲイン（譲渡益）を得る可能性もある。「リート」が資産規模や取得物件などをすべて開示しなければならないのに対し、開示義務がなく、機関投資家向けに販売されるのが私募ファンドである。

国内勢では、「ダヴィンチ・アドバイザーズ」の「1兆円ファンド」がよく知られているが、外資も日本の不動産向けに攻勢をかけており、米「モルガン・スタンレー」は07年夏までに80億ドル（約9600億円）ファンドを組成、米最大手ファンドの「ブラックストーン」も100億ドル（約1兆2000億円）の不動産ファンドを立ち上げ、双方、かなりの資金を日本に振り向ける方針。ちなみにモルガン・スタンレーはすでに日本で、約2兆円を投資した実績を誇っている。

これだけの資金が不動産に投入され、しかもそれは利回り計算のできる収益物件に限られるのだから、東京都心や名古屋、大阪、福岡などの地方中核都市で不動産バブルが発生するのも無理はないが、このブームが21世紀になってから始まった歴史の浅いものであることにも驚かされる。

不動産が変動リスクのある資産となってから、日本の企業は、寮、保養所、研修所、グラウンドなどを次々に売却した。

この動きに、会計基準の国際化に伴う減損会計導入などが加わって、バランスシートの一層のスリム化が求められることになった。つまり、必要だと思って残していた本社ビルや工場まで、将来の負債要因にならないようにと売却、証券化などを通じてオフバランス化することが求められたのだ。

その代表例が、ＮＥＣが港区のＪＲ田町駅近くに持つ地上43階建て、高さ180メートルの本社ビルの証券化だった。発表は2000年1月である。大企業の決断に、「所有しない時代」の到来を感じた企業関係者は少なくなかったが、前期に1600億円近い赤字を計上していたNECは、証券化による900億円の調達で、有利子負債の削減とリストラを図らねばならなかった。

この証券化のテクニックに加え、不動産の流動化に必要だったのがノンリコースローンである。「ノンリコース」とは言葉通り非遡求《そきゅう》型で、当該事業以外にローンが及ぶことはない。それまで主流のコーポレートファイナンスであれば、会社の信用に応じた貸し付けなので、金融機関の回収はどこまでも続くのだが、ノンリコースローンなら「プロジェクトのみ」だから、例えば事業に失敗したとしてもローン部分は金融機関の自己責任だ。

ノンリコースローンを使った不動産商品化の第1号は、「リビエラファシリティーズ」(旧丸金コーポレーション、以下リビエラ社)が東京・原宿に建設した地上18階建てのセコム本社ビルだった。事業着手は1999年である。

まず、SPCの原宿ビルを設立、東郷神社から地上権を借り、ビルが完成すれば警備保障大手のセコムが入居することを条件に、130億円のノンリコースローンの調達に成功した。応じたのは、日本開発銀行(現日本政策投資銀行)、フコク生命、安田生命(現明治安田生命)である。

その苦境を、リビエラ社で不動産事業を管掌《かんしょう》する大濱民郎副社長が、卒直に、こう振り返ったことがある。

「バブル崩壊後、誰も見向きもしない借金まみれの一文なしの会社が、どう事業展開できるのか。それを可能にしたのがノンリコースローンでした」

ノンリコースローンは、企業にとっても、投資家にとっても、金融機関にとっても、使い勝手のいい「魔法の杖」となった。

SPCは3割近くのエクイティ（資本）部分に出資する投資家と、それ以外の部分をノンリコースローンで購入する金融機関とに分かれるのだが、投資家はハイリスクハイリターンを期待でき、金融機関は下落率をエクイティ部分の約3割まで織り込んだうえで、通常の金利より高めのローンを組むことができる。そして、SPCを組成するNECのような企業、リビエラ社のような不動産会社、それにファンドはリスクをほとんど取らず、スキームを作成のうえで事業化に邁進すればいい。

バブル期、都内23区で「億ション」が一般化、庶民が住宅を購入できなくなる一方で、不動産を売却したわずかな資産家が、数億円から数十億円を「濡れ手に粟」で手にするようになった時、「土地は誰のものか」が議論され、「税金によってインフラを整備した都会の商業地は、公共財として捉えるべきだ」という声が強くなった。

さすがに概念はともかく、実態として「公共財」にはならなかったものの、利回り計算ができる商業地は、私募ファンドや上場リートを通じて、みんなが所有できる金融商品となった。

不動産が金融商品化したことで、「土地」と「株」という2大資産は、証券に集約された。これを扱うのは現代の錬金術師であるファンドマネージャーだが、彼らを、資産家から資金を集めて利回りを得るだけの金融マンと見てはなるまい。

金融資本と産業資本の拮抗《きっこう》が崩れ、金融資本が実体経済の製造業、サービス業、第1次産業などに影響を及ぼすようになってから、金融資本を代表するファンドは、「欲望の塊」となって、企業や土地に短期利益を要求するようになった。

「功罪」はともにあるが、その影響力たるや、ジョージ・ソロスに襲われた英国、アルセロールミッタルに狙われた新日鉄を見るまでもなく、一国、大企業を揺るがすほどに大きく、ファンドマネージャーは方向性を定める「舵取り役」を担う。

しかし、欲望の〝僕《しもべ》〟にそんな大役を任せていいのか。ファンドマネージャーとは何者かも含めて、考える必要がある。

実体経済を歪めて太るファンドの罪

ファンドとは「カネの塊」である。

個人や法人の余剰資金、年金や基金の運用資金などが流れ込み、少しでも高い利回りを求める。つまり「カネの塊」は、自己増殖を求める「欲望の塊」でもあり、国境には縛られない。自由度の確保は、カネの増殖に欠かせないと判断しているからだ。

この捉えどころのない変幻自在のファンドが、世界的な資金余剰と経済のグローバル化のなかで、国の経済システムを左右するほど巨大化、「ファンド資本主義」と呼ばれるようになった。

企業再生、M&A、不動産活用、資産運用などのあらゆる局面でファンドの存在は欠かせない。

数千億円から数兆円の運用規模を持つファンドが、上場企業の株を買い占め、さまざまな注文をつける。株主が主人となる資本主義のもとでは当然の行為だが、買い占められた企業の側は、経営者も従業員も既得権益を奪われるのだから反発する。

カネの力によるゴリ押しは、地域社会や国民など周囲の反発も招く。カネが欲しい一方で、カネに嫌悪感を持ち、カネ以外のものに価値観を置こうとする心情は、古今と洋の東西を問わない。

その「カネの塊」「欲望の塊」を操り、少しでも高いパフォーマンスを目指す運用者のことを、ファンドマネージャーと呼ぶ。かつては金融機関に所属、投資信託を任されるサラリーマン運用者のイメージだったが、外資系、独立系が急増、運用規模と影響力は、かつてと比べものにならないほど大きくなり、日本経済を左右する。いまやファンドマネージャーは、資本主義の「主」になることもある存在だ。

投資家の飽くなき欲望に応えるためには、政治経済の森羅万象に目を配り、人脈を広げて情報を収集、間違いのない投資判断を下さねばならない。緊張は24時間続き、そこから逃れるためか、巨大ファンドのマネージャーのなかには、酒を浴びるように飲む人もいる。

機関投資家などから資金を預かって株や債券に投資するファンドマネージャーの場合、朝はすこぶる早い。4時、5時に起床、7時台の出社前には情報収集から朝までに届いたメールのチェック、返信はすべて済ませ、出社してから相場が開く9時までには、社内会議や連絡事項もすべて終わっている状態だという。日中はミーティングや会食、説明会の連続で、夜も会食。土日は海外マーケットを追いつつレポート作成など、まとまった時間を要する仕事を片付けるから、結局、３６５日24時間臨戦態勢である。

投資ファンドだけでなく、Ｍ＆Ａや不動産なども、ファンドは成功報酬型のビジネスだから気を抜くことができない。Ｍ＆ＡやＭＢＯ（マネージメント・バイアウト＝経営陣による買収。会社の経営陣が株主から株式を譲渡されたり、事業部門の責任者がその部門の営業権の譲渡を受けたりして、経営者として独立すること）は案件を受注しなければ仕事にならず、１００かゼロかの世界。不動産も物件を落札、あるいは地上げに成功して手に入れて初めて仕事にありつく。そこでもまだスタートライン。ファンドに利益をもたらさなければ、遠慮なくクビを切られる。

楽な商売ではないが、その見返りは果てしなく大きい。高い運用益を上げれば、その何割かが成功報酬として約束される。１０００億円ファンドのマネージャーが、３００億円の利益を確保したとしよう。投資ファンドの場合、成功報酬は平均20％なので、60億円はもたらされよう。

この成功報酬をもたらす金融資本のあり方が、実体経済を歪める。

食料も車も家も「モノ」には値段がつき、ホテルや理髪店などのサービスには相場がある。この資本主義社会における「相場」の原則に従っている限り、人はそれほど大きく儲けることができない。

ところが、製造、販売、サービスの果てに蓄積された富の運用に携わる人は、対価を「利益の割合」で受け取るために、巨万の収入を得ることが可能だ。相場における運用の報酬は利益の20

%、M&Aにおける報酬は、取引の3%で、コンサルタントなら1%……。現代の錬金術師たちは、この「パーセントの商売」のなかに生きている。

この「パーセントの商売」に生きる人は、ファンドの欲望に自らの欲望を重ね、欲望を2乗にして実体経済を揺るがす。

実際、ファンドや投資銀行が得意とし、実行されたM&AやMBOに、どれほど必要に迫られたものがあっただろうか。また、効果は上がったのだろうか。

ライブドアがそうだったように、「M&Aは売り上げをとりあえず増殖するのが目的」という事業会社は多く、勧めるファンドや投資銀行の〝本音〟は、アドバイザー料や手数料欲しさである。M&Aを経験した経営者のうちの7割が、後に「失敗だった」と告白している。ここに「ファンドの欲望」が顧客を呑み込む恐ろしさがある。

不動産ファンドは、自らリスクは取らない。出資額に対し、年間1%内外のマネージメントフィーと、投資にかかる人件費を含む管理費の一定割合をファンドに負担してもらう。もちろん、投資ファンド同様、運営者は自分のファンドに出資もしているのでノーリスクではないにせよ、「経費ファンド持ちの勝負」なので、無理な調達と物件取得になっていることがある。

また、この成功報酬の世界には、公認会計士、弁護士といった専門家も含まれる。勝負の上前を撥《は》ねる人たちで、その買収戦略が企業の成長に役立つかどうかは関係ない。複雑で、揉《も》めるほど彼らには利益が出る。

金融の世界のとてつもない利益は、こうして金融関係者を潤す。そして、10億円のM&Aも1

000億円のM&Aも労力にそれほど差はないのに、「パーセントの世界」なので、報酬はずいぶん違う。そこで大きな案件をみんなが狙う。金融資本に「ビッグディール中毒」が多いのはそのためだ。

ここでは、勤勉であるかどうかはあまり意味を持たない。勝つか負けるか、出資者に十分なリターンを返せるかどうかだけが評価の基準である。その結果、最も潤うのがファンドや投資銀行で、肝心の事業会社には資金が回転した慌ただしさだけが残ったという例は少なくない。

こうしてファンド関係者に途方もない収益が成功報酬としてもたらされ、彼らは二極化の一方の極を占める。一方、金融資本が推し進める効率化のなかで、勤勉な作業に従事する労働者の賃金とサービス料は低下、二極化のもう片方を形成する。

この現実は、究極の金融資本であるファンドがもたらした「罪」だろう。

やる気を鼓舞するファンドの功績

「欲望の塊」であるファンドは、本能のままに「利」を求めて行動する。そこでは、カネ以外のモノに価値を置く感性は否定されるのだから「罪」を探せば切りがない。

しかし同時に、シビアな合理主義のもと徹底的な効率を求めるファンドが、「株式の持ち合い」に慣らされて、監視役の不在をいいことにだらけ切った経営を続けるサラリーマン社長に匕首を突きつけたことで、証券市場全体に緊張感を走らせ、経営者に自社の経営内容を恐怖感をもって振り返らせ、株価やＩＲに常に気を配らせるようにするなど、市場と企業に規律をもたらしたのは確かである。

日本の司法は、村上ファンドとスティール・パートナーズという内外の2大アクティビストファンドの「もの言う活動」を、「利益至上主義に走り過ぎた資本の乱用者」であるとして否定した。

その判断はともあれ、村上世彰やウォーレン・リヒテンシュタインの主張自体は、正しい。「阪神タイガース」の知名度に頼り、甲子園球場を大正時代の簿価のままに捨て置いた阪神電鉄経営陣や、「１００年のソースの歴史」に安住して株式を買い占められることなど想定していなかったブルドックソース経営陣に、反省の余地はある。

裁判所は、「対案」を持たない村上やリヒテンシュタインの手法を問題とした。確かに過半近くの株式を握ったり、ＴＯＢをかけたりしながら、村上らが経営陣や株主に方向性を指し示さなかったのはおかしい。「乱用者」といわれても仕方あるまい。

ただ、それは彼らがアクティビストファンドだからであって、ほとんどのファンドは90年代の後半以降、続々と進出した外資系ファンドも、「外資の技」を習得して独立した和製ファンドも、着々とその役割を果たしている。ファンドは、ホテルやゴルフ場やリゾート地を再生させ、企業を再建する主要なプレーヤーとなった。

下落する一方だった不動産は、ファンドが主導する金融商品化で蘇り、どん底だった株価を刺激したという意味で、投資ファンドの果たした役割は大きい。つまり日本の資産デフレは、「フアンドの手法」がストップさせたといっていい。

企業再生ファンドは、「民」ではリップルウッド・ホールディングス、「官」では産業再生機構が有名で、他の企業再生ファンドの存在は忘れられがちだが、実際には多くの企業が、しがらみを持たないファンドの手によって、無駄を省かれ、意識改革を迫られ、摩擦を起こしながらも再生していっている。

外資系では、カーライルが「DDIポケット」「キトー」、サーベラスが「ダイア建設」「あおぞら銀行」、リップルウッドが「新生銀行」以外に「ナイルス」「フェニックスリゾート」、ローンスターが「東京スター銀行」「雅叙園観光」の再建に関与、すでに売却や上場で、したたかにリターンを手にした例もある。

国内勢も独立系のアドバンテッジパートナーズが、「ダイエー」の支援企業に選ばれたことで脚光を浴びたが、これまでにも「弥生」「富士機工電子」「BMBミニジューク（現BMB）」など16社で投資、再生の実績を誇り、同社と並ぶ老舗のMKSパートナーズは、「ザイマックス」「ベネックス」「福助」「ラオックス」などで腕をふるっている。ほかに、「三菱自動車」の再建で名を上げたフェニックス・キャピタルや、「東ハト」「キリウ」のユニゾン・キャピタルなど枚挙にいとまなく、これにみずほキャピタルパートナーズ、野村證券系のジャフコなど金融機関系ファンドもあって、百花繚乱の趣だ。

しかし、本業が傾いた企業を、「ファンドの手法」で蘇らせるとはどういうことなのか。

官公庁や民間企業の自家用自動車の運行管理を行う「大新東」という会社がある。04年末、再生ファンドの「カレイド・ホールディングス」（カレイド）の傘下に入って再建に着手、07年4月、レストラン・カラオケの「シダックス」と資本・業務提携、新たな段階に入った。

大新東の経営が傾いたのは、グループ企業で「日光江戸村」などの運営会社である「時代村」への〝のめり込み〟が原因だった。「日光江戸村」は、「江戸」に時代設定したテーマパークで、東京ディズニーランド開業の3年後の86年にオープン。歴史に造詣が深く、『徳川の女』『維新を動かした男』といった著書があり、劇場で演じられる脚本も書くという創業者の野口勇が立ちあげた。

つまりオーナーの趣味。ワンマン経営者が副業に力を入れ過ぎたという典型的な経営危機のパターンにはまって身動きが取れなくなった。そこに登場したのがカレイドを率いる川島隆明。大新東が発行した183億円の第三者割当増資を引き受けて筆頭株主となり、会長に就任、野口は経営を退いた。

川島は旧興銀出身。米ノースウエスタン大学でMBAを取得、興銀証券執行役員を最後に同行を退社、01年5月、英国系ファンドの「シュローダー・ベンチャーズ」に入社するが、翌年には企業再生の草分け的存在である松木伸男とともに、同社を買収、MKSパートナーズとした。

MKSでは「ベネックス」「ユアサ商事」、マンション販売の「マルコー」（現ダーウィン）の再建にかかわり、120年の歴史を持つ靴下の福助の再生計画に会長として参加、そうした経験を踏まえて04年9月に設立したのがカレイドで、その第1弾が大新東だった。興銀を辞めてからの人生はめまぐるしいが、それだけ動きが激しいのがファンドの世界といえよう。間接金融で鍛えられ、独立してからは直接金融で自らリスクを取る川島に、「再生」の必要十分条件を聞いたことがある。

大新東の会議室。打てば響くカンの良さで質問に答える。印象に残ったのは、「やる気にさせる」という経営の原点を繰り返したことだった。

「企業再生の原点は、今までと同じ人たちが、同じ道具を使って、でもやり方を変えて仕事に取り組むことです。経営陣が替わるのは、再建企業にカンフル剤を打つ程度の役割でしかありません」

「何が正しい手法かをわかっているのは社員なんです。それがワンマンの存在など、リーダーシップが強過ぎる余りに判断力を停止、事なかれ主義となっているケースが多く、大新東もそうだった。そんな会社に別の権力を持ってきても意味はありません」

企業再生ファンドは、カネの力でバランスシートを改善、しがらみのなさで無駄を省き、効率性を追求する体制を整える。ここまではある意味、誰にでもできる。だが、そこから浮上させるのは社員であり、彼らに「自覚を促す環境づくり」のほうが実は難しい。

ファンドは金融資本の権化で、情のない存在だが、目的の「リターン」を達成するためには、「情」も「理」も「和」も必要だというところに人間社会の複雑さと、資本主義の奥の深さがあるといえよう。

ブランド、外資、ファンドが仕掛けた銀座バブル

戦後の復興期も高度経済成長期もバブル経済期も、「銀座の土地」は常に「日本の資産」の指標だった。銀座から上がり、銀座から沈んだ。そして06年から始まった日本の「地価の反転」は、銀座では21世紀に入るとともに始まっており、04年末までには坪1億円の取引が成立、06年に入ると1億5000万円に限りなく近くなり、07年8月にはティファニービルが1億8000万円で売買された。

日本の商業地は金融商品となり、その価格は利回りから計算する収益還元法によって決定されるようになった。そうなると、理論上、「不動産バブル」はありえないのだが、現実には高値摑みもある。

「坪当たりの賃料を、例えば30万円とか、とてつもなく高く設定、高額買収の辻褄を合わせるんです。今はそれでも不動産市況が過熱、銀座中央通りの1階ショップ部分ならその値段で入居する企業もあるでしょうが、過熱感が長く続くとは思えない。そうなると、無理な利回り計算は破綻、周辺にも連鎖して地価は下落します」（不動産仲介業者）

資本主義社会における〝値決め〟は、かくも難しいという証明だが、バブル崩壊でどん底に沈んだ土地が再生するドラマを再現するのに相応しいのはやはり「銀座の土地」である。それはブランドから始まった。

日本の土地を下げ止まらせたのはブランドだった。「ルイ・ヴィトン」「プラダ」「エルメス」「シャネル」などの高級ブランドが、百貨店での販売に飽き足らず、「フラッグシップ・ショップ（旗艦店）を持ちたい」と、銀座、赤坂、青山、表参道に土地を購入するようになってから、都心商業地価は上昇を始める。

象徴的なのは、「歌う不動産屋」といわれた千昌夫が85年5月のバブル真っ盛りに購入した表参道の一等地を、２０００年7月にルイ・ヴィトン・ジャパンが取得、ショップが2年後に完成、オープン初日に1億円を売り上げたことだろう。不動産登記簿謄本に記された「傷《いた》んだ履歴」が、ブランドによって消され、不動産の輝きを取り戻した。

この動きに触発されたシャネルは、02年2月1日、ダイエーが銀座3丁目に所有するビルを会社売買の形で購入した。登記簿謄本上は、「㈱ダイエー銀座ビル」から「シャネル銀座㈱」への社名変更。株式の購入額とダイエー銀座ビルが抱えていた負債の肩代わりで、シャネルが投じた資金は約１７０億円といわれている。

ダイエー銀座ビルは地上10階建てで「松屋銀座」正面の角地という一等地。敷地面積は２０６坪だが、そのうち63坪は借地。したがって単純な坪単価の計算は難しいが、７０００万円台の取引といって間違いない。当時は「高過ぎる」といわれたものだが、07年には「その倍」となっているのは前述の通りである。

ブランドが都内の象徴的な物件を購入していた頃、外資もまた不良債権を処理して稼ぐだけの「ハイエナ商法」を脱し、ファンドを組成、金融商品に仕上げるビジネスを手がけるようになった。

　90年代末、「カーギル」、ゴールドマン・サックス、モルガン・スタンレーなどの外資の不動産部隊は、日本の金融機関がバルク（一括）で売り出す不良債権の受け皿となり、簿価の5〜10％で仕入れた土地を、右から左に流して巨利を得てきた。２０００年以降は、物件を仕上げて金融商品化、それを私募ファンドやリートに組み込み、流動化させた。

　この「所有」から「金融商品」への流れを主導したのは外資の貢献だが、なかでも熱心だったのがモルガン・スタンレーである。同社は、日本語の堪能な米国人スタッフや日系人などを揃え、権利関係の複雑な案件にも乗り出し、傘下のファンドで取得していった。

　代表的なのはケージーアイの下にエー、ビー、シー、ディーとアルファベットで分けたファンドで、銀座を地上げしたのは、そのうちの「ケージーアイ・オー・リミテッド」（登記上の本店は英国領西インド諸島ケイマン島）である。２０００年10月、中央通りに面した「パールビル」を取得した。

　これは約１００坪の敷地に、９階建てで延べ床面積約１６００坪の老朽化した物件だったが、この土地の変遷は、日本の「局地バブル」そのものだ。ほぼ真四角と形状はいいものの、大物右翼の資産管理会社が賃借契約を結んでいることもあって、地上げはなかなか完了せず、モルガン・スタンレーは坪３０００万円で買いながら「塩漬け状態」が長かった。

　しかし、粘り強い交渉の末、03年末までに、地権者や借家人などとのだいたいの交渉を終えて「スルガコーポレーション」に売却、同社の手で最終的な権利関係の調整を済ませて、04年6

月、時計会社の「スウォッチグループジャパン」に売却された。価格は坪９０００万円近かったという。

こうして銀座バブルが進行するなか、村上世彰が率いる村上ファンドが、銀座の不動産争奪戦に参戦していたのは、あまり知られていない。その端緒を村上に教えた会社経営者が苦笑していう。

「村上ファンドの銘柄選定は、村上のカンに頼るところが大きかった。だから村上はいつもアンテナを張り巡らせ、『いい銘柄はないか』と探していた。04年の中頃、『松屋はどうか』と勧めたことがある。『銀座の土地の含み益は相当なものだ』といってね。興味があるような、ないような顔をしていたが、05年に入ると猛烈に買い進み、株価を2倍、３倍に引き上げたのでびっくりした」

実際、「松屋」は、村上ファンドが「大量買い」に入るまでは、マーケットに忘れ去られた存在だった。

創業は明治2年。横浜市で「鶴屋呉服店」として店を構えたが、同22年、「今川橋松屋呉服店」を買収し東京・神田に進出、大正13年に「株式会社松屋呉服店」と改称し、翌14年に銀座に進出、そして大正15年、銀座３丁目の現在の地に本店を移した。

「三越・伊勢丹」「大丸・松坂屋」「髙島屋」「そごう・西武」と百貨店が4強時代を迎えるなか、「松屋」のような中堅以下の生き残りは難しく、「松屋は伊勢丹が大株主ということもあり、三越・伊勢丹連合に合流するのではないか」（業界関係者）といわれているが、「松屋」には誰に狙われてもおかしくはない資産がある。銀座の土地だ。

「松屋」は、銀座本店と浅草支店の2店舗しか持っていないが、浅草支店は借地であり、資産は銀座のみで非常にわかりやすい。しかもその面積たるや半端ではなく、大正14年の進出以来、買い増しており、現在3636坪を誇る。銀座だけでなく東京23区内の商業地で、これだけまとまった土地を探すのは難しい。

会社を「モノ」として扱い、価値を不動産だけに限定する見方には異論があろう。だが、資産を生かし切れず、解散価値よりかなり低い価格で株価が形成されていることに、経営陣が無頓着でいるのは問題だ。

「松屋」のバブル崩壊以降の株価の変動のなさには、ただただ呆れるしかない。2000年以降を眺めても、ITバブルに踊ることもなければ、「日本株見直し」の機運に乗ることもなく、400円から500円のレンジで行き来をするだけの魅力のない株だった。

村上ファンドが目をつけ、〝仕込み〟を開始したのを04年末と考えると株価は約500円。株式時価総額は約270億円となり、資産とのギャップはあまりに大きい。坪単価を1億円とすると3636億円。仮に「松屋」を買収、銀座の土地を更地にして売却した時の利益は莫大である。

土地は所有権者のものであり、会社は株主のものではあるが、いずれも公的存在として社会的制約を受ける。

土地の価値は、鉄道、道路などの交通インフラ、電気、水道、ガスなどの公共インフラ、それに教育や治安などの住環境によって決まる。会社もまた、従業員がいて地域社会との連係によって成り立っており、「株主主権」は認められたとしても、モラルや常識を無視した利益追求だけの商法が、社会に受け入れられるわけがない。

そういう意味で、銀座に広大な土地を持つ「松屋」という会社は、敵対的買収を免れてはいるものの、資産に見合うだけの魅力を構築していない。さすがに村上ファンドによる買収（後に売却）で注目されて以降、株価は2000円前後を維持しているが、これは「土地持ち企業」としての魅力が過半だろう。それでも時価総額は1000億円強で、銀座の資産価値を大幅に下回っている。

「松屋」には、外資系ファンドが友好を装いつつも、狙いは土地で買収をかけてくる可能性が常にある。そうした金融資本の論理を、「建前」や「常識」でいつまで跳ね返すことができるのか。それは上場企業がすべて直面している問題であり、「松屋」の行方はその試金石になっているといって過言ではない。

「サーベラス vs.毎日新聞」を生んだ南青山の土地

ギリシャ神話に基づく「地獄の番犬」ケルベロスの英語読みを社名にしたというおどろおどろしさ、記事を書けばすぐに訴えてくる強圧的な姿勢、ホームページを持たないのはもちろん、日本オフィスの所在地や電話番号すら明らかにしない秘密主義――「サーベラス」は厚いベールに包まれた謎のファンドである。

ただ、目の前のソファに座る日本の不動産責任者は、実直なサラリーマンの印象で、傲岸不遜《ごうがんふそん》な外資系ファンド役員のイメージからはほど遠い。実際、「外資渡り歩き」の英語使いではなく、マンション販売会社で不良債権処理を黙々と、しかも実績を上げながらこなしていたところを気に入られ、サーベラスに引き抜かれたのだった。

聞きたいことは幾つもあった。サーベラス・グループが地上げしていた東京・南青山の土地をめぐり、国会質問した国民新党の糸川正晃代議士を、暴力団関係者が地元・福井県の飲食店に呼び出して恐喝（06年3月3日）、その糸川代議士の国会事務所と一連の騒動を報じた毎日新聞社に、実弾入りの脅迫状が郵送（同年5月29日）された直後だった。もっとも、サーベラス・グループと暴力団関係者を結びつけるものはなく、肝心な質問は次の一点に絞られた。

――福井に行き、糸川代議士の恐喝現場に同席していたのではないか。

彼は、色をなして否定した。

「とんでもない。私はこれまでの人生で福井県に足を踏み入れたことすらない」

この言葉は、半年後の07年2月22日、警視庁組織犯罪対策4課が恐喝容疑で滋賀県のゼネコン顧問と、前草津市長を逮捕、サーベラスグループは無関係だったことで証明される。二人は福井のスナックで、暴力団組長を同席させたうえで、「あんたが質問して迷惑しとる仲間が大勢おるんや」「今後、質問したら仲間が許さんよ」などと脅したという。

バブル時代を彷彿《ほうふつ》とさせるような泥臭い事件である。日本であおぞら銀行を買収、米国では自動車大手のクライスラーを再建支援する巨大ファンドに似つかわしくない。だが、これまでに何度も経済事件化、暴力団関係者が跋扈する「因縁の土地」に、サーベラスが深くかかわったのは事実なのである。

事件を振り返ってみよう。それは『毎日新聞』の記事から始まった。

「米国ファンドのサーベラス・グループ（本社ニューヨーク）系列の不動産会社『昭和地所』（東京都中央区）が行った東京都港区南青山の一等地の地上げに、山口組系暴力団と親しい関係者が関与していた疑惑が浮上した。昭和地所副社長は『適法業者と認識している』としているが、関係者は毎日新聞の取材に暴力団とのつながりについて認めている」（06年1月12日付）

サーベラスは即座に反応する。ニューヨーク連邦地裁に1億ドルの損害賠償請求訴訟を起こした。12月に入って両者は和解するが、外資系ファンドの主宰者がその時のサーベラスの立場をこう代弁する。

「ファンドの出資者のなかには、年金などの投資家もいます。そうした出資者の手前、暴力団関係者を使って地上げを進めていると書いたマスコミへの訴訟はやむを得ない。強く抗議しなければ、出資を引き揚げられる可能性があります」

しかし、事態は『毎日新聞』の警告が的中する形で進んでいく。「毎日報道」を受けて、「質問回数日本一」を打ち立てるなど元気な糸川代議士が、2月14日、衆院予算委員会で質問に立つ。

糸川代議士の質問は2点。第一に南青山3丁目の主要部を保有する都市再生機構（ＵＲ）に、「所有の経緯と現在の状況」を聞き、ＵＲ理事長から「03年7月に土地有効利用事業として２６

16平方メートル（約793坪）を取得、現在、土地集約化を目指している」という回答を引き出した。

第二は隣接地でサーベラスが行っている地上げの件。サーベラスジャパンと米国のアドバイザリー会社が国税局の調査で申告漏れを指摘されているのではないかと追及、国税当局が「守秘義務」を理由に答えないと、「ファンド規制が必要ではないか」と、与謝野馨経済財政政策担当相（当時）に迫った。

報道と国会質問を機に、サーベラスからの資金が地上げの実行部隊に流れなくなった。それが、3月3日の恐喝へとつながるのだが、糸川代議士を呼び出すために、「大野（功統）元防衛庁長官の秘書と岩永（峯一）元農水相の息子がいるから」と政界関係者の名を使うなど、手がこんでいた。恐喝グループはそれだけ追い詰められていたわけである。

件《くだん》の土地は、UR分とサーベラス・グループ保有分を合わせて約1500坪。ほぼ正方形と地形もよく、国道沿いの一等地とあって「きれいに上がれば750億円」と、いわれていた。地上げは他の金融商品と同じく成功報酬。欲に目がくらんで代議士を脅す輩が出てきてもおかしくはない。

実際、ここは「呪いの土地」と呼んで過言でないような履歴を持っている。

バブル時代の後期から、ここで地上げを開始したのは、リクルート系不動産会社の「ルシエル」社だった。だが、バブル崩壊で塩漬け。再び動き出すのは2000年頃からで、銀座、赤坂、青山、表参道の地価が急騰、都心ミニバブルの様相を呈していた。

多くの不動産会社がルシエル社と買収交渉を進めるが、最も現実味があったのが、酒類製造・販売の「メルシャン」の信用をバックに乗り込んできた「デューク・ヘッドクォーター」（デューク社）だった。デューク社は、ルシエル社が購入していない中央部の約24坪を含めた3筆を外資系ファンドから取得、ルシエル社との交渉を優位に進めていたが、その最中の03年11月、社長が巨額脱税で逮捕されてしまう。

不可解なのは、デューク社の地上げを肩代わりするように、事件の直前、ルシエル社分をURが購入していたことだった。そこで、デューク社の社長と親しい大物政治家が、「政治力を使ってURに土地を抱かせたんじゃないか」という噂が流れ、事実、東京地検特捜部が脱税捜査に続けて調べていたが、こちらは立証が難しく内偵だけで終わった。

サーベラスが関与するのは、その後のことである。隣接地を所有する「昭和地所」をサーベラスが買収、一等地が手に入った。最初は売却の予定だったが、折からの地価高騰と、URが「サーベラスなら」と、売却の意向を示したことで前向きになる。だが、虫食いは片付いておらず、そこで使ったのが恐喝事件を起こす滋賀のゼネコン顧問だった。

地上げには度胸とテクニックに加えて、経験が必要だ。20年にわたって塩漬けが続き、権利関係が複雑になっている物件なら特にそうで、サーベラス・グループが暴力団関係者にも人脈があるゼネコン顧問を起用したのは、わからなくはない。だが、代議士を恐喝するとまでは思わなかっただろう。

不動産は株同様、巨額の資金が動く資産。それだけに、体を張る人間も多く、騒動の場所にもなってしまうという現実を、南青山の物件は、加速する土地の二極化とともに、改めて突きつけた。この騒動のおかげでサーベラスの地上げはストップ、南青山はこれまで同様、虫食いの無残な姿をさらし続けるしかなさそうだ。

業界に風穴を開ける「ダヴィンチ」社長への圧力

「ダヴィンチ・アドバイザーズ」（ダヴィンチ社）の金子修社長は、ホテルニューオータニ系不動産会社の「テーオーシー」（TOC）に仕掛けていたTOBの結果が判明する直前まで、「50％超の票読みはできた」と、周辺に語るなど意気軒昂だった。

成功すれば、国内初の敵対的TOB案件となる。村上ファンドが事件化、スティール・パートナーズに裁判所が「乱用的買収者」の烙印を押すなど、ファンドには逆風が吹いていたが、金子には自信があったという。

「スティールは買収後の提案を示さず、キャピタルゲイン狙いが明白だった。それに対して金子社長には、TOCの収益源である西五反田TOCビル（旧東京卸売りセンター）の改装計画を打ち出すなど、企業価値向上策を示しているという自信があった。それにTOC株主の反応もいい。シビアな新興不動産会社が、老舗企業の資産管理会社的な甘い不動産会社に買収を仕掛けているのだから当然です。企業価値は間違いなくダヴィンチ社のほうが高くなる」（ファンド関係者）

しかし、結果は失敗である。07年7月23日までのＴＯＢ期間中、応募は34・５９％でグループ企業分と合わせ約40％にとどまった。金子は、翌24日、銀座の本社ビルで〝敗退〟の記者会見を開いた。

「向こうを応援する正体不明の投資集団に、11〜12％の株を買われたのが敗因」

金子は悔しそうにこう述べた。その「投資集団」の名は明かさなかったが、慧光塾《えこうじゅく》人脈から成る集団であるのは明白。慧光塾とは、山口県出身で安倍晋三前首相とも親しい光永仁義が起こした経営コンサルタント会社。光永には霊能力があるという触れ込みで、「塩」や「水」を使ってお祓《はら》いするなど、宗教的側面の強い企業だった。その一番の〝信者〟がホテルニューオータニの大谷一族で、その関係により慧光塾は、本社をニューオータニ内に置いていた。

光永は05年に死去、慧光塾人脈はかつてのような親密な集まりではなくなっていたものの、「穴吹工務店」「日本ケミファ」「モスフードサービス」などの上場企業が顔を揃えていることもあって、あなどれない実力を持つ。そうした慧光塾人脈を糾合、株の取りまとめに動いたのがメンバーの投資会社で、結局、２００億円近い資金が投入されたという。

経済合理性に適っているのはダヴィンチ社のほうである。ダヴィンチ社の買い占めを知ったＴＯＣは1株８００円でＭＢＯを開始。安過ぎるとしてダヴィンチ社が1株１１００円でのＴＯＢを提案。ところが創業家が市場で株を買い増すなどの動きをしたため、ダヴィンチ社は１３０８円に引き上げてＴＯＢ期間を7月23日まで延期した。攻勢をかけるダヴィンチ社に対して、ＴＯＣは、「大谷家の企業であり続けること」しか考えていない。

金子は、この種の「理が通らない日本流」を最も嫌う人である。15歳で米国に留学したのもそれが理由で、大卒後はそのまま米国に残り、不動産会社を経営、成功を収めた。日本に舞い戻って不動産を購入、「黒い眼のハゲタカ」と呼ばれるのは98年の「不動産氷河期」からである。日本的な不合理を嫌い肌が合わないのを承知で戻ってきたのは、日本の不動産が「最大の投資の時期」を迎えたと思ったからだ。金子はリスクを恐れない「逆バリ」の人で強気。05年秋にダヴィンチ社が公募のリートを組成、私募ファンドとの利益相反を指摘されると、「私募で買って、追加投資を行い、優良物件に仕上げてリートに売却。シナジー効果が発揮できるわけで、利益相反なんてことにはならない」と、反論した。

しかしダヴィンチ社は処分を受けた。07年2月14日、証券取引等監視委員会はリートの運用会社である「ダヴィンチ・セレクト」に対し、「本来より高く物件を取得した」として、行政処分を勧告した。高いとされた購入元は、ダヴィンチ社のファンドである。「私募がリートに高く売る」という利益相反が立証されたとしてダヴィンチ社は批判された。

ダヴィンチ社は不動産ファンドの指標銘柄となった。敵対的TOBに代表される金子の挑戦的人柄、1兆円ファンドをぶち上げる大胆さなどが、ダヴィンチ社の名を高めた。

「日本の地価の底」を信じ、日本の運用利回りと調達コストの状況がベストに近いと感じて帰国した98年には、金子は50歳を過ぎていた。さすがに、かつて日本を捨てたような反発はない。でも、生活感覚は完全に米国流で、それが業界関係者や経済マスコミとの摩擦となったこともある。つまり金子は、「黒い眼をした外国人」なのである。証券取引等監視委の勧告、敵対的TO

Bでの株主の離反などに、自分への反発を感じていよう。

ダヴィンチ社がリートの組成を発表、1兆円ファンドをぶち上げ、業界の注目を集めた05年9月、金子に「今後の戦略」を聞いたことがある。丸顔で体型も丸い金子だが、言葉はストレートで遠慮がない。その分、方針は明確で、その後も、ぶれることのない経営が続いている。

――1兆円ファンドは冒険ではないのか。

「リスクに対するリターンを考えると、投資環境としてはベストに近い。国内外の投資家から2500億円のエクイティ（資本）を調達、当社も500億円を出資する。残り7000億円をノンリコースローンで調達し、合計1兆円のファンドを組成する計画で、出資部分の利回りは25％を予定している」

――この規模の旗艦ファンドは管理コストが大変だ。

「出資額に対し、年間1・5％のマネージメントフィーと投資にかかる人件費を含む管理費の最高1・5％までをファンドに負担していただく。1兆円ファンドは出資が3000億円なんで、マネージメントフィーと負担額を合わせ、最大年間90億円が弊社の売り上げとなる」

――どんな物件を取得する？

「収益不動産なら何でもいい。オフィスビル、賃貸マンション、商業施設、ホテルと、物件は選ばない。ただ、地域は東京と名古屋、横浜、福岡といった大都市に限られる。大都市の不動産は上がり、地方は下げ続けると考えている。地方の不動産に投資するより、グアムでヒルトンホテルを買収したように、海外不動産投資を活発にしたい」

――リートが乱立、将来に不安はないか。

「米国のファンド市場は、公募（リート）と私募で120兆円の規模。これに対して日本はまだ10兆円規模であり、米国の半分になると仮定しても、6倍、60兆円の市場規模が期待できる。その際、ミドルリスクミドルリターンのリートは、ハイリスクハイリターンの私募ファンドと、うまく棲み分けながら伸びるのではないだろうか」

――ダヴィンチ社の将来戦略はどのようなものか。

「私募と公募をうまくかけ合わせながら業績を伸ばしたい。10兆円のファンド市場で弊社のシェアは5％前後。そこで6倍の市場規模となった場合、最低でも3兆円の資産残高をキープし、さらにシェアアップを図りたい」

まだファンド市場は12兆円。60兆円にはほど遠く、ダヴィンチ社は強気を崩さない。07年後半になると、「(地価は）そろそろピーク」の声も出始めるが、金子は「逆バリの人」だけに転進の気配は見せない。「不動産指標銘柄」となったダヴィンチ社は、どう動くのか――。今後とも注目されそうだ。

第八章

「情報開示」と「粉飾捜査」でカリスマの退場

堤義明が理解できなかった「株式上場」の意味

西武グループ総帥の堤義明の転落が始まったのは、2004年3月、総会屋への利益供与事件で西武鉄道元専務らが逮捕されてからだった。ここから「王国」は揺らぎ始める。

警視庁が捜査の過程で知り得た西武鉄道株の「名義借り」は、コクド元幹部の内部告発などもあって、東京証券取引所、証券取引等監視委員会、検察など関係当局すべての知るところとなり、追い詰められた堤は04年10月、すべての役職を辞した。

そこから西武グループの歪んだ秘密主義経営が明らかになっていく。

持ち株比率が50％を超える上場企業の親会社は、財務諸表など経営データの公開を義務づけられる。西武鉄道の大株主であるコクドは、その持ち株比率を43・16％として公開を免れてきたが、それは約1200人ものグループ社員、OBらの名義を不正に借りた結果であり、本来の持ち株比率は64・83％だった。当然、コクドにはデータを公開する義務があった。

さらに、西武鉄道の上位株主10社（少数特定者）の持ち株比率は、従来、公表されていた63・68％ではなく、88・57％に及んでいた。東証の基準では、少数特定者による持ち株比率が80％を超えた状態が1年以上続いた場合は上場廃止となるが、西武鉄道の場合はこれが30年以上続いていた。

西武鉄道、コクド、プリンスホテルなどを柱とする西武グループは、グループ売上高5000

億円を誇っていたものの、その全容は誰にもわからなかった。上場企業は西武鉄道と伊豆箱根鉄道の2社のみで、親会社のコクドが正体を決して明かさない。

05年3月に証券取引法違反容疑で逮捕される前、「なんで（西武鉄道が）上場しているかよくわからない」と、語った堤にとって、西武グループは堤家のものであり、堤家はすなわち自分であるという意識から、裸になって数字を見せる気はさらさらなかった。

コーポレートガバナンス（企業統治）もコンプライアンス（法令遵守）も西武グループには縁がない。経営方針はすべて堤の頭のなかにあり、役員も幹部も社員も、堤の顔色を見ながら働いた。

だから取締役会のような「形式」は必要ない。西武鉄道では、利益供与事件が発覚するまで7年間も取締役会が開かれなかった。運営は常務会や部長会で話し合われ、堤が決定した。決算の承認も取締役会を開かずに行っていたのだから重大な商法違反行為。株式を公開しているパブリックカンパニーが、ここまで企業社会や証券市場の「約束事」を破るのも珍しいが、堤が上場の意味がわかっていないのだから無理もない。

この特殊性は、堤義明という個性が生み出したものである。

西武グループの崩壊が明らかとなった05年1月以降、堤の兄弟が「自分たちにもコクド株の所有権がある」と、声を上げ始めた。グループ解体のメスをふるうのは、みずほコーポレート銀行が主導する経営改革委員会。「銀行に堤家の事情がわかるはずはない」と、主張を始めるのは当然だった。

その先頭に立ったのは四つ下の堤康弘・豊島園社長（当時）である。05年2月2日、堤を少し小柄にして顔から武骨さを取り除いた印象の康弘が、弁護士同席のうえで「義明批判」を始めた。「積年の思い」とでもいうのだろうか。「もの心ついた時からあの人のことが大嫌いだった」と、言い放つ康弘は、堤の〝不実〟をなじった。

「生前、父（１９６４年に死去した康次郎＝元衆議院議長）は私たちの前で頭を下げて、『義明、後はお前に頼む』といい、そのひと言で西武グループの後継者は決まった。でもすべての遺産をあの人が相続したわけじゃない。なのに、40年間ひとり占めして平気だったんです」

兄とも義明さんとも呼ばず、康弘は「あの人」で通す。「骨肉の争い」はかくも激しいが、コクド株問題が水面下で慌ただしくなった04年7月頃から、二人は「資産分与」に関して何度かは話し合いの場を持ったという。二人には康弘からさらに四つ下の猶二という弟がいる。グループ内ホテル運営会社の社長を務めていた猶二は、康弘に交渉を任せていたが、事態は3兄弟で話し合って済むような問題ではなかった。

「色」を好んだ康次郎のおかげで「血脈」は複雑怪奇。康次郎には「非入籍」も含めて5人の女性がいて、7人の子供がいた。上から淑子、清、清二、邦子、義明、康弘、猶二である。義明以下の3人は同じ母親の子供だが、民法のもとでは、すべての子と孫に相続権は発生、その処理は容易ではない。

さらに、康次郎は相続による株の散逸を防ぐために、コクド株を「名義借り」で分散、それが40年も続くうち、所有者不明で宙に浮いていた。その歪な支配を正すべきは堤だったが、康次郎を尊敬、「明治の精神に昭和を接ぎ木した」と評される堤は、支配の形態を変えるつもりなどなかった。

第二次世界大戦の最中の42年12月、康次郎は「堤家之遺訓」を記した。そこには、「自己を捨てて家のために奉仕しなければならぬ」と書かれており、当時、相続人と定められていた清二（流通グループ元代表）には、「（贈与資産は）清二に与えるものにあらず、堤家の事業の管理人という概念に他ならぬ」と、戒めの言葉を残している。

株については、61年6月に口述した「家憲」によって、所有の概念すら否定された。

「西武では株の力の字も頭に置いてはならないのが憲法である。西武は感謝と奉仕の精神で、私心なく自分で会社の株を持たないという考えで行かねばならぬ」

堤義明

資本主義の原理をハナから無視、西武グループは堤家であり、その連帯と発展のために株を手放してはならないというのだ。これでは堤のいうように、株を上場させておく必要はない。ならば、西武鉄道は非上場にするか、それがダメならコクドの支配体制を改めねばならないのだが、事件化まで手をつけることなく、堤が36%、役員持ち株会の国友会が11%、社員持ち株会が37%、個人が16%という持ち株比率だった。

もちろん役員も社員も形だけ。コクド元幹部によれば、こんな〝慣習〟だったという。

「上司にいわれて国友会に入った。指定された口座にカネを振り込んだが、すぐに全額、返却された。株主総会の案内は来ていたけど、出席したことはない。コクドを辞める時に株は自動的に返却される。カネを払っていないんだから当たり前だ。株価は1株当たり100円だった」

そんな状態と意識でありながら、上場メリットは存分に使った。グループの持ち合いで「品薄状態」を保っていたために、西武鉄道株は高値に張り付き、98年までは5000円台で安定していた。この株が、東京ドーム3000個分といわれる西武グループの膨大な土地と並ぶ「含み益」の源泉で、堤は土地と株を担保にホテル、ゴルフ場、スキー場の建設を進め、利払いを増やし、本業の利益と相殺することで「節税」した。これがバブル期に、3年連続で雑誌『フォーブス』が「世界一の資産家」と認定した堤の実態だった。

「明治の精神」で会社を経営、「株の力の字も考えるな」といわれた堤にとって、証券市場のルールなどどうでもよかったのだろう。

そんな意識の人でも、池田勇人、田中角栄、福田赳夫、中曽根康弘、竹下登、小渕恵三、森喜朗、小泉純一郎といった歴代首相と親交を結び、政官界に強力なパイプを築いてきた。日本オリンピック委員会名誉会長、西武ライオンズ前オーナーとしてスポーツ界に幅広い人脈を誇り、長野オリンピック誘致では国際的人脈を駆使した。

だからこそ、堤は捜査当局にとって長年、タブーだった。「税金を払わない経営」や「実態のよくわからないコクドが西武グループを支配する歪み」は指摘されていたものの、それは堤義明の存在感の前に消えてしまった。ところが数々の証取法違反の事実が、内部告発などによって表面化、それを受けて検察が動かざるを得なかったのは、「特殊」を許さなくなった時代背景のせいである。

証券市場では、誰もが同じ土俵で同じルールのもとで競う——それを確立するには「特殊」な「カリスマ」は認められない。可能ならそのうちの何人かを俎上に載せ、「一罰百戒」としたいのが、捜査当局の発想である。堤はそのデタラメぶりといい、確信犯的であることといい、知名度といい、すべてを満たす人物だった。

最初から狙ったわけではなかろう。ただ、〝大物〟の市場に対する「不実」を追及する土壌が整い、そこに「証拠」とともに浮上してきたのが堤だった。〝大物〟とはいえ、事件化を妨げる障害はない。逮捕前、検察にとって堤とは、その程度の存在でしかなかった。

94歳で破産した「そごう」水島廣雄の晩節

その名を目にするのは久しぶりだった。06年9月25日、東京地裁は、旧そごうの会長だった水島廣雄の破産手続きの開始を決定、負債総額は226億円に達した。

個人の破産としては前代未聞の金額だろう。

理由はわかっている。「そごう錦糸町店」のオープン（97年10月）に際し、旧長銀と旧興銀が水島に債務の個人保証を求め、「形だけでいいから」といわれた水島が、判を押したのである。破産手続き開始の時点で水島は94歳。世田谷の邸宅は夫人名義なので差し押さえは免れよう。だが、資産はすべて押さえられ、ギリギリの生活を余儀なくされる。

そごうの水島といっても「過去の人」になった。なにしろ、95年の段階で拡大拡張路線が破綻、債務超過に陥って、そごうを牽引してきた水島は社長から会長に退き、興銀と長銀の管理下に置かれた。

流通業では、スーパーならダイエー、百貨店ならそごうが、「土地神話」に基づく「含み益経営」の代表銘柄だった。ともにバブル崩壊に伴う資産デフレをしのげず、経営危機に陥り、ダイエーの中内㓛は99年1月、社長を辞任して経営の第一線を退き、2000年10月には代表権を返上、日本に価格破壊をもたらした「カリスマ」は身を退いた。

もともと学者で、そごう入社は46歳と遅いデビューだった水島は、中内ほどの知名度も、業界に残した功績もないが、土地に依存した経営手法が同じだったために、同じような転落の軌跡を辿《たど》る。2000年4月、会長を退き、すべてを興銀に託した。

興銀の手で再建されていたら、「逮捕」のような転落はなかったろう。だが、2000年7月、そごうは「政治主導」という形で民事再生法の申請を迫られる。当時のそごう経営陣に圧力をかけたのは、亀井静香自民党政調会長（当時）だったといわれている。

倒産の直後から、「そごうの戦犯」を探す動きが活発化する。「経営者責任」の追及で、そごうで責任を取れる人物といえば、拡大拡張路線の象徴である水島しかいなかった。01年5月、警視庁は強制執行妨害容疑で水島を逮捕、当時、89歳の老人の身柄拘束が適当かどうかについて議論が分かれたが、「否認を貫いている以上、逮捕は不可欠」という警視庁の意向が通った。

それは破産を申し立てた預金保険機構との争いについても同じだった。94歳の老人を破産に追い込むことについては預金保険機構内でも反対の意見があったが、支払いについての話し合いの場でも水島の「自分には責任はない」という姿勢からくる強気は変わらず、機構は「誠意が見られない」として破産申し立てを行った。

水島は異色の経営者だった。36年に中央大学法学部を卒業して日本興業銀行に入行、監理部融資課長や証券部発行課長など銀行員としてのキャリアを積みながら、一方で講師として中央大の教壇にも立っていた。「学者水島」の名を高めたのが「浮動担保の研究」で、この水島理論をもとにした「企業担保法」が、58年に制定されている。

奇《く》しくもこの年、水島はそごうに副社長として入社した。夫人の実家が創業家に関係していたためだが、46歳と年輪を重ねていたことが逆に人間関係を良好にし、労組まで味方につける人心掌握術で経営不振のそごうを再建、62年には社長に就任している。

それからのそごうは、百貨店業界の奇跡だった。3店舗がまたたく間に海外も含めて42店舗となり、そごうブランドは日本中にあまねく知れ渡った。が、バブル崩壊で、疾風怒濤の拡大戦略は1兆9000億円近い負債となってそごうを蝕《むしば》み、2000年7月、ついには破綻に至った。

水島のリストラをしない温情経営は、「労組との癒着」と攻撃され、リスクを恐れない積極性は、先見性のなさとして退けられた。また、そごうグループが赤字に呻吟《しんぎん》するなか、10年間で45

億円の報酬を得ていた点が、「ワンマンの無神経さ」として攻撃された。

01年3月、地位と名誉と名声のすべてを奪われ、「逮捕もありうる」という捜査情報まで流されて、水島は苛立っていた。自分の思いをストレートに国民に伝え、銀行や捜査当局の〝不当〟を訴えたいという強い意志を持っていた。

そんな思いで悶々としている水島と、何回か会った。世田谷区に建つ時価7億円ともいわれた豪邸。玄関脇の応接室は、家具調度品を含めて〝重み〟があり、歴史を感じさせた。88歳ながら胸板は厚く、声に張りがある。質問する間を与えない饒舌で、食事を挟みながら、5時間以上、話し続けたことがある。会話の内容より圧倒されたのは、そのパワーである。合間に、夫人と手伝いの女性が出す菓子、果物の類も残らずたいらげる。

何時間かけても語り尽くせない水島の思いはひとつだった。興銀への恨みである。

「経営破綻を食い止めることができなかったのは、オーナーである私の責任です。申し訳なく思っております。2000年4月26日に会長を退任する時、興銀の西村（正雄元頭取）さんには、『すべては私の責任だ。他の人には責任はないんだからね』と、くどいほどいいました。なのに興銀は、そごうに何の縁もない和田（繁明西武百貨店元会長）さんを連れてきて、3100人の首を切り、9店舗を閉鎖した。それでは約束が違います」

興銀への恨み、捜査が始まった資産隠し疑惑への反論、200億円もの個人保証に応じた事情など、水島の説明は懇切丁寧で説得力もあった。ただ、強制執行妨害罪の公判で「執行猶予付きの有罪判決」が確定、民事でも個人保証の債務が確定、水島はすべての裁判で敗れた。それをここで繰り返しても仕方なかろう。それよりも残すべきは「歴史上の証言」である。

64年に旧運輸省の主導で「海運集約」が実施され、「ジャパンライン」は中核6社のなかの1社となった。そのジャパンライン株が買い占められ、政治疑惑にも発展、国会を巻き込む騒動になった時、解決に動いたのが水島だった。

「海運会社の『三光汽船』が、ジャパンラインの株式を取得したのが発端でした。三光汽船のオーナーは、当時、三木派の金庫番といわれていた河本敏夫代議士。ジャパンライン側に立って防戦に努めていたのが、右翼大物の児玉誉士夫さんだった。双方、負けん気が強くて一歩も譲らない。

そこで、福田赳夫さんと親しい野村證券の当時の社長が、児玉さんを案内して私のところに来られ、解決を依頼されたんです。『河本さんは軍事教練に反対するようなハラの据わった男。あんたも右翼の大物だし、大変だね』という話から始まったんですが、その後、両者は私に一任することになり、譲渡価格を380円で決めました」

この時、興銀は水島に「金杯」を贈り、児玉は時価1億円の20カラットのブルーダイヤモンドを贈ったといわれている。

「私が報酬を取らないので、児玉さんは家内にダイヤモンドを贈ってくれたのですが、税金を払うカネもないので大蔵省に物納しました。金杯は興銀の功労者に贈呈するもので、当時の頭取と副頭取が私のところを訪ねてきて、贈呈してくれました。これまでに贈られたのは、私を含めて3人だそうです」

株の買い占めがあれば、野村證券などが根回しして、水面下で児玉や水島のような人物が動き、密かに解決を図っていた時代の話である。すべてオープンが原則で、法廷で決着をつけようとする現代とは違い、それは時代のせいだとも思うのだが、唯一の違和感は、89歳の逮捕、94歳の破産と晩節を汚した水島の暮らしぶりが、華美や浪費とはまったく縁のないものに感じられたことだ。

21世紀にすでに入っていた時点で、水島家にはパソコンはもちろん、コピーもファクスもなく、書類作成の必要があれば、「周囲の者」が近くのコンビニまでコピーに走り、書類は自宅まで届けねばならなかった。年齢もあって、およそ〝遊び〟に縁のない水島は、夜は拡大鏡を片手に原書を読みながら法律の研究に没頭していたという。

逮捕前後には水島の数々のそごう私物化が喧伝され、差し押さえを逃れるために約1億5600万円の預金を引き出した行為が犯罪とされたが、12億円といわれた資産総額を含め、水島がそれほど悪質だったとは思えない。しかし捜査当局は、「流通破綻」の責任を誰かに取らせねばならない。それがたまたま証拠を残していた水島だったということで、他意はなかろう。これが「ダイエー中内」であっても構わなかったはずで、結局、水島は運が悪かった。そんな「時代の節目」を感じさせる事件だった。

渡辺恒雄が「日テレ第2位株主」と公開していた罪

西武鉄道は、社員やOBから名義を借り、上位株主10社の持ち株比率を80%以下に抑えるように工作していた。上場廃止を逃れるためだ。04年10月13日、西武グループ総帥の堤義明は、この事実を認め、持ち株会社のコクド会長、西武ライオンズオーナーなど、すべての役職から身を退いた。その3日後、『読売新聞』は社説でこう叩いた。

「有価証券報告書は最も基幹的な情報だ。それが間違っていたとすれば、投資家はなにを基に判断したらいいのか」

正論だが、笑うべきだろう。その20日後の11月5日、日本テレビは、読売新聞社に次ぐ同社第2位の株主である渡辺恒雄・読売新聞グループ本社会長が所有する株式6・35%は、実質上は読売新聞社の保有であると発表し、有価証券報告書を訂正した。

虚偽記載の事実を重く見た東京証券取引所は、インサイダー取引疑惑に揺れる西武鉄道に続いて、日本テレビを上場廃止基準に抵触するかどうかを審査するため、「監理ポスト」に割り当てた。「制裁措置」など考えてもいなかった日本テレビは、11月6日未明、記者会見を開いた。

説明したのは当時の能勢康弘経理局長。能勢は「間違った記載ではあるが虚偽ではない」として、東証にこうタンカを切った。

「監理ポスト移行の措置は、従来の東証の実務運用と大きくかけ離れており、晴天の霹靂《へきれき》ともいえる通知に、戸惑いは隠せません」

そう、東証は変わったのである。堤義明は他人名義で西武グループを支配、検察、証券取引等監視委員会、東証は一体となって堤を排除、西武グループを解体した。

読売新聞グループ本社会長の渡辺恒雄は、「ナベツネ」の〝愛称〟で呼ばれる著名人である。歯に衣着せぬ発言が、スポーツ紙に格好の話題を提供、一面に「ナベツネ発信情報」が躍ることも少なくなかった。

だが、この時、渡辺は同年夏に発覚した明大のエース・一場靖弘投手（現東北楽天ゴールデンイーグルス）への現金提供問題の責任を取って、巨人軍オーナーを退いていた。堤はその2ヵ月後、数々の証取法違反行為を認めて西武ライオンズオーナーを退任した。巨人の渡辺と西武の堤――セ、パを代表するオーナーが、04年夏から秋にかけて退任、奇遇にも同じ「有価証券報告書虚偽記載」の罪を犯していた。

悪質さは堤のほうが上である。西武グループの富は堤の富に直結するが、不動産と並ぶ「含み益経営」の要の株を、不正な名義借りで操作していた。それに対して渡辺は、「読売新聞のドン」を第2位の大株主とするという日本テレビの〝慣行〟に従っただけだった。

そこには、読売新聞と日本テレビの長い歴史がある。

「世界一の発行部数」の礎を築いたのは、戦前に米大リーグを招請、プロ野球を日本に根付かせるなど、大衆心理を読むのに「天賦の才」があった社主の正力松太郎である。

戦犯容疑で収容されていた巣鴨プリズンを47年9月に出所した正力は、友人の日産コンツェルン創始者である鮎川義介に、新しい電波媒体・テレビジョンの開局を勧められて即決、役所を口説き、準備を進めていった。だが、戦後不況のなか1口1000万円の出資金はなかなか集まらない。そこで正力は、朝日、毎日の両新聞にも声をかけ、「日本の3大紙がバックとなる」とアピールすることで、企業を説得して回った。

だが、それは最初だけのことで、日本テレビが発足、順調に伸びていくと、正力は読売新聞社の支配体制を確立するために、右腕の務台光雄を動かし、株を買い集めていく。その結果、当初、わずか1％の株主でしかなかった読売新聞は、正力が亡くなる69年頃には支配権を確立できるだけの株式を取得していた。

そうした水面下で集められた株の一部が渡辺名義になっているのはなぜか。

千代田区九段の「超高級マンション」に渡辺は住む。黒塗りのセンチュリーで帰宅したところを直撃するが、無駄だった。

「プライバシーは聞くな！」

こう渡辺は一喝して取材を拒絶した。

取材依頼は単純な動機である。日本テレビの第2位の株主ということになれば、04年夏の段階で265億円（161万株で6・35％を所有）もの資産価値となる。渡辺は銀行員だった父を幼少時に亡くし、苦労して東大に入学。卒業後、読売新聞社に入社、政治部記者として名を成したとはいえ、サラリーマン記者を続けてきたに過ぎない。

つまり161万株は本人の資産ではあるまい。ということになれば「名義貸し」である。誰に名義を貸したのか。有価証券報告書の虚偽記載は明白だが、本人は「プライバシー」だという。この意識のズレが、『読売新聞』の「生涯主筆」を「過去の人」にする。

大株主の動向は、投資家の有力な判断材料だ。渡辺が個人で第2位の株主になっていれば、日本テレビは読売のみならず、「ナベツネの意向」にも左右される可能性があるし、訂正の時点で78歳という渡辺の年齢を考えれば、常識的には相続による株の散逸、もしくは相続対策による売却を予想しなければならない。そんな情報を「虚偽」で与えておきながらプライバシーとは通らない。

実は、日本テレビの訂正は、こうした疑問をまとめて記事にした『週刊ポスト』（04年9月10日号）をもとにしていた。「渡辺恒雄の個人資産270億円の謎に迫る」と題した記事のなかで、渡辺はもちろん、日本テレビも読売新聞も不誠実だった。

日本テレビは「第2位の株主名義は渡辺恒雄となっており、それ以外のことを弊社はお答えする立場にありません」（総合広報部）といい、読売新聞は「質問にお答えするつもりはありません」と、回答を拒否した。

しかし、堤による西武グループの「名義借り支配」が明るみに出るなかで、渡辺恒雄名義の不信が報じられている以上、日本テレビとしても訂正せざるを得なかった。能勢経理局長は記者会見のなかで「名義借り」の理由を「読売との親密性のシンボル」と説明、70年、正力の娘婿である小林興三次が日本テレビ社長に就任する際、株を所有しておらず、「格好がつかず、箔《はく》をつけるため」に、法人株を個人株にしたという。

愚にもつかないが、そんな出だしのバカバカしさより、問題は証券市場の透明化と情報公開の推進という流れに顧慮することなく、35年近くもこの慣習を続けたうえに、指摘されても歯牙にもかけなかった読売新聞と日本テレビの体質である。

この程度の意識で株式を上場しているからテレビ局は、ライブドアや楽天に狙われる。言論の現場は高邁でも、経営陣は無知で無責任。「人的資源は豊富なのに会社はチョロイ」と、思わせてしまうのだ。

「鶴田天皇」を許した日経新聞とテレビ東京上場

東京・赤坂のオフィスビルや高級料亭が立ち並ぶ一等地に建つビルの地下1階に、クラブKはあった。カウンターにボックスが三つ。囲碁を打つVIPのために特別仕様の部屋があることと、客の9割が日本経済新聞社関係者というところが特異だった。

小柄で愛嬌のある顔立ちの40代のママと数人のホステスで接客するが、「日経御用達」となっているからふりの客は入れず、それでもやっていけるのは、「2日に1度は訪れる」というママの上得意のおかげだった。

鶴田卓彦——03年5月に日経新聞の会長を退くまで、26年もの間、取締役を務め、うち10年間は社長として君臨、「鶴田天皇」と呼ばれた。

日経新聞社からクラブKへの「支払いリスト」が流出したことがある。驚いたのは鶴田の〝精勤〟ぶりで、01年1月から現役役員最後の03年4月までの27ヵ月間に364回も通い7942万円を支払っていた。

相手は、化粧品会社、運送会社、ベンチャーキャピタルの社長や、ビール会社、証券会社、シンクタンク役員など多岐にわたるが、大新聞の実力者にしては、「大物」がいない。気がねなく飲める相手を選んでいた印象で、なにより圧倒的に多かったのは、日経新聞社内の取り巻き連中だった。

日経新聞社の「夜の役員室」となっていたクラブK。1年で3000万円を超える支払いのあったママの上得意は、酒を飲み、囲碁を打ちながら「夜の役員室」で、取り巻きとともに経営方針を決めるような体質を株主総会その他で批判され、まず会長職を退任。その後もしぶとく相談役として君臨してきたが、04年3月の株主総会前に流出した「支払いリスト」が決め手となり、相談役も辞任、長きにわたった「鶴田時代」は終わりを告げた。同時にクラブKも店をたたんだ。

それにしても「鶴田時代」の日経新聞社の気の緩みは目を覆うばかりだった。100%子会社の「ティー・シー・ワークス」に、架空受注による手形の乱発で巨額の使途不明金があることが発覚、東京地検特捜部が捜査に乗り出し、ティー・シー・ワークス元経営陣を特別背任罪などで逮捕した。

この日経新聞の〝惨状〟は、「鶴田会長に責任有り」と、〝たったひとりの反乱〟を起こした大塚将司元ベンチャー市場部長によって伝わることになる。大塚は、03年1月、ティー・シー・ワークス問題などを内部告発、それに一部の現役社員や社友と呼ばれるOBたちが呼応、週刊誌や月刊誌などを巻き込む騒動となっていった。

鶴田は、2年近い追及を受けた後、04年3月末の株主総会前、「いろいろ言いたいことはあるんだが、私が身を退くことで経営が安定するのなら辞任したい」という言葉を杉田亮毅社長に残し退任した。本人は決して納得していたわけではなかったのである。

自分を客観視することはかくも難しい。だから企業はコーポレートガバナンス（企業統治）に腐心する。日経新聞は経済ジャーナリズムのリーダーとして、市場や企業にあるべき姿を説き、ガバナンスの強化を訴えてきた。株主主権を確立、そのチェックを受けながらもフレキシブルに創造的破壊を繰り返す企業の強さと逞しさを称揚した。

だが、当の日経新聞は、株主主権によるコーポレートガバナンスの確立といった世界からは、最も遠いところにある会社である。「社員・OBが株主」という協同組合的組織。だから株式の価額は発行価額であり、増資の際などに社員に分配される。入社年次によって取得できる株数は違い、04年の増資を引き受けた社員は、それが1000株なら発行価額100円で10万円をボーナスから天引きされた。1株100円はコクドと同じだ。

したがって連結売上高が4000億円近い日経グループ本体の株式時価総額が、わずか25億円である。こうした過小資本と株式の非公開は新聞社に特有で、「不偏不党で公正公平な新聞作りのためには、外部からの圧力を受けてはならない」と、新聞各社は説明する。

しかし、外部からのチェックは必要ではないのか。社長を10年も務めたようなワンマンが、側近を引き連れて、連夜、同じ店に通って「夜の役員会」を開く。行かなければ出世できないからと不安で顔を出す役員も多かった。その「天皇」のクビに鈴をつけたのは、尖《とが》った印象の中堅幹部と、「日経」に愛着を持つOBたちで、「鶴田時代」を支えた経営幹部は、自分たちは無関係とばかりに、そのまま居座った。

経営陣はチェック機能を持たずに反省もなく、これを正すのが経営に縁のない善意の組合員で、彼らが経営陣の圧力を受けながらも株主総会やマスコミで訴え続けるのが唯一の抵抗手段なのだから、コーポレートガバナンスなど存在しないといっていい。

このマスコミに特有の「建前」と「本音」の使い分けが日経新聞社はうまい。その象徴が04年8月のテレビ東京の上場である。日経新聞社の持ち株比率は33・3%で「持分法適用関連会社」であり、完全子会社ではないが、社長以下の役員を派遣、実質的に支配、「親会社」という位置づけになる。

次の記事を読んでいただきたい。

「欧米とりわけ米英では子会社上場は極めてまれだ。パブリックカンパニーと呼ばれる上場会社に特定の支配株主、それも親会社が存在することは不自然だからだ。連結決算、連結納税、連結配当がセットの会計と税制と会社法を貫く資本の論理に従えば、子会社上場は原則的にあり得ない」(「けいざい解読」04年12月26日付)

これは、テレビ東京上場の4ヵ月後に掲載されたが、もちろんテレビ東京の上場について批判しているわけではない。コクドによる西武鉄道支配を問題にしているのであり、それは日経新聞社とテレビ東京の関係にピッタリあてはまるのだが、我が身は誰も振り返らない。

別に、日経新聞社が「望ましきパブリックカンパニー」を実践しているわけではないから、理想主義的な経済記事の裏に、商業ジャーナリズムの本音が隠されていても構わない。ただ、迅速で正確な情報開示には努めるべきではないか。日本経済の復活と再生のために、それを最も強く主張してきたのは日経新聞だが、社内のゴタゴタには口をつぐみ、テレビ東京の上場にも満足な説明はない。

21世紀の新聞はどうあるべきか——その答えを見いだせないまま新聞各社は、なだらかな「安楽死」の道を歩んでおり、回答が無数にありそうな日経新聞が、「建前の論調」に終始している。

それはテレビ局同様、高給を食《は》む新聞記者たちが「改革」を望んでいないからで、紙面で「改革」の旗を振る本音が保守だから、変わりはしないし変われない。それは、「鶴田天皇」の存在やテレビ東京の「お手盛り上場」を許す精神構造と同じであり、それが、日経新聞社を硬直させている。

「武富士」武井保雄が最後までできなかった「情報開示」

「武富士」創業者の武井保雄ほど、毀誉《きよ》褒貶《ほうへん》相半ばする人はいない。

無担保の消費者金融を日本に事業として根付かせた功労者でありながら、実業家としての一面より、刺青を背負っていた過去、愛人を何人も抱える私生活、暴力団との交遊、海外での派手な博打といった否定的な面で語られることが多かった。最後は盗聴事件を起こして執行猶予付きの有罪判決を受けるのだから、そうとしか書きようのない人生を送った人なのである。

だが、あえて逆説から入るなら、武井は金融界に消費者金融というジャンルを確立することで、巨万の富を得るとともに、ピーク時には4000人近い従業員を抱え、法人も個人も納税額上位の常連という、日本に貢献した経営者だった。また、莫大な広告出稿量でマスコミを支えてきた。上限金利の設定で「消費者金融」というビジネスモデルは否定されたが、それでも武井が戦後日本の金融史に残した足跡は消えない。そしてなにより評価すべきは、金融の本質を知り、グローバル化をいち早く推進した武井の先見性である。

埼玉県深谷市の雑貨商の二男として生まれ、国民学校高等科を卒業後に陸軍飛行学校の整備兵となり、終戦後はパチンコ店店員、野菜の行商、ヤミ米販売と、職業を転々とし、30代後半から「天職」ともいえる金融業に身を投じたという〝成り上がり〟の履歴からは想像しにくいが、武井は「外資の発想」をいち早く採り入れ、資金調達に海外を利用した人である。

例えば、武富士は長期安定資金の導入を目的として、93年11月に100%出資で「武富士キャピトル」を設立している。同社は、「ドイツ銀行」（旧バンカーズ・トラスト）から資金を調達する目的で設立された特別目的会社である。武富士が武富士キャピトルから借り入れを行う場合、営業貸付債権（顧客のローン債権）を譲渡担保の形で担保提供、ドイツ銀行はそれを海外で証券化する。

すでに、特別目的会社を設立のうえで、土地やローン債権を流動化させるのは一般的に行われていることだが、93年の時点で、武富士の試みはいかにも早かった。ノンバンクが不特定多数から資金を調達することは出資法で禁じられていることから、いかに海外投資家相手の販売でも「違法ではないか」と、専門家の間でも意見が分かれた。

しかし、新たな資金調達ルートを確保したい武富士は、武富士キャピトルの設立に踏み切った。大蔵省（当時）内部でも「規制すべきだ」という意見はあったものの、すでに流通が一般化している欧米投資家向けということもあって、結局、黙認した。

同時期に武富士は、英「ＬＦＣ」（ロンドン・フォーフェインティング・カンパニー）を幹事とするシンジケートローンにより１０００億円を調達している。もちろん「サラ金批判」も収まり、上場準備に入った時期だっただけに、日本の銀行が武富士を相手にしなかったわけではない。

武井保雄

ただ、80年代後半の嵐のような「サラ金批判」の最中、蜘蛛の子を散らすように逃げていった銀行の姿が武井は忘れられない。だから、調達ルートはできるだけ多くするとともに、銀行に頼らない経営体としたかった。

こうした武富士の海外資金調達を手伝った

外資の幹部から、武井の印象を聞いたことがある。ロスチャイルド系金融機関の日本代表。長身で金髪。完璧に日本語を操り、敬語も間違いなく使う。

「証券化というのは新しい概念ですが、武井さんの理解は速かった。すぐにわかって乗ってくれたし、リスクも怖れなかった。『サラ金の帝王』と呼ばれ、怖れられていましたが、私のなかでは金融会社の長に相応しい魅力的な人でした」

社交辞令も交じっていようが、武富士元幹部の次の証言と合わせると、同じ武井像が浮かび上がる。

「会長（OBを含めこう呼んでいた）は、社内より社外に人を求めます。会長の資産を狙って、いろんな人が寄ってきます。そんなのは相手にしなければいいのに、会長は一度はつきあってみて利用する。その後、バッサリ切るからトラブルになるんです。ところが、外資系の金融ブローカーのなかには、『切られたら切られたでいい』と、あっさりしているのが多いから、会長と肌が合うんです。武富士キャピトルの証券化もLFCもそんな連中が作成したスキームです。会長にしてみれば偉そうにしている銀行の連中を相手にしているよりよほどいい」

武富士は、「政」「官」「暴」にまたがる武井の人脈ゆえに、スキャンダル絡みで語られることが少なくなかった。実際、京都駅前の地上げでは地元同和団体とのトラブルが問題となり、株式公開時には攻防の双方に暴力団がつく騒ぎとなり、旧大蔵省幹部への未公開株譲渡、大物政治家との交遊など、武井はどこまでいっても怪しいカネ貸しだった。

だが、それだけでは資産1兆円は築けない。96年8月、念願の株式公開（店頭登録）を終え、ホッとした頃の武井に会ったことがある。

消費者金融から商工ローンへの進出を考えていると、数字を上げながら語る。当たり前だが数字に強く、頭の回転が速い。しかも、敵か味方かを見極めようとこちらを値踏みする印象もあり、気を抜けない。要は回収に強いだけのカネ貸しではなく、金融の先が読める人だった。だから銀行への不信は強く、「彼らは金融業者じゃない」と言い切った。

金融機関として認知されない「サラ金」の頃、銀行は融資額の50％を禁じられた「両建て」で押さえるなど日常茶飯だった。例えば10億円の融資のうちの5億円を拘束預金とするわけで、5％の金利なら10％で借りたも同然となる。こうした「晴れた日に傘を貸す」といった発想の銀行に対し、5万、10万円のカネを借りようとするリスクの高い貧乏人を相手にビジネスを成り立たせている武井が、苛立つのも無理はなかった。

それが武井の外資を利用した多彩な調達と、特定の金融機関に頼らない資金調達の確立につながっていく。ノンバンク担当の証券アナリストは、武富士の有価証券報告書について、「非常に健全で優良」と語っていた。ところが、欠点がひとつあった。6割近くの武富士株を保有するファミリー企業の存在である。ファミリー企業は、武富士株を担保に引き出したカネで武富士株を買い増していた。

オーナーが自社株を担保に借り入れをする——これは借り入れを起こすオーナー側にとっても、融資する金融機関にとっても危険である。武富士の価値（株価）が下がれば、担保価値も下がるわけで、へたをすればスパイラル状に下落する恐れがある。実は、この武富士株への〝思い入れ〟が、武井を転落に追い込む。武井は03年12月2日、批判記事を書いたジャーナリスト宅を盗聴した容疑で警視庁に逮捕される。その時点で、一族やファミリー企業で所有する株のほとんど、8150万株を、外資や地銀、ノンバンクなどに担保として提供していた。

株価下落をなにより恐れる武井は、批判記事とセットになった「売り勢力」の存在を疑った。「誰かが書かせている」と思ったのである。それが意味のない固定電話の盗聴という行為につながり、逮捕され、25％以上の武富士株の売却を命じられ、武井はオーナーの立場を捨てた。その後も「院政」を敷いたとはいえ、寂しかったろう。亡くなったのは06年8月、享年76だった。

武井が恐れたのは「情報開示」である。自分やファミリーのプライバシーは守りたいのに、マスコミは容赦なく書き立てる。それを抑えるために莫大な広告費を使い、それでも猜疑《さいぎ》心が強く情に流されない武井のもとを去る側近は後を絶たず、しかも彼らは、いつか内部告発を始めるからスキャンダルの堂々巡りが最後まで続いた。

プライバシーを守ろうとするのは当然だが、武井の反応はあまりに過激だった。それは武富士株という〝虎の子〟とセットになっているためだが、「情報開示」から逃れようと思えば、武富士を上場させてはならなかった。株式公開で武井は1兆円長者となった。「いいとこ取り」は許されなかったのである。

「加卜吉」加藤義和の「循環取引」

冷凍食品大手の「加ト吉」を創業した加藤義和の蹉跌は、設立以来増収を続けてきたという「神話」を、子飼いの部下が守ろうとしたところから始まった。

07年4月24日、加ト吉はグループ各社が取引先企業との間で行っていた「循環取引」について、外部調査委員会による調査報告書を公表した。それによると不正取引による水増しは、07年3月期までの6年間に総額984億円にものぼっていた。

水増しの修正に伴って、約150億円の損失を計上、07年3月期決算は赤字に転落する見通しとなった。責任を取って加藤義和会長兼社長と実弟の加藤義清副社長、担当の高須稔常務が退任。新社長には、大株主で日本たばこ産業（JT）出身の金森哲治副社長が昇格した。

この水増し分は、加ト吉の設立50周年だった06年3月期までの売上高増額分にほぼ匹敵する。取引を主導した高須稔元常務は、61年、設立からわずか5年の加ト吉に入社、ワンマンの加藤に逆らうことのない忠実な部下として水産事業を任されてきた。調査報告書を東京証券取引所に提出した金森社長は、記者会見を開いて「高須常務の独断であり、会社ぐるみの犯罪ではない」と強調したが、「イエスマンの高須が単独でできることだろうか」（加ト吉の取引先関係者）という疑問の声は消えない。

「立身出世」という言葉が、加藤ほど似合う人は少ない。

父は戦死、祖父は加藤が中学3年生の時に倒れ、加藤は高校進学を断念、弟二人のために母とともに働く。家業は水産加工業、蒲鉾《かまぼこ》が中心である。それに加え、香川県の水産物を大阪の顧客に直販するというビジネスモデルが受け、蓄えた資金を元に、56年、加ト吉を設立する。事業は順調に伸び、政治家も志して観音寺市議となり、75年から4期16年、観音寺市長を務めた。

売上高が3000億円を超える企業となっても本社を観音寺市から移さず、各種経済団体の役職を務めながらも讃岐弁を通す。著書は多数で、新著は『海に学んだ青春経営』。講演会で締めくくった次の言葉に、加藤の自負がにじみ出ている。

「私は9歳で親父を亡くし、資産もなかった。高等学校も行けなかった。この私が上場企業になって、今期3400億円の売り上げを出すことができたんです。皆さんは私以上の学力があるのです。どうか私に負けないように頑張られることを、心から祈念申し上げます」(06年8月に開かれた神奈川県下法人会の総会記念講演)

収益が重んじられる風潮のなか、加藤がこだわったのは売上高である。規模が利益をもたらすという発想はあったものの、それより強かったのは売上高を自己実現の尺度とする発想だった。そこには毎年、増収を達成して、1月7日の誕生日、金刀比羅宮にお礼参りをするのが楽しみだったという加藤の素朴な土着性がある。

この売上高至上主義の加藤が命令を発し、それを弟の義清が忠実に実行すべく「檄」を飛ばし、高須ら幹部が無理を重ねるというのが加ト吉のスタイルだった。

加ト吉グループの循環取引には、取引先32社が関与、全部で5ルートがあったとされるが、高須が社外の山元憲治「元光」社長と組み、取引先を巻き込む形が主だったという。商品は倉庫から動かず、伝票だけの移動で売上高をデッチ上げる。増収の達成が至上命題だった高須にとって、この違法マジックは、最後はモルヒネとなり、止めようにも止められなくなった。

循環取引による粉飾が、加ト吉の前に問題となったのはメディア・リンクスだった。

同社は、02年10月、ナスダック・ジャパンに上場したIT関連企業で、2000年3月期に17億9600万円だった売上高は、01年3月期に20億6000万円、02年3月期に63億1000万円と急拡大する。その内実が「パートナー営業」という名の循環取引。それが売上高の9割を超えていたのだから、経営破綻も目に見えていた。

こんな無茶な粉飾が、地理情報システム分野のコンサルティングやシステム構築を手がける「アイ・エックス・アイ」（IXI）でも行われていた。毎年、年率100％を超える売上高成長を続けてきたIXI。06年3月期の売上高は403億3500万円で、これだけの急成長を遂げながら社員数は100名強。「凄い営業力だ」と、業界関係者がうらやむマジックが循環取引だった。

証券市場において粉飾は日常茶飯で起きているといっていい。

メーカーは期末に販社へ製品を押し付け販売して決算数字を〝調整〟するし、循環取引にまで広げなくとも、経営者同士が貸し借りで互いに仕事を発注、〝支援〟することがある。また、上場直前の子会社を抱えた企業は、株価を上げるため、子会社に仕事を与えて売上高と利益に〝貢献〟することもある。

いずれも厳密にいえば粉飾であり許されることではないが、捜査・監督官庁もすべてをチェックすることなどできないし、程度問題ということもある。

ただ、加ト吉の粉飾は、売上高の成長性が問われる新興市場のベンチャー企業で起きたことではなく、自他ともに認める「立身出世」を果たし、地方に貢献する大企業というモデルを打ち立てた加藤義和の加ト吉で起きたことだけに衝撃的だった。会社側は「高須の単独犯行」を強調するが、言い訳にはならない。売上高にこだわりぬいたのは加藤であり、6年間で1000億円の循環取引に気がつかないという社内体制もおかしい。

加ト吉事件は老舗から新興までの企業が、分け隔てなく粉飾の誘惑にかられるものであることを証明したのが、唯一の貢献というお粗末さだった。

終章　資本の暴走を制御する「国家の役割」「企業の自覚」

公取委の「談合撲滅作戦」が変えた企業秩序

金融機関は怪しげな金融商品を開発することを止められず、経営者は粉飾決算やインサイダー取引の誘惑にかられ、企業は成長を宿命づけられて効率性のなかに従業員を追い込んでいく。

つまり資本は暴走する。その制御に人類は知恵を振り絞り、近年はコーポレートガバナンス（企業統治）とコンプライアンス（法令遵守）の確立に力を入れるようになったわけだが、「自助努力」には限りがあるし、グレー領域にあえて突っ込む「確信犯」には、別の対処が必要となる。

それが捜査・監視機関の役割である。特に1996年末の金融ビッグバン以降は、官僚社会の過剰な事前規制を廃止、「原則自由」の市場社会を確立しようとしており、その分、「違法の摘発」による牽制が必要になった。人員削減、機能縮小の「霞が関」にあって、例外的に公正取引委員会や証券取引等監視委員会が予算を認められ、スタッフを増員しているのはそのためだ。

その効果はあった。2006年1月の独禁法改正で、①強制調査を伴う犯則調査権、②課徴金（談合等を行った事業者から経済的利得を徴収する納付金）強化、③自主申告による課徴金減免制度、を手に入れた公取委は、ゼネコンを中心とする「談合構造」にメスを入れ、壊滅に近いところまで追い込んだ。この公取委の活躍の凄さは、談合を前提とする日本の企業秩序を変えたことにある。

それを象徴するのが、06年1月4日、公取委の事務総局に置かれた1台のファクスである。受信専用のこのファクスの目的は、「密告」の受け付けだ。

「我が社は談合に参加しております」と、最初に自主申告した業者は、課徴金を100％減免されたうえに、刑事告発を免れる。申告受付がファクスなのは、2番目に申告した業者が50％、3番目なら30％（それ以降はなし）と減免率が決まっており、ファクスならば日時が印字されるため、届け出順の証拠になるからだ。

「自主申告」は「自首申告」と書いたほうが正確だろう。仲間を売る、という意味では「密告」。これが課徴金減免制度である。

談合担当者のことを俗に「業務屋」というが、話し合いをビジネスの基本とする彼らは、何よりも組織内の「和」を重んじ、ゴルフ、旅行、飲食などの親睦会を欠かさず、ベテランになると「家族といるより（談合）仲間と過ごす時間のほうが多い」（ゼネコンの業務屋）というような仕事中毒もいる。

その密接なつながりを、はたしてファクス1枚で切れるものだろうか――。改正独禁法の施行に伴い導入されたこの「密告奨励ファクス」については、懐疑的な意見も強かった。ところが、蓋を開けると、導入からわずか3ヵ月で26件もの申告が寄せられ、3月末にはその情報に基づき、公取委が水門プラントメーカー各社の立ち入り検査に着手、順調なスタートを切った。以降、課徴金減免制度は定着、談合の抑制装置となった。

では、「自首申告」した第1号の企業はどこだったのか。なんと重厚長大産業の雄、三菱重工業だった。防衛産業のトップ企業として、いまだに社名の前に「天下の」という言葉が冠されるほどの名門・三菱重工が、業界を敵に回す恐れのある「自首申告」に踏み切ったのはなぜなのか。

そこには、「談合撲滅」を狙う公取委の怒濤の攻め、公共工事の削減に踏み切った小泉純一郎政権（当時）の本気の構造改革、その小泉政権の改革を支持した国民の談合への怒り、それを読み取って公取委とともに談合を根こそぎ退治しようとした検察の思惑などさまざまな要因があった。

なにより、談合を続けるリスクの高さを三菱重工は思い知らされていた。04年10月の橋梁《きょうりょう》談合容疑の立ち入り調査以降、成田国際空港談合、防衛施設庁談合、水門談合、トンネル換気施設談合、汚泥処理施設談合と、検察と公取委が一体となった休む間もない調査・告発・捜査は続き、新聞に「談合」の見出しが躍らない日はなく、多種を扱う大手プラントメーカーとして、三菱重工は多くの談合に関与、橋梁談合では逮捕者まで出していた。

当然、「談合で儲けている企業」として、三菱重工への風当たりは強くなったし、なにより談合は「割の合わない仕組み」になっていた。改正独禁法による課徴金強化で、談合が明らかになった企業は、受注金額の10％を納付しなければならなくなったうえに、再犯企業は15％と、大幅な赤字が免れない制裁を受けることになった。

課徴金だけではない。西岡喬会長、佃和夫社長という当時の経営陣は、「橋梁談合事件で会社に損害を与えた」として、日立造船の会長、社長とともに総額38億円の株主代表訴訟を起こされた。談合リスクは会社から経営陣にまで及ぶものとなり、「自首申告」した佃は「談合からの決別は私の責務だ」と、言い切った。

三菱重工だけではない。課徴金減免制度は減免が〝公開〟されるのだから、「密告者」が誰かは三菱重工に限らず判明する。それを覚悟の「自首申告」は、しがらみを断ち切ろうという各社の決断の表れで、国や国民やマスコミより、「業界仲間」との連帯を大事にしてきた日本の企業秩序が変化したことを意味する。終身雇用、年功序列の内的秩序は、市場主義の浸透とともに崩れ、国と企業、企業と企業の外的秩序も壊れだしている。

その最たるものがゼネコンだろう。国レベル、県レベル、市町村レベルの談合組織があり、道路、橋、トンネル、港湾、土地改良、上下水道、学校、公民館などすべての公共工事は、いずれかの談合組織で受注業者は決まっていた。この構造は鉄壁で、ゼネコン幹部が自治体首長とともに軒並み逮捕された90年代半ばの「ゼネコン疑獄」以降も継続され、たとえ国家が破産、ゼネコンの倒産が相次いでも、談合組織だけは継続するのではないかと思われた。

ところがこの談合組織が、大手ゼネコン各社が05年末に行った「業務屋」の全国レベルでの配置転換などをきっかけに、崩壊を始めた。談合からの決別理由は、三菱重工と同じである。談合からの離脱を証明するのが「落札率（落札価格と予定価格の比率）」で、05年まで97%だった大手ゼネコンの落札率は、06年に入ると80%以下に落ち込み、なかには50%前後のダム工事なども現出、「安値受注」の対策が求められたほどだ。

変化は一朝一夕には起きない。「談合撲滅」も、公取委だけが頑張ったのでは無理であり、検察の支援、政治の方向性、国民の同調、マスコミの監視などが一体となったことで談合組織は揺らいだ。

そしてこの時、公取委は人を得ていた。所信表明演説で「市場の番人たる公正取引委員会の体制を強化する」と訴えた小泉純一郎が選んだのは、内閣官房副長官補として「小泉改革」を支えた竹島一彦だった。

竹島の最初の功績は独占禁止法改正に尽きる。「密告制度」の導入など、日本企業の伝統と連帯を揺るがす改正に、日本経団連は猛反発、政界を巻き込んだ両者の争いは、今も語り草だ。「談合」でメシを食ってきた連中の「怨嗟《えんさ》の的」となった竹島と会ったのは、改正独禁法が軌道に乗った06年6月だった。

能吏なのだが、そうした面は一切見せず、気さくにふるまい、話がうまい。しかも意欲は満々で、公共工事の談合のみならず、広告業界、新聞の特殊指定、メガバンクや大手流通などに多い優越的地位の利用、IT業界の優越的価格設定など公正な競争を妨げているシステムは、「今後とも、しっかりと監視していきたい。気をゆるめることはない」と、明言した。

印象的だったのは、「競争を促進する市場主義の環境が整えば、『格差社会』のような問題が派生する。それをどうすればいいか」という質問に対する答えだった。

「格差社会といっても、企業と個人を一緒に議論するのは間違いだと思います。企業社会は必然的に格差を生みます。まともな競争の果ての格差は仕方がない。ただ、社会的弱者にはセーフティネット（安全網）が必要でしょう」

明快である。また、「07年9月に5年の任期が切れるが、どうするつもりか、続投説もあるが」と水を向けると、笑って「のんびりさせてもらうよ」と、否定した。

しかし、「市場の番人」に竹島ほどの適役は見当たらなかった。早々に続投は決まり、「また竹島か」と、顔をしかめた企業関係者は少なくなかったという。

「資本のハイエナ」掃討に乗り出した検察・警察

中身のない「カラ箱」のような上場企業に、事業再生の〝夢〟を与えて株価を操作するマネーゲームが、証券市場で横行している。

ゲームの参加者は、市場を知り抜く証券ブローカー、株価を操作する仕手、資金調達に応じる資産家、カネはないが知恵を出すブローカー、そこに資金提供して相乗りを狙う金融業者など。彼らは即席のチームを形成、企業を食い尽くせば「焼き畑農業」よろしく次に移動、その〝生態〟から「資本のハイエナ」と呼ばれていることは詳述した。

こんな「資本のハイエナ」が証券市場に数百人はいて、規制緩和の始まった90年代の終わりから好き勝手を繰り返し、甘い汁を吸ってきた。しかしハイエナの〝面〟はすでに割れている。海外ファンドを隠れ蓑にするなど、必死で正体を隠すが、何年も同じ手口を使い、出没を繰り返すのだからバレないほうがおかしい。彼らの人脈を伝える何種類もの詳細なチャートが出回っている。

そのチャートは経済犯罪地図とも読める。事業再生など考えておらず、「カラ箱」を利用したマネーゲームなのだから、決算の粉飾でも株価操縦でもインサイダー取引でも、カネのためなら何でもやる。「カラ箱」となる企業は、「資金を調達してくれるのなら」と、ハイエナたちに魂を売ったも同然で、共犯関係にあり、仕事が終わればすぐに退出するから証拠もあまり残らない。

実のところ、検察・警察の捜査当局は、当初、「資本のハイエナ」の存在をそれほど意識はしていなかった。バブル期の「東急電鉄」「藤田観光」のような大がかりな仕手戦ならともかく、「カラ箱」となるような企業は、それに相応しく名もないところばかりで、動くカネ（調達資金）もせいぜい数十億円で10億円以下も珍しくない。しかも、そんな三流企業の仕手戦の被害者といえば、仕手株好きのセミプロばかりで、「まぁ、やらせておけばいいんじゃない？　たいして社会に影響ないよ」（捜査関係者）という反応だった。

認識が甘いというより、後に「資本のハイエナ相関図」を作成すると、１００社以上が連なるような世界になっているとは捜査当局も認識していなかった。また、海外ファンドを利用した調達、下方修正条項を付けて株価下落局面でも儲かる仕組みといった「マネーゲームの中身」を知らなかった。

しかし、03年頃には、ここが「犯罪の温床」となっていることが判明した。有名無名の仕手、札付きの金融業者、企業舎弟などが群がったからだ。その問題意識は、04年になって、東西の捜査当局が「代表案件」に捜査着手することで「放置できない」（警察庁幹部）という思いに変わっていく。

東の案件は、04年6月、警視庁組織犯罪対策4課が摘発した「丸石自転車」だった。輸入自転車に追われて業績を悪化させた丸石自転車は、車椅子などを通じた「介護事業への進出」を持ちかけられて乗り、手形の乱発、マネーゲーム的調達を、犯罪者集団とともに行ったとして経営陣は逮捕された。

西の案件は、大阪地検特捜部が摘発した「メディア・リンクス」である。ほとんど実態のない会社なのに、架空伝票のつけ回しという「循環取引」を続けることで急成長を装い、「上場」という信用や増資という錬金術を使って、生き残りを図ろうとした。

ここで捜査当局が認識したのは、虚偽のＩＲ（投資家向け広報）、決算の粉飾、見せかけ増資など使えるものならなんでも使って株価操作するハイエナたちの生態であり、この分野における暴力団の浸透である。

「大阪で病院乗っ取り屋といえば新田修士と安田浩進。丸石自転車事件では、医療法人の責任者として、企業舎弟ともいわれている二人が、ともに手形乱発にかかわっていたのにはビックリした」（警視庁捜査関係者）

そうした危機感が、05年以降の連続摘発につながっていく。「駿河屋」「ソキア」「大盛工業」「日本エルエスアイカード」「ビーマップ」「アドテックス」といった「ゾンビ企業群」が捜査当局の調べを受け、ハイエナたちの摘発につながっていった。こうした「カラ箱」は、何度でも復活して利用されるために、「ゾンビ企業」とも呼ばれている。

事件を手がけたのは、東京と大阪の両地検特捜部、東京の警視庁、大阪の大阪府警など経済事犯の中枢部隊で、連続摘発を通じて、「ハイエナの手口と人脈」は、捜査当局に完全に把握された。しかも、掃討作戦が進む一方で、暴力団など反社会的勢力の介入を許さない防止策が取られていく。

最初に始まったのは、証券取引所と捜査当局との連絡協議会の設置である。まず、東京証券取引所が、06年末、警察庁や警視庁などと連絡協議会を設置、企業の役員や大株主らの情報と、警察庁や警視庁が持つ反社会的勢力の情報の照合を行っている。こうした協議会は地域レベルでも始まっており、すべての都道府県で上場企業に潜り込もうとする反社会的勢力があれば、協力して排除する。

法的整備も進んでいる。怪しいカネの出入りは、組織犯罪処罰法（巧妙化する組織的犯罪に対して、不法収益の没収、追徴などを通じて犯罪組織に打撃を与えることを目的とする）によって金融機関に届け出義務が課せられているだけだったが、07年4月施行の犯罪収益移転防止法は、法律や会計の専門家が、職務で知り得た「疑わしき取引」を、国に届け出ることを義務づけている。これは、カネの出入りを弁護士や公認会計士らに「門番」としてチェックさせるという意味で、「ゲートキーパー（門番）法」とも呼ばれている。

このチェックは、「資本のハイエナ」にとっては脅威だ。彼らは怪しいがゆえに「違法」を疑われることを嫌い、弁護士、公認会計士、税理士などの「士族」を抱き込んでいる。これまで、違法や脱法を承知で〝知らぬ顔〟を決め込み、ハイエナたちに手を貸していた専門家は、「届け出義務」を課せられて身動きするのが難しくなった。しかも、情報の収集分析部門は、金融庁から警察庁に移行、情報は国内捜査機関で共有されるうえ、海外調査機関とも交換する。

政府にも内閣官房内閣審議官を議長とする「暴力団資金源等総合対策に関するワーキングチーム」がある。これは、証券金融市場だけでなく、企業活動全般を対象としているが、「濡れ手に粟」で稼ぐことのできる証券市場は、新規上場、増資、社債発行などの過程で企業舎弟が関与することの多い場であり、「ここからの暴力団排除が急務となっている」(警察庁幹部)という。

検察、警察といった捜査当局や証券取引所が摘発を狙うのも無理はない。アドテックス事件で逮捕された下村好男副社長は、山口組系弘道会系組織の元組長で、ビーマップ事件で逮捕された「梁山泊グループ」の豊臣春国は、山口組系暴力団の元幹部だった。

彼らがこのマネーゲームに食い込むことができるのはなぜか。

「急ぎのカネを躊躇なくぶち込むことができるからです。IRしたのにカネが集まらなかったとか、株価を上げるのに株を仕込まなければならないとか、今日明日、カネが要ることは少なくない。そんな時、5億円、10億円のカネをキャッシュで貸してくれるのは暴力団系金融業者しかない」(捜査関係者)

早いから金利は高い。それに返済できない時の追い込みは厳しい。だが、「勝負」なので、ハイエナたちはけもの道にも入り込む。ある意味、勝負師の宿命ともいえよう。

もちろん捜査当局の狙いは、反社会的勢力潰しだけにあるのではない。「資本のハイエナ」が生息する市場は、堀江貴文、村上世彰といったモラルなき連中も培養、それが新興市場の怪しい相場形成にもつながった。

「相場はつくるもの」といった発想の連中を野放しにはできない。それが蔓延することによる市場のデメリットは、ホリエモンのような元気印が市場を活性化するメリットを、すべて帳消しにするほど大きい。市場は、投資家からの信頼を失ってはならないのである。

国税vs.外資・資産家「資産逃避」の戦い

数十億円の財を成した資産家は、「保全」と「分散」と「隠匿」を考えるものだという。「隠匿」といっても、脱税などで違法に「あるものをないこと」にしようというのではない。国家に捕捉《ほそく》されることを恐れて海外に持ち出す。それは「分散」にもつながるわけで、海外の銀行に口座を開いて預金、あるいはタックス・ヘイブン（租税回避地）に投資を目的とした自分のファンドを置き、運用している資産家は少なくない。

証券界に「外国人投資家」という言葉がある。文字通り、外国籍の投資家。普通は欧米の年金ファンドなどだが、90年代末以降、海外ファンドを通じて日本株を購入する「黒い目の外国人」が急増している。外国人投資家の動向に、日本市場が左右される理由のひとつが、この「黒い目の外国人」の存在だという。

大手証券幹部が解説する。

「98年の外国為替法改正で、海外送金が原則自由になってから、海外に組成された日本企業向けファンドに投資したり、あるいは自分で海外に会社を設立、そこから日本株に投資したりする資産家が多くなった」

そこに「隠匿」と「分散」の思惑があるのは前述した。実行している資産家が語る。

「国内で売買していたら、たとえダミー会社を使ってもすぐにばれる。国税は資金の出所などをうるさく聞いてくるし、変な株価の動きがあれば、ＳＥＳＣ（証券取引等監視委員会）がすぐに調査に入る。その点、海外ファンドなら調べられることはない。送金の際は届け出るが、後の出し入れは自由で、海外に自分の銀行口座と預金があれば、たいていのことはできる」

ライブドア事件では、クレディ・スイスのプライベートバンカーが、堀江貴文や宮内亮治のために、銀行・証券口座付きの会社を何社も用意していた。香港では15万円程度で、そうした会社が売買されている。

そんな「隠匿」の条件が香港に揃っているとして、投資家A氏を例に、資金の流れを解説しよう。

A氏が香港に投資目的の会社を持ち、そこがファンドを組成、日本の新興市場に上場するB社の第三者割当増資30億円を引き受けたとする。ファンドの代表は名義を借りている香港人だから、A氏の正体が知られる心配はない。代理人は日本の法律事務所だ。

また、資金を日本から送金すると国税に捕捉される。それが嫌ならA氏が現地外資系銀行に持つ口座から出せばいい。もちろんそんな大金は常時用意しておらず、同行東京支店に預金を積み増して担保とする。

この工作だけでは不安というなら、例えばケイマン島あたりに設立した別のファンドを使えばいい。第三者割当増資のファンドをケイマンファンドとして、そこへの投資を香港ファンドとすれば、資金は名目上、日本→香港→ケイマン島→日本と流れ、「外国人投資家」の正体が暴かれることはない。

この種の工作は日常茶飯。ライブドアがニッポン放送株を時間外取引で大量に購入した際、売却したのは海外ファンドだったが、実際には複数の日本人が所有していた株が売却されたのは、知られざる事実である。

株だけでなく、土地もそうだ。都心の地価が上昇に転じたが、買い手の大半は「リート」と呼ばれる不動産投資信託や私募の不動産ファンドであり、後者の場合、本社がタックス・ヘイブンにあるものが少なくない。

株や土地といった資本の海外移転を、キャピタルフライト（資本・資産の海外逃避）と呼ぶ。グローバリズムは、国家にとって存立基盤にかかわるこのキャピタルフライトを先進国に蔓延させ、各国とも対策に追われている。

日本で最も著名なキャピタルフライトといえば、武富士元会長の武井保雄が夫人とともに行った長男・俊樹への1600億円相当の贈与だろう。

武井夫妻はこの〝工作〟に長い年月をかけた。まず最初に、俊樹が97年7月、住民票を香港に移して「非居住者（年間海外滞在日数が半年以上で日本での納税義務は生じない）」となった。香港での仕事は投資会社の代表で、労働ビザも取得した。

次に武井夫妻はオランダに「YSTインベストメンツ」という会社を97年12月に設立、99年3

月、ここに武富士株1569万株を1000億円で譲渡している。これだけの準備をしたうえで、99年12月、武井夫妻はYST株の9割（武富士株を中心に時価総額1600億円相当）を、香港の俊樹に贈与した。

オランダから香港への「外—外」の贈与。香港には贈与税や相続税がない。したがってオランダから香港への贈与は「無申告でいい」という立場を武井ファミリーは取った。ところが国税は、この「無申告」を認めず、居住地は香港でも俊樹の生活実態は日本にあったとして、1300億円を追徴課税した。

当時、相続人を海外に住まわせ「外—外」で贈与、課税を逃れるのは合法だった。実際、この手で申告を逃れた資産家は少なくない。国税は、俊樹が「武富士専務」という立場を持ち、報酬を得ていたうえに役員会にも出席していたので「生活実態は日本」としたが、税法上、「非居住者」なのは事実だ。

この事実は俊樹に有利に働き、裁判所は、07年5月23日、「武井俊樹勝訴」の判決を下した。「脱法」であっても、法律で定められていない課税は認められないという立場を取った。国税関係者は、悔しさを抑え切れない様子で、こう語った。

「残念です。ただ、課税処分が間違ったとは思っていません。我々が大切にしなければならないのは『課税の公平』です。武井父子のような『どこからも課税されないスキーム』を認めてはならないんです」

資産家や外資には、「会社が利益の極大化を図るために節税する、あるいは資産家が子孫のために資産を分散して蓄積するのは当然だ」（外資系金融機関幹部）という思いがある。だから、国税当局とぶつかる。

「善」は自分たちにあるが、脱税と見なされたくはないので、実力のあるプロ集団を使う。語学に堪能で各国の税法と金融に精通、国税当局との頭脳戦に、ある種のゲーム感覚で臨み、打ち負かして巨額の報酬を得ようとするプロ集団である。

それに対して国税は、自前の法律で応戦するのだが、相手はその「穴」を突いてくるのだから、戦いは不利。それを跳ね返すのが「課税の公平」を守り、「税金の空洞化」を許さないという気概である。

国税庁は、東京国税局に「国際的租税回避スキーム解明プロジェクトチーム」、大阪、名古屋、関東信越の各国税局に「国際化対応プロジェクトチーム」を置くなどして、「租税回避」を狙う外資やファンドに対抗しようとしている。もちろん資産家のキャピタルフライトにも対応する。

資産家として知られる商工ローン「ＳＦＣＧ」社長の大島健伸が、「国際的租税回避スキーム」で東京国税局から１３０億円の申告漏れを指摘され、長い裁判を争っている。

複雑な裁判の詳細は避けるが、認められなかったスキームは、資産管理会社の「ケン・エンタープライズ」がＥＢ債（他社株転換社債）を発行、それを大島と親族が巨額資金を預けていた「ユニット・トラスト」と呼ぶ投信で引き受ける、というものだった。

そのＥＢ債の金利が高過ぎるか否かが争われ、地裁は双方が主張する金利の真ん中をとって

〝痛み分け〟とした。だが、双方、納得せずに控訴している。驚いたのは「節税スキーム図」が、海外に点在するファンドやトラストを、幾何学模様のように結んだ複雑なものだったことだ。眺めていると、欲望の鳥かごにも見えてきて、興味深かった。

一般国民にはまず縁のない世界。スキームの複雑さは課税を遠ざけるが、それは国民の不公平感につながる。「その不公平は許さない」という国税の意欲は、華麗なチャートの向こうに、透けて見えた。

高まる金融庁・証券取引等監視委の役割

役所のホームページは、当たり障りのない分、冗漫でつまらないものだが、金融庁のそれは、「金融庁について」の冒頭の5行で、履歴と役割を言い表している。

「金融システムは、経済の言わば動脈であり、我が国経済の再生と活性化のためには、不良債権問題を解決して、構造改革を支えるより強固な金融システムを構築することが不可欠です。また、経済発展を支える投資資金が円滑に供給されるよう証券市場の構造改革を進め、『貯蓄から投資へ』の流れを加速していくことも重要です」

もちろん解説は必要だろう。

金融庁は、97年から98年にかけて表面化した金融検査官の不祥事をきっかけに発足した。銀行と一体となった「なれあい検査」と、それを生む「護送船団行政」は否定され、金融機関と対峙する存在として、98年6月、金融監督庁が発足した。

ここで「事前監視」から「事後チェック」へと舵を切らなければならなかったが、初代金融再生委員長で初代金融担当大臣を務めたのが大蔵OBの柳澤伯夫だったこともあり、金融庁は生まれ変わったとはいえなかった。明らかな変化は、「どっちつかず」の柳澤が02年9月の小泉改造内閣で更迭され、ハードランディング路線の竹中平蔵に替わってからである。

金融庁は不良債権処理が急務であるとの認識のもと、銀行に検査マニュアルを押し付け、改革を進めていった。金融界からの反発はあったが、その分、接待汚職事件の後遺症は薄れ、「検査を通じた金融機関の正常化」に存在意義を見いだすようになった。

ただ、検査忌避事件を起こしたUFJ銀行が東京三菱銀行に合併され、3メガバンク体制となり、金融システムも落ち着きを取り戻したあたりから、金融庁は「新たな役割」を模索するようになった。それが「貯蓄から投資へ」の流れを滞留させないようなシステムづくりである。具体的にいえば、金融機関の不正を見逃さず、迅速に処分、国民の信頼を裏切らない金融市場にすることだ。

そうした変化が明確になった06年上半期の金融庁の〝活躍〟は、ファンドを含めた金融機関を震え上がらせた。金融庁はその頃、日本生命のような業界トップから名もなき不動産ファンドまで、毎日のように行政処分を下し、「金融処分庁」という呼び名が定着したほどである。

「処分庁」となるのも無理はない。金融サービスにはどこか欠点があり、利用者は不満を抱く。金融庁は、電話、ファクス、メールで苦情を受け付けているが、その数は四半期（3ヵ月）ベースで2万件近い。それだけひどい現実がある。

例えば、円やドルを売買する外為証拠金取引は、プロのトレーダーでも〝読み〟に失敗して巨額損失を発生させることがある外貨売買を素人に勧めるビジネスだ。しかも、保証金の10倍以上の勝負を認めるから、わずかな相場の変動で元金をなくす。

「丁半博打」への誘いに等しいが、ひと頃この外為証拠金取引は、電話勧誘した業者が預かったカネの「一任勘定」を取りつけて、ほかの相場商品に突っ込むなどして自己消費、投資家には「残念ですが負けました」と、言い訳して巻き上げる「詐欺商法」の舞台となっていた。「処分」の過半が外為証拠金取引業者に向けられていた時期もある。

金融庁の努力で、そうした業者が一掃されると、今度は未公開株ビジネスが始まるなど、金融インチキ商法に限りはない。それは、「金利のつかない普通預金」という環境のなか、「少しでも有利に運用したい」という欲を人間が持つ限り、永遠に続く。

では、「怪しい業者」「怪しい商品」に近づかなければいいのかといえば、そうとばかりは言い切れない。一流の金融機関ですら、収益のためには素人を巻き込む。

金融庁が、「優越的地位の乱用」で三井住友銀行に業務停止命令を出した金利系デリバティブ商品など、まさにそうだ。変動金利を固定金利にスワップ、金利上昇に備えるなど、一般投資家には理解できないが、同行は取引先の中小企業に押し付け販売していた。

金融機関のモラル低下は著しい。明治安田生命や損保ジャパンは、本来支払うべき保険金なのに、顧客に〝因縁〟をつけて支払わず、シティバンクはリスクの高いデリバティブ商品を売りつける一方で、暴力団構成員のカネを海外でロンダリング。「新生信託」「ＪＰモルガン信託」などは、ろくな査定もしないまま不動産を金融商品化していた。

モラル無視の欲望資本主義――その制御を担う金融庁の責任は大きい。

欲望が渦巻くという意味では、証券市場の〝化かし合い〟はさらに激しい。それを監視監督するのは、金融庁外局の証券取引等監視委員会である。強制調査権を持つプロ集団として国内では認知されているものの、約３８００人の職員を抱えて不正に目を光らせる米ＳＥＣ（証券取引委員会）に比べて、「力不足」と判断されている。

06年1月23日、ライブドア事件で堀江貴文被告が逮捕されると、米ＡＰ通信はこう伝えた。

「世界第２位の経済大国が、株式市場を監督する独立した機関を保有していない」

実際には日本の証券取引等監視委は、92年に発足した証券市場の監視に特化したプロ集団で、職員数は純増を続け、07年度３月末の職員数は３４１名（前年比23名増）。ライブドア事件の端緒も証券取引等監視委が開いており、決して弱体ではない。

一般の検査業務には証券検査課（１０８名・数字は07年度3月末。以下同）が当たり、刑事告発を伴う怪しい取引は特別調査課（１０１名）が担い、告発までには至らない案件で課徴金処分を下し、情報開示をチェックするのは課徴金・開示検査課（71名）である。そのほか、市場分析審査課や総務課などの部門で構成されている。

証券取引等監視委が目立たないのは、ライブドア事件でもそうだが、捜査の主体にはならず、告発機関として合同捜査に加わるという形を取るためだ。だからマスコミのクレジットは、「東京地検特捜部が堀江貴文を逮捕」というものになる。

だが、実際の捜査を証券取引等監視委が行い、捜査機関をリードしている事件は少なくない。大阪府警捜査4課が07年3月に株価操縦で摘発した情報通信会社「ビーマップ」（ヘラクレス上場）事件がそうで、豊臣春国、川上八巳といった仕手筋の「なれあい売買（同時期に同価格で株を動かし株価を刺激する）」の解明は、証券取引等監視委でなければ無理だった。

また、さいたま地検が07年6月に摘発した「川上塗料」（大証2部上場）の株価操縦事件もそうで、仕手集団の関沢賢治、中前祐輔などの株価操縦を見抜いた証券取引等監視委が、さいたま地検に告発して事件化した。この事件は、ネット証券の未決済被害としては最大の「オー・エイチ・ティー」（ＯＨＴ、マザーズ上場）株の株価操縦事件へとつながる。

証券会社数十社、被害総額約１３０億円のＯＨＴ株事件は、国際派弁護士の椿康雄が、友人知人に名義を借り、ネット証券で信用取引、決済せずに海外逃亡したという「ネット証券の時代」を象徴する事件。従来なら東京地検特捜部に告発、「特捜案件」となるはずだが、さいたま地検に告発して証券取引等監視委主導の捜査となっているところに、証券取引等監視委の捜査力アップと自負がうかがえた。

とはいえ、証券取引等監視委の体制は万全ではない。投資家ならすでに気づいていることだが、経営方針の変換、決算数字の修正、Ｍ＆Ａなどの大きなニュースを上場企業が発表する時には、必ず株価は事前に反応する。出来高が増え、株価は激しく上下する。日本は未だに「インサイダー天国」なわけで、これを放置しているのだから、「監督機関がない」と、海外報道機関に誹《そし》られても仕方あるまい。

金融市場に「博打商品」が氾濫

金融の本質はいかがわしい。他人からカネを引き出すテクニックは、狡猾《こうかつ》さを「安全安心」の美辞麗句のなかに隠さねばならず、運用においては少しでも高い金利を求めるカネの本能に従って「怪しい金融商品」を必要とし、その怪しさは「格付け」などの信用補完性で覆い隠されている。

貧乏人に家を持たせるためのテクニックとしての米国発のサブプライムローンは、そんな金融のいかがわしさを象徴する商品といえよう。当初の金利は5％前後に低く設定、購入意欲を刺激したうえで、数年後に10％を超えるようなムチャな設定をする。貧乏人が支払いを維持できる根拠は、米国で長く続いた住宅価格の値上がりで、年率10％の「右肩上がり」が続けば、サブプライムローンの信頼性が問われることはなかった。

バブル経済の最後は「ババ抜き」となる。「右肩上がり」が幻想であるのは過去の経済史が教えるところであり、サブプライムローンも米住宅市場の冷え込みとともに破綻する。延滞率は15％を超え、２００万人以上の利用者が家を失うことになった。

問題は1兆３０００億ドルのローンが、不動産資産担保証券や債務担保証券といった形で加工され、そうした金融加工商品に格付け会社が「ダブルA」など高い信用を供与、カネ余りの環境のなか各国で売却されていたことだろう。それが07年8月の世界同時株安とファンドへの資金ストップという一気の信用収縮につながった。

　サブプライムローンは、詐欺まがい商品といって差し支えあるまい。破綻は目に見えているが立証は難しい。無限連鎖のマルチ商品と似る。違いは、サブプライムローンが、認知された金融機関によって開発され、リスクは高いがその分金利も高い金融商品として認められているのに対し、マルチ商品が「グレー領域」の人間たちが、犯罪者と認定されるのを覚悟で販売、流通させていることだろう。

　ただその分、サブプライムローンは罪深い。そして世界は、米国発を主としたいかがわしい金融商品が流通する「博打場」となってしまった。実は、そのほうがもっと怖い。

　世界の貿易決済で使用されている米ドルは約8兆ドル。１ドル＝１１５円換算で約９２０兆円ということになる。実体経済はこれだけのカネで回るのに、世界に流通する米ドルの総額は約３００兆ドルだ。同じレートで約３京《けい》４５００兆円。兆の上の京を使わねば表せない巨額のドルがあふれ、何に使われているかといえば、投資に向かう。

　短期の為替取引、株式投資、不動産投資、デリバティブなどに莫大なカネが投下され、マネーゲームは日々、加速している。つまり金融が自己目的化、実体経済のための「経済の血液」ではなく、増殖の本能に従って金融商品を生み出し、それを食ってさらに大きくなろうとしている。

　しかし金融商品も、しょせんは実体経済に関連しなければ成り立たないという現実がある。だから政府、企業、不動産絡みのさまざまな金融商品が組成され、ファンドが立ち上がる。ただ、多くはサブプライムローンのように金融のための商品であるのが現実だ。不動産ファンドはバブルに向かって突き進み、投資銀行や巨大ファンドに主導されるM&AやMBOのなかには、舞台となった企業の価値を下げてしまったものもある。村上ファンドやスティール・パートナーズに代表されるアクティビストファンドは、グリーンメーラーと同一視されて説得力がなくなった。

不動産が金融商品化によって活性化、M&AやMBOによって再生した企業の事例があり、買収ファンドへの恐怖が経営者を覚醒させ、企業価値の向上をもたらしているという金融資本主義のメリットを踏まえていうのだが、長期の技術開発を通じた企業価値の向上、従業員の安定雇用による忠誠心の確保と全社的な一体感、採算性を犠牲にした地元住民や自治体との共存など、日本の産業資本主義が持っていた長所が、欧米流の金融資本主義の台頭によって消えつつある。

銀行の倒産、大蔵省の腐敗、産業力の低下を機に97年から「欧米流」に舵を切った日本は、新興市場の創設、金融庁の機能強化、3メガバンク体制、郵政民営化といった新たな金融秩序の道筋をつけたうえで、ライブドア、村上ファンドの事件化を通じて行き過ぎを正した。07年7月の参院選で「地方」と「格差是正」に軸足を移した民主党が勝利したのも、国民のバランス感覚である。

サブプライムローンに端を発する世界の信用収縮は、その揺り戻しをますます確かなものにした。株や土地への投機は控えられ、ファンドへの投資も先細り。世界的な資金余剰のなかで起きていた経済現象はしばらくストップ。産業資本に回帰した。

だが、長い目で見た場合の金融資本上位の流れは変わらない。財政収支と貿易収支の巨額赤字を続けている米国がその体質を変えない限り、ドルはこの先も世界に撒かれてマネーゲームを助長、日本はそのシステムを補完する一員に過ぎない。それどころか膨大な国債の発行残高を抱えて今後も屈辱的な低金利政策を取らざるを得ず、結果として「円キャリートレード」（金利の低い円で資金を調達、それを外貨に換えて投資すること）を促進、マネーゲームを煽っている。

さらにインターネットの普及は今後、さらに世界に広がり、グローバル化が促進される。ネットバブルを経て経験したのは、ネットには物流やサービスの質を変えるほどの力はないということだった。中間業者を省略、世界の消費者と消費者、消費者と企業が結びついて生活とビジネスの環境が一変するといわれたものだが、やはりネットでは、自動車や家は選べても乗り心地や住み心地を確認はできず、旅行の予約はできても旅の相談はできないという限界があった。

結局、ネットと最も相性がいいのは金融と情報だった。両者ともネット上で、信用さえ担保できれば、使い勝手がいい。問題は、互いに信用をどう確保するかだが、すでに名のある金融機関や情報機関と契約、セキュリティに守られた認証システムで本人確認できれば、そこはクリアできた。

そのために、世界各国の個人が、証券、外為、商品先物などの取引をネットで簡単にできるようになった。機関投資家はさらに世界レベルで広がっている。ヘッジファンドや巨大ファンドは、米のジョージ・ソロスのような欧米金融関係者が中心だったが、今は、中国やインドや新興国の有力企業や機関投資家が、ファンドを組成、独自の判断で投資を行うようになっている。

結局、「資本過多」「ドル余剰」という現状を変えなければマネーゲームは収まらないのだが、カネの統制は国家権力で成し得るものではない。サブプライムローンを購入するのもしないのも金融機関の勝手である。これはバブル期に、「財テク」に走るのも走らないのも企業の勝手だったのと同じことだ。ただ、その判断により経営者の「質」と「決断力」が試される。

金融資本の巨大な力にどう対抗するのか。無視はできないが、過剰な関与や利用は危険だろう。そして金融テクニックを用いるにしても、「事業を育てる」という産業資本の基本に立脚しなければ、目先の利益に流され、企業の独自性と将来性を失ってしまうことだけは間違いない。

「グッドウィル」と「キヤノン」の相互補完

人も企業も「モノ」ではない。人には侵してはならない人格があり、命はカネに代えられない。同様に、企業も地域社会に根ざし、従業員と一体となって繁栄する存在としての法人格がある。

しかし資本主義の原則でいえば、人も企業も値段がつけられる「モノ」である。命の値段はつけられないが、時給、日給、月給といった労働の対価は個々人の能力によって決まり、企業は株式時価総額で売買される。

「プロ経営者」とは、あらゆる人や技術や設備を金銭に置き換えたうえで、最良のバランスシート（貸借対照表）を構築できる人のことだ。それが前提条件で、そのうえに人心掌握術と先見性、それに立脚した戦術や戦略が試される。

「グッドウィル・グループ」を率いる折口雅博は、30歳の起業時から「プロ経営者」を自任していた。したがって、手がける仕事は、極端な話、何だっていい。「当たる」と思った事業を、プロの技で成功させていく。

ジュリアナ東京、ヴェルファーレといった巨大ディスコの仕掛け人である折口が、人材派遣業に進出の後、「コムスン」を買収、老人介護に乗り出した時、「ディスコをやるような浮ついた発想の人間が取り組める分野じゃない」という批判が上がった。

この批判は、07年6月以降、介護報酬の過大請求など次々に発覚する不正で証明されていったが、「プロ経営者」を自任する折口にすれば、ディスコも介護も人材派遣も、「経営」という意味では同じだ。

時流を見極め、正確な路線を敷き、経費を抑え、損益計算書とバランスシートに目配りすることによって、成功はある程度、読めるのだ。

不正発覚で介護事業からの撤退を余儀なくされ、6月8日、発覚以来初めての記者会見を開いて以降、報道番組に次々に出演した折口は、目に涙を浮かべて謝罪、進退問題にふれられると、「チャンスをお与えください」と、引責辞任を否定。反論はしても反発を買わないよう最後は謝罪で締めくくるなど、嵐が通り過ぎるのを待つ作戦に出た。

涙も謝罪も計算だろう。「介護を食い物にしたといわれても仕方ありません」と、折口は記者会見で述べたが、介護保険のスタートを機に、数々の「老人向け事業」をスタートさせた折口が、「食い物」などと、自己否定することなどあり得ない。

2000年1月、折口に会った。3ヵ月後の4月1日から本格的にスタートする介護保険制度を前に、コムスンの事業所を次々にオープン、そうした積極姿勢を好感して株価が750万円近くをつけるなど、折口が得意の絶頂だった頃である。まだ六本木ヒルズが完成する前で、六本木駅近くの雑居ビルに入居していた。長身でスマート。髪型は自然にサイドを刈り上げたオールバックで、会見の頃に評判の悪かった「コブラ頭」ではない。

「弛《たゆ》まぬベンチャースピリット」と書かれた大きな額が掲げられた会長室で折口が強調したのは、「老人介護」の将来性だった。

「個人金融資産の大半を握るのは老人です。我々は介護を通じて、家庭のなかに入っていき、高齢者の要望をストレートに聞いて、それをビジネスとして提供できる。高齢者の方も、ボランティアや福祉じゃないので堂々とサービスを受けられる。ビジネスチャンスは無数だし、さらに高齢化社会は進むのですから、仕事には限りがない」

折口の頭のなかにあるのは、介護をビジネスと捉え福祉にはしないという発想であり、カネにならない「ボランティア主体の福祉」については、「自己満足は根付かない。ビジネスであるべきだ」と、反発した。

その後、介護保険制度は何度も見直され、「あまりカネを使わない高齢者」という現実もあって、介護事業は折口が期待したほどの収益を生まなかったが、介護事業のリーディングカンパニーとして、「福祉ではなくビジネスにしたい」という折口の発想が間違っているとは思えない。

軽作業派遣事業にしてもそうだろう。介護保険制度のスタートと時期を同じくして、規制緩和のなか、人材派遣が次々に自由化されてビジネスチャンスが広がった。技術者や専門職ではなくグッドウィルが得意とするのは単純軽作業である。

つまり、「口入れ屋」「人夫出し」の世界。日雇いから手数料をピンハネする。「上場企業にふさわしい職種じゃない」という声もあったが、「人材の流動化は日本にとって必要なこと」と、折口は歯牙にもかけなかった。

折口の本棚には、俗にいう「ハウツウ本」が多く並んでいた。好きな書物を問うと、間髪を入れずにナポレオン・ヒルの『成功哲学』を挙げた。

成功の秘訣は強く成功を願うこと——このシンプルで力強い教えは折口を捉え、06年11月には「小が大」を呑む合併で人材派遣最大手の「クリスタルグループ」を買収、「念ずれば通ずる」というナポレオン・ヒルの教え通り、折口は売上高6000億円を超える介護・人材派遣最大手の地位を手にした。

そこがピークで、07年に入ると数々の介護・人材派遣での不正が発覚、折口は存亡の危機に立たされた。女優やアイドルとの乱交、プライベートジェットを駆使した豪遊、軽井沢の超豪華別荘といった私生活も暴露され、介護からは撤退、クリスタル買収時の不明朗な資金の流れも指摘され、「折口復活」は客観的にいって難しい。

折口は数字が読めて「成功の哲学」を持つ経営者だったが、収益第一主義を嫌った従業員に内部告発され、それを受けた監督官庁の警告にも従わず、結果的に追い詰められていったのだから「プロ」とはいえない。人の気持ちと社会が読めていない。だから反発されるのに、それがわかっていない。

その折口と、相互補完の関係にあるのがキヤノン会長で、日本経団連会長も務める御手洗冨士夫だ。唐突ではあるが、両者の関係ほど日本の「格差」と「二極化」を象徴するものはない。

御手洗は日本を代表する「名経営者」である。06年12月期の連結決算での純利益は、前期比18・5％増の4553億円。グループ全体で13万人近い社員を雇用、生活権を守り、国や地方自治体に納税して貢献したうえで、これだけの利益を叩きだした。

しかも御手洗は経済合理性だけを追求する経営者ではない。長く米国キヤノンのトップにいたが、終身雇用制度の良さを公言、人間尊重主義の家族経営を貫いてきた。それでいて世界の製造業の先端で競い、成果（利益）を上げ続ける。称賛されるのも無理はなく、折口とはプロのレベルが違う。

だが、キヤノンの高収益を支えるのは折口のような人材派遣業者である。むろんグッドウィル・グループだけではなく人材派遣業全般が、キヤノンに代表される日本の製造業を支えているというのが正確な表現だが、御手洗と折口の関係にしたほうがわかりやすい。

キヤノンが、実際には派遣なのに業務請負のように装う「偽装請負」を長年続け、労働行政当局から違法性をたびたび指摘されてきた問題は、国会でも取り上げられた。

07年2月7日の衆院予算委員会で、民主党の枝野幸男代議士は、経済財政諮問会議の議員で公務員でもある御手洗の会社が、偽装請負を繰り返しているだけでなく、「請負法制に無理があり過ぎる」と、御手洗が発言したことに噛みついた。

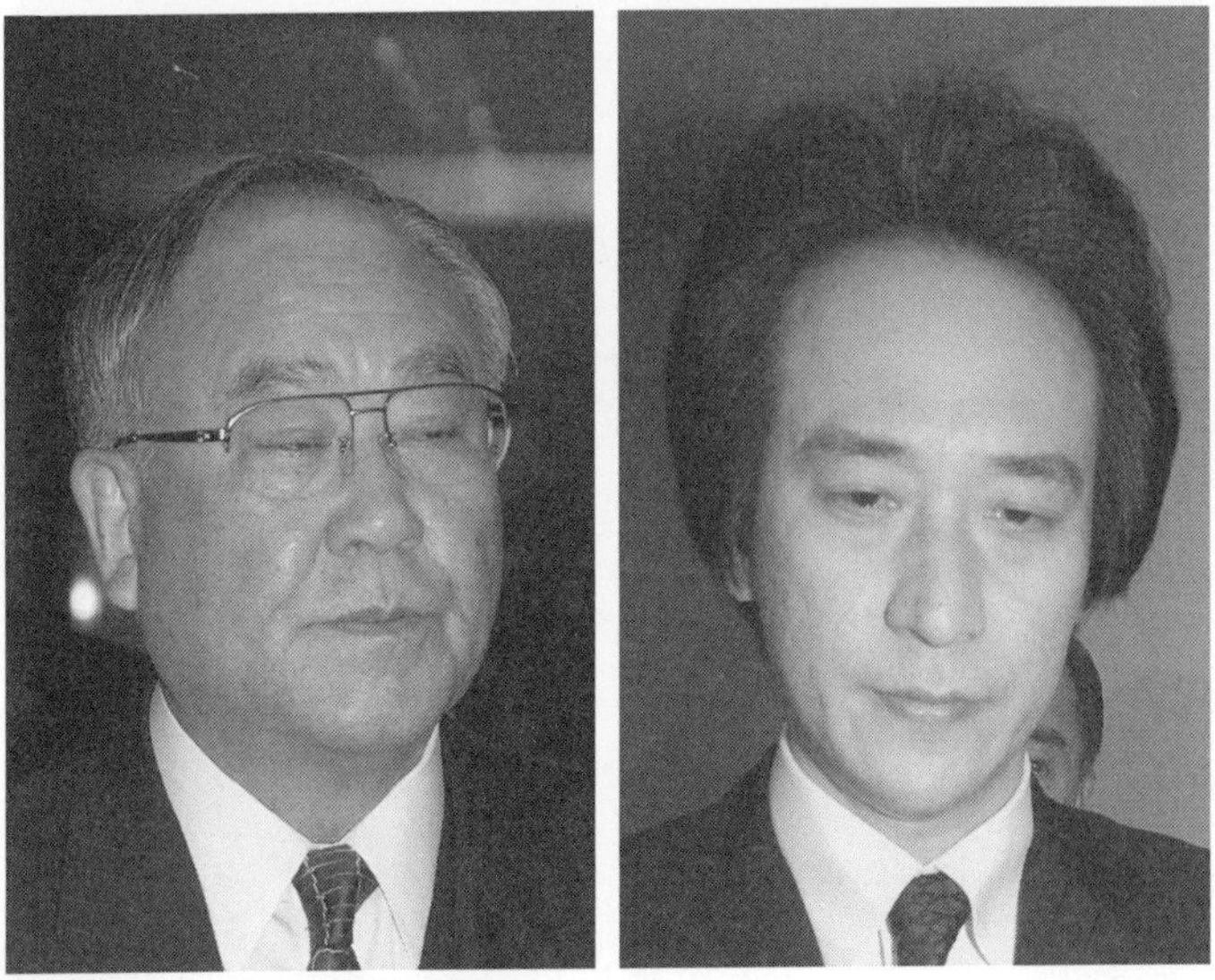

御手洗冨士夫（左）と折口雅博

「自分の足元で違法をやっておいて、違法が合法になるようにしてください、というのは無茶苦茶じゃありませんか」

　実際、派遣や請負の規制緩和は御手洗の本音であり、07年度に日本経団連が提出した「規制改革要望」でも、一定期間働いた派遣労働者を社員として雇用する義務の撤廃や、派遣と請負の事業区分の見直し（偽装請負の合法化）を申し入れている。

　つまり御手洗にとっての「家族主義」や「終身雇用」は社員に限るものであって、その厚遇を維持するシステムとして、フレキシブルに雇用、時期がくれば契約を打ち切れる派遣と請負の労働者は不可欠なのである。クリスタル買収によって最大手に躍り出たグッドウィル・グループが、キヤノンを補完するとはそういう意味である。

　ここで折口と御手洗の発想は重なり合う。

そこには、人を数値化、「モノ」として見る「プロ経営者」としての相似性がある。折口の目に派遣労働者は「人夫」であり、御手洗にとっては調整弁としての「季節工」で、人格や生活権にまで配慮する余裕はない。結果、派遣労働者は月収20万円程度の「下層社会」に固定化する。

ここにも「資本の暴走」があり、それを認めるのは国家の安定、秩序の維持、住み良い環境にとって、明らかなマイナスだ。だが、現実には、日本経団連会長が、自社の「終身雇用」のために二極化を推進、格差を広げ、歪みを助長している。ここには「折口の犯罪」以上の怖さがある。

おわりに

システムは変わるが、人の意識と体制は変わらない——「構造改革」が本格化した1990年代後半以降、何度も痛感させられた。

環境は、様変わりした。興長銀や都銀はわずか三つのメガバンクに集約され、証券秩序を担った旧4大証券のうちの二つが外資に呑みこまれた。絶大な力を誇った大蔵省は金融監督機能とともに律令制時代以来の由緒ある名前を失い、郵政は民営化され、談合組織は壊滅寸前だ。

だが、それを動かすプレーヤーの顔ぶれと意識に変化はない。永田町を動かしているのは20年前の「ニューリーダー」で、「改革」の証として当選した議員たちは、「小泉チルドレン」と、子供扱いだった。証券市場で猛威をふるう「資本のハイエナ」と呼ばれる勝負師のなかには、往年のバブル紳士、仕手、企業舎弟などが少なくない。新興市場の創設とインターネット革命は、堀江貴文、三木谷浩史、藤田晋といった若手経営者群を誕生させ、新しい息吹を産業界にもたらしたが、日本を牽引する存在にはほど遠く、経済界の主流は、今もトヨタ自動車、新日鉄、キヤノンといった製造業の大企業である。

それだけ「改革」は容易でないという証明だが、金融システムの変化のなかで、気になる動きが顕在化していった。自由度が増した金融環境のなかで、「グレー領域」が広がったのである。

かつての経済犯は、元暴力団構成員といった出自であることが多く、身をわきまえていた。だが、今の経済犯は、高学歴のプロが弁護士や公認会計士を従えて犯罪に走る。村上世彰被告がいい例で、犯罪と意識することなく合法的な収奪を狙い、結果的に市場を汚し、一般投資家に損害を与える。そこには、サブプライムローンのようなインチキな商品を証券化して売り捌くことも許されるという欧米金融資本の発想が間違いなくあり、日本もそちらに軸足を置いている以上、金融犯罪は、今後、ますます巧妙に、高学歴者たちによって繰り返されよう。

その暴走を制御するのもマスコミの役割である。徹底的な情報開示を求め、怪しいシステムや商品、人脈に切り込んでいく。公開を求めるとファンドの無名性やキャピタルフライト（資本・資産の海外逃避）で逃げようとするからイタチごっこだが、追及をやめてはならない。

私は、金融破綻と制度改革が同時にやってきた97年頃から今日まで、その作業を進めてきた。今回の作品はすべて書き下ろしではあるが、これまで雑誌に発表した原稿の集積といっていい。その数は限りなく、初出を明示するのは煩雑なため避けるが、『週刊ポスト』『週刊朝日』『FRIDAY』『月刊現代』『ZAITEN』『中央公論』『月刊BOSS』『エルネオス』『Foresight』などの編集部には、発表の場を何度も提供していただいた。改めて感謝するとともに、日本が「欲望資本主義」の現場となっている様子をまとめたらどうかと勧めてくれた講談社生活文化第三出版部の浜野純夫氏にお礼を申し上げたい。

著者

主要参考文献

浜田和幸『ハゲタカが嗤《わら》った日』（集英社インターナショナル　2004年）
和田勉『事業再生ファンド』（ダイヤモンド社　2004年）
日本経済新聞社編『UFJ三菱東京統合』（日本経済新聞社　2004年）
清水真人『官邸主導』（日本経済新聞社　2005年）
児玉博『幻想曲』（日経BP社　2005年）
平尾武史・村井正美『マネーロンダリング』（講談社　2006年）
東京新聞特別取材班『検証「国策逮捕」』（光文社　2006年）
髙橋篤史『粉飾の論理』（東洋経済新報社　2006年）
大鹿靖明『ヒルズ黙示録』（朝日新聞社　2006年）
山田雄一郎・山田雄大『トリックスター』（東洋経済新報社　2006年）
松本弘樹『仕手の現場の仕掛け人　真実の告白』（ダイヤモンド社　2006年）
村山治『特捜検察vs.金融権力』（朝日新聞社　2007年）
田中森一『反転』（幻冬舎　2007年）
宮内亮治『虚構　堀江と私とライブドア』（講談社　2007年）

著者略歴

伊藤博敏（いとう・ひろとし）

一九五五年、福岡県に生まれる。東洋大学文学部哲学科卒業。編集プロダクションを経て、一九八四年よりフリーライターとなり、経済、事件取材などを中心に活躍中。

著書には『ゼネコン疑獄―暴露された談合の裏事情』（政界出版社）、『日本経済「裏」と「表」の金脈地図―バブル破裂で浮上した闇の経済と黒い人脈を徹底追跡する』（ベストブック）、『東京共同銀行の虚構―大蔵省の闇』（花伝社）、『許永中「追跡15年」全データ』（小学館文庫）などがある。

「欲望《よくぼう》資《し》本主義《ほんしゅぎ》」に憑《つ》かれた男《おとこ》たち

――「モラルなき利益至上主義」に蝕まれる日本

二〇〇七年一一月一五日　第一刷発行

著者――伊《い》藤《とう》博敏《ひろとし》
装幀――守先　正
カバー、本文写真――堀田　喬
本文レイアウト――中川まり

発行者――野間佐和子　**発行所**――株式会社講談社
東京都文京区音羽二丁目一二―二一　郵便番号一一二―八〇〇一
電話　編集〇三―五三九五―三五三二　販売〇三―五三九五―三六二二　業務〇三―五三九五―三六一五
印刷所――慶昌堂印刷株式会社　**製本所**――株式会社国宝社

落丁本・乱丁本は購入書店名を明記のうえ、小社業務部あてにお送りください。送料小社負担にてお取り替えいたします。

なお、この本の内容についてのお問い合わせは生活文化第三出版部あてにお願いいたします。

ISBN978-4-06-214384-4
定価はカバーに表示してあります。